美国
科学问答

美国中学生　　**美国家庭**
课外读物　　**必备参考书**

1000个历史知识

影响人们生活的历史

THE HANDY HISTORY ANSWER BOOK

经济与商业、政治及社会活动、天灾人祸、医学与疾病
科学与发明、文化与娱乐，那些具有革命性意义的思想
行为和发明创造深深地影响着人们

[美] 丽贝卡·弗格森 /著

张　镌 /译

U0781261

上海科学技术文献出版社
Shanghai Scientific and Technological Literature Press

图书在版编目（CIP）数据

影响人们生活的历史：1000个历史知识／（美）弗格森著；
张镌译．—上海：上海科学技术文献出版社，2015.6
（美国科学问答丛书）
ISBN 978-7-5439-6652-9

Ⅰ．① 影⋯　Ⅱ．①弗⋯　②张⋯　Ⅲ．①世界史—通俗读
物　Ⅳ．① K109

中国版本图书馆 CIP 数据核字 (2015) 第 088586 号

The Handy History Answer Book, 2nd Edition
by David L. Hudson
Copyright © 2008 by Visible Ink Press®
Simplified Chinese translation copyright © 2015 by Shanghai Scientific &
Technological Literature Press
Published by arrangement with Visible Ink Press
through Bardon-Chinese Media Agency

图字：09-2015-371

总 策 划：梅雪林
责任编辑：张　树　李　莺
封面设计：周　婧

丛书名：美国科学问答
书　名：影响人们生活的历史
[美]丽贝卡·弗格森　著　张　镌　译
出版发行：上海科学技术文献出版社
地　　址：上海市长乐路 746 号
邮政编码：200040
经　　销：全国新华书店
印　　刷：常熟市人民印刷有限公司
开　　本：720×1000　1/16
印　　张：20.25
字　　数：341 000
版　　次：2016 年 1 月第 1 版　2017 年 5 月第 2 次印刷
书　　号：ISBN 978-7-5439-6652-9
定　　价：45.00 元
http://www.sstlp.com

前 言

在我接受邀请进行相关研究并编写此书的第一版时，脑海中浮现出的第一个想法是充斥着日期、人物和地点的历史，尤其适合"一问一答"的格式。但第二个想法就是它有可能无法完成，历史内容过于庞杂，无法挤入有限的问题和回答中，也无法按照主题整齐地安排、整理并以长短合适的篇幅呈现。但很快，这些问题自己闪现在我的头脑中：什么是罗马和平时代……血泪之路……火药阴谋……网球场宣誓……凸出部战役……欧洲胜利日……黑色星期五？谁是匈奴人……好战分子……四大巨头……强盗贵族？谁是卡丽·内申……亚历克斯·德·托克维尔……克拉拉·巴顿……巴兰钦？什么是十字军东征……人权……布尔战争……外来投机商？

就这样，本书第一版印刷出版并深受读者欢迎。我从读者那里看到或听到的评论是发自内心的满意，本书可作为中学生和大学生的学习辅助用书；可将读者引入范围宽广的主题内容，例如，年轻学生感兴趣的世界大战；可让历史迷们感到耳目一新；并且可以供所有充满好奇心的各年龄读者将其作为趣味读物来阅读。有些读者称这本书很"妙"，"得心应手"，还说是"简明的历史"，这本书永远拥有它的读者群。

因此，这本书有再版的必要。再一次，这些历史问题又很快跃入脑海，我利用再版的机会描述21世纪初一些惊人的事件，其中包括卡特里娜飓风破坏性的影响，本书进入最后的编写阶段时，飓风正袭击美国海湾地区（当时，这场风暴刚刚初步显示出威力，当这本书出版时，情况仍在发展）。我也利用这一机会将一些早期事件之间存在的空白填补上，将没有彻底结束的主题内容加以更新和修改。就最后这一点而言，历史是一成不变的说法实属错误，新文献不断被发现，民意随时会改变，学者推出一个又一个新的说法，只要询问一下亚历山大·格雷厄姆·贝尔的后代就可以证实这点。

本书可以成为学习的资源，让我们时不时地温习一下记忆中存留却无法确切描述的事件、术语和历史人物。本书并不想将历史全部囊括在内，单独一本书根本不可能做到这一点，但当初本书的构思者认为具备一定智商的读者可以很方便地通过它查找日常交谈和阅读中经常出现的问题。

本书集中探讨西方文明，但也不可能将东方的事件排除在外，东方的影响力一定会在西方有所体现，反之亦然，这样一看，地球村并不是什么新概念。正因如此，读者会发现一些有关东方历史事件、思想和革新的问答。

这就是经过修改和更新的新版，关注历史的人可以把它放在书桌、床边和书架上。

将歉意表达得最诚恳的人也许是卡尔·桑德堡（Carl Sandburg），在其《美国歌袋》（The American Songbag）一书的前言中他说道："这本书以谦卑的语气开篇，并以同样的语气结束。'上帝，饶恕我吧，一个罪人。'"这里，我也恳切地为书中可能出现的事实偏误道歉，虽然已尽我所能地将信息的准确性加以核实。

愿我们共处和平的时代。

〔美〕丽贝卡·弗格森

目录
CONTENTS

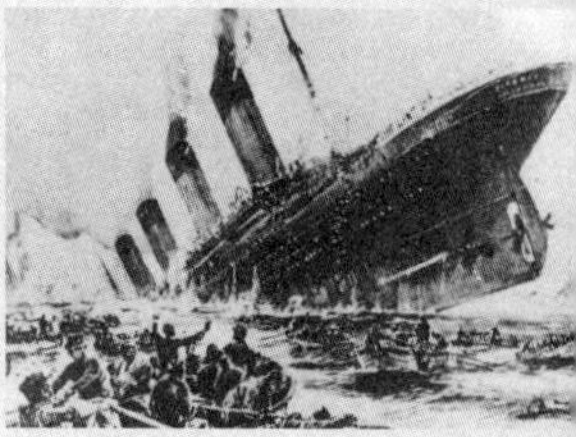

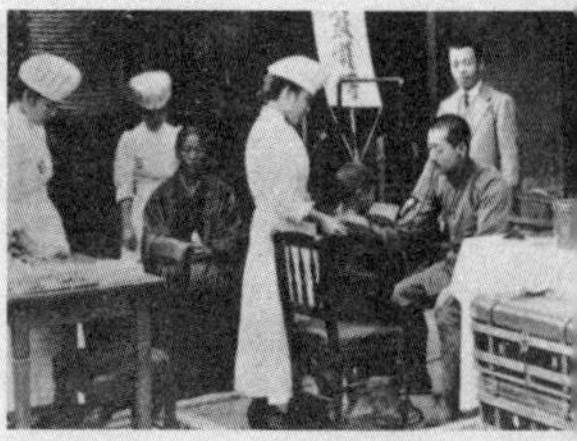

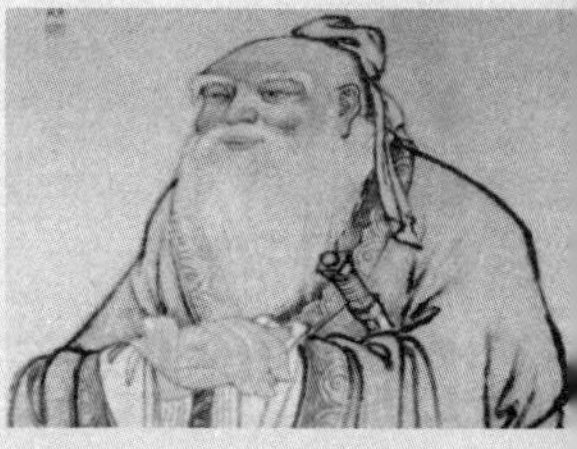

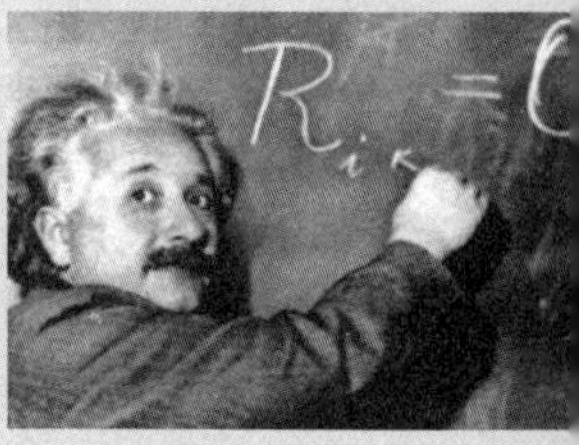

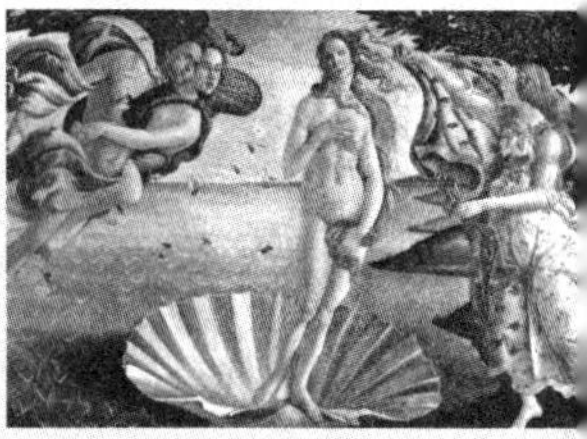

本书事件年代史

19 世 纪

训练有素的科学家开发各种新技术,包括农业机械、纺织品制造和运输业,引起了工业革命。

天定命运论开始深入人心,造成美国扩张主义通过购买、战争和签订条约的方式获得土地(路易斯安那领土、佛罗里达、得克萨斯、加利福尼亚等)。

工人开始形成组织团体时,美国劳动力迁移运动起源(19世纪早期)。

联合宪章使爱尔兰加入英国和苏格兰,形成大英帝国(1801)。

通过路易斯安那购买协议(1803),美国从法国购买路易斯安那疆土。

拿破仑·波拿巴自封法国国王(1804年12月2日)。

刘易斯和克拉克远征(1804—1806)探索美国西部。

神圣罗马帝国伴随莱茵联邦成立(1806)而结束,作为拿破仑战争的结果,大多数日耳曼城邦处于法国控制下。

▶ 19世纪10年代

第一条美国政府公路——全国公路项目开始动工(1811);这是构建将全国连接起来的联邦运输网的起步之举。

1812年之战在美国和英国之间打响。

根特条约（1814年12月24日）正式结束1812年之战。

拿破仑在滑铁卢战役中被欧洲联军击败（1815），结束其统治。

▶ 19世纪20年代

密苏里协定（1820）：密苏里作为奴隶制州、缅因作为自由州加入美国联邦，北纬36°以北除密苏里之外的领土都属自由州。该协定意在解决奴隶制问题，但未能成功。

希腊独立战争开始（1821—1829）。

学园运动开始（1826）。历经几十年的这次运动促进美国公立学校、图书馆和博物馆的创立。

伊利运河完工（1825），促使人们开始在美国内陆定居。

纽约证券交易所在纽约华尔街11号营业（1825）。

▶ 19世纪30年代

废除奴隶制运动在美国不断壮大（19世纪30年代）。

首个在商业上获得成功的收割机由弗吉尼亚人、发明家塞路斯·霍尔·麦考米克制造（1831）。

得克萨斯独立战争（1836）。

英国女王维多利亚开始统治（1837—1901）。

血泪之路（1838），美国政府强制美洲印第安人向西移居。

▶ 19世纪40年代

由于美国吞并得克萨斯，墨西哥战争打响（1846—1848）。

爱尔兰经历大饥荒（1845—1848），促使大规模移民来到美国。

淘金热在加利福尼亚开始（1848）。

首次妇女权利大会在纽约塞内卡福尔斯举行（1848），美国妇女扩大参政权运动展开。

▶ 19世纪50年代

1850年协议未能成功解决美国奴隶制问题。

贝西麦炼钢法得到发展（19世纪50年代），它是第一个以低成本、大批量制造钢铁的方法。

美国第一家效仿巴黎"好商佳"（1838）模式的百货商店成立（19世纪50—80年代）。

美国拥有当代全部邻近州领土（1853），阿拉斯加在1867年加入，夏威夷在1898年加入。

克里米亚战争（1853—1856）在俄国军队与英国、法国、奥斯曼帝国（今土耳其）和撒丁岛（今属意大利）组成的联盟军队之间进行。

康斯托克银矿在内华达戴维森山被发现（1857）；它是美国储量最丰富的银矿。

堪萨斯流血事件（1858）：在废奴主义者和奴隶制支持者派别之间发生的致命冲突。

查尔斯·达尔文《物种起源》出版（1858）。

墨西哥改革运动战争（1858—1861）。

退休列车员埃德温·L.德雷克在宾夕法尼亚泰特斯威尔附近钻井成功（1859），美国石油工业开始出现。

大西洋-太平洋茶叶公司在纽约成立（1859），该公司迅速发展，开创了连锁店概念。

▶ 19世纪60年代

第一台实用内燃机问世（1860），第二年柴油引擎相继出现。

内战（1861—1865）在美国爆发。

苏族人在美国西南部明尼苏达起义（1862年8月9日）。

红十字会作为第一日内瓦公约（1864，1906，1929，1949）的一部分成立（1864）。

解放宣言公布2年后，美国国会通过第十三修正案，在全美国废除奴隶制（1865）。

南部邦联投降（1865年4月9日），美国内战结束。

亚伯拉罕·林肯总统遭到枪杀（1865年4月14日），于次日去世。

重建美国自由主义运动开始（1865）。

欧洲奥匈帝国君主制建立（1867）；一直持续到1918年。

安德鲁·约翰逊总统和国会之间存在政治和思想差异，对总统进行弹劾（1868年2月）。

美国横贯大陆铁路竣工（1869年5月10日）。

▶ 19世纪70年代

美国第十五修正案通过（1870），赋予所有公民同等的法律保护（意味着权益扩展至黑人）。

1873年大恐慌：货币危机在美国引发一段时间的经济萧条，从而展开力争进行广泛改革的渐进运动。

亚历山大·贝尔发明电话（1875）；意大利裔美国发明家安东尼奥·穆奇自19世纪60年代起一直研究利用导线传送声音（直到2002年，美国国会才正式认可穆奇为电话的发明者）。

卡斯特最后的领地：小大霍恩河战役（1876年6月25日）。

▶ 19世纪末期

詹姆斯·加菲尔德遭到枪击（1881年7月2日），9月死于枪伤。

芝加哥发生秣市广场暴乱（1886年5月）。

托马斯·爱迪生发明自动电报机、股票行情自动收录器、白炽光电灯泡、留声机等其他设备（19世纪末期）。

汽油驱动汽车被发明（19世纪末期）。

埃利斯岛（纽约）作为移民处理中心开放（1892年1月1日）。

中日战争因争夺朝鲜控制权而爆发（1894—1895）。

收音机被发明（1895）。

英国女王维多利亚庆祝其掌权60周年（1897），此时正值维多利亚女王时代的鼎盛期。

犹太复国主义建立（19世纪90年代末期）；该运动力争建立以色列家园。

美西战争（1898）因古巴解放问题而爆发。

法国化学家、物理学家皮埃尔·居里和玛丽·居里发现镭（1898）。

第一届海牙大会举行（1899）；此次会议和随后举行的大会（1907）对战争法律和惯例作出规定。

威廉·麦金利成为第一位乘坐轿车——斯坦利蒸汽车的美国总统（1899）。

20 世 纪

▶ 20世纪前10年

中国义和团起义（1900）。

威廉·麦金利总统遭枪杀（1901年9月6日），于9月14日去世。

首次颁发诺贝尔奖（1901）。

在北卡罗来纳除魔山上，维尔伯·莱特和奥维尔·莱特兄弟进行世界首次飞行，乘坐的飞机由电力驱动，重量比空气还轻（1903）。

日俄之间因争夺在中国和朝鲜的利益而开战（1904—1905）。

俄国革命从1905年1月22日"血腥星期日"开始。

爱尔兰民族主义运动组织新芬党成立（1905）。

福特汽车公司开始生产T型汽车（1908）。

美国全国有色人种进步协会（NAACP）成立（1909）。

罗伯特·E.皮尔里及其远征队伍到达北极（1909）。

▶ 20世纪10年代

挪威探险家罗尔德·阿蒙森及其远征队伍到达南极（1911）。

革命领导人埃米里亚诺·萨帕塔推翻波菲里奥·迪亚斯的墨西哥政府（1910），开始为期10年、充满血腥的墨西哥革命。

泰坦尼克号沉船（1912）。

美国汽车制造商亨利·福特发明移动装配线（1913），使消费品生产领域发生革命性变化并开启消费者时代。

第一次世界大战在欧洲打响（1914—1918）。

俄国布尔什维克革命，亦称十月革命（1917），结束沙皇在俄国的统治。

德国赞成停战，同盟国力量投降，第一次世界大战结束；约1 000万人丧生，2 000万人受伤。

作为第一次世界大战解决方式的一部分，巴黎和议（1919）重新划分欧洲界限。为控制德国，《凡尔赛条约》对德国给予严厉处罚。

美国国会通过第十八修正案（1919）以回应禁酒运动的要求（19世纪中期），制定联邦禁酒法律；但执行该法案很困难，私售酒类产品本身成为一种产业，受到犯罪组织的掌控（1933年撤销该法案）。

中国爆发"五四运动"（1919）。

▶ 20世纪20年代

咆哮的20年代，亦称爵士乐时代，以美国极端乐观主义为特点。

美国宪法第十九修正案获得批准（1920），赋予妇女选举权。

纽约炸弹爆炸（1920年9月16日），炸毁J.P.摩根银行大楼。无政府主义分子被怀疑对此负有责任，但没人受到指控。

英国议会通过爱尔兰政府法案，在阿尔斯特省新教徒为主的6个郡县成立北爱尔兰；26个南部郡县拒绝接受此法案，成立爱尔兰自由国（1921），后称爱尔兰共和国。

作为在第一次世界大战战败的同盟国之一，奥斯曼帝国正式解体（1922）。

贝尼托·墨索里尼在意大利获取权力（1922）；设立经济和社会管辖计划。

苏维埃社会主义共和国联盟（亦称苏联）成立（1922）。

詹姆斯·乔伊斯的作品《尤利西斯》在巴黎出版（1922）；至1928年，它在美国一直被列为淫秽作品。禁书令被起诉，后被法庭取消，这本小说依然是一部杰作。

斯科普斯"猴子审判"（1925）：在田纳西法庭上科学思想与宗教创世主义进行对抗。

比利·米切尔军法审判案（1925）：第一次世界大战时的美国空军将领，因

公开批评美国军方缺乏空军实力准备而受到起诉。

哈莱姆文艺复兴运动开始（1925）；黑人艺术家创造性活动集中的这段时期对非洲裔美国人文字和音乐事业起到推动作用。

飞行员查尔斯·林德伯格进行首次不间断横跨大西洋的飞行（1927）。

福特T型汽车生产线正式投产（1927）；这种市场占有量极大的汽车在1908年首先生产，促进了美国特色产品的问世。

第一次世界大战后维持和平的努力使凯洛格-白里安协议诞生（1928）：15个国家赞成通过外交而不是军事手段解决冲突；62个国家最终批准该协议，但它却无法阻止第二次世界大战的爆发。

英国妇女获得所有竞选的投票权（1928）。

苏格兰细菌学家亚历山大·弗莱明发现青霉素（1928）。

美国证券市场在黑色星期二（1929年10月29日）这天暴跌，生产过剩、有限的国外市场、信用过度扩大和股市猜想一起造成了这次金融危机，危机一直持续到第二次世界大战。

▶ 20世纪30年代

美国陷入大萧条时期，并冲击到世界经济（至1939）。

日本侵略中国东北三省（1931）。

阿米莉雅·艾哈特成为独自飞行横跨大西洋的第一名女性（1932）。

禁酒令在美国被撤销（1933）。

罗斯福总统在大萧条期间开始进行"炉边闲谈"（1933），在广播讲话中安慰美国公众。

阿道夫·希特勒在德国掌权（1933），承诺将国家恢复到战前状态。

大屠杀开始（1933）；作为"最终解决方案"的一部分，希特勒带领纳粹德国对犹太人举行大规模迫害。到1945年，六百多万名犹太人被杀害。

恩里科·费米宣布（1934）他发现了超铀元素；后来表明这其实是铀核裂变。

旋风给大平原地区带来灾难性的损坏（1934）。

《全国劳资关系法案》（1935）加强美国工会的力量。

中国共产党领导人毛泽东带领红军长征（1934—1935），到达陕西省后红军建立根据地。

意大利占领埃塞俄比亚（1935—1936），之后又占领阿尔巴尼亚（1939）。

美国第一夫人埃莉诺·罗斯福开始为全国联合报纸专栏撰写文章"我的生活"（1936）。

德国、意大利和日本形成轴心国联盟（1936）。

西班牙内战进行（1936—1939）。

飞行员阿米莉雅·艾哈进行环绕世界飞行时失踪（1937年7月）。

南京大屠杀（1937年12月—1938年1月）：日本帝国军队突然攻占中国首都南京，杀害约30万平民。

中日战争开始（1937）；这属于第二次世界大战一部分（1939—1945）。

德奥合并：德国吞并奥地利（1938年3月）。

慕尼黑协议允许德国人进入捷克斯洛伐克苏台德地区并将其占领（1938年10月）。

阿尔伯特·爱因斯坦致信给罗斯福总统（1939年8月）敦促他启动研究核能的政府项目。

德国占领捷克斯洛伐克其余领土（1939年3月2日），纳粹军队进入波兰（1939年9月1日）；第二次世界大战开始。

美国电视开始按照节目表有规律地进行播放（1939年4月）。

▶ 20世纪40年代

苏联由15个加盟共和国组成（1940）：亚美尼亚、阿塞拜疆、白俄罗斯、爱沙尼亚、格鲁吉亚、哈萨克斯坦、吉尔吉斯、拉脱维亚、立陶宛、摩尔达维亚、俄罗斯、塔吉克斯坦、土库曼、乌克兰和乌兹别克斯坦。

第二次世界大战在欧洲、亚洲和南太平洋进行。

日本轰炸美国夏威夷珍珠港的军事设施（1941年12月7日）；美国加入第二次世界大战。

美国将军德怀特·艾森豪威尔带领同盟军在法国诺曼底登陆（1944年6月6日）；以众多伤亡为代价的同盟国胜利成为第二次世界大战的转折点。

抗生素首先问世（1944）。

雅尔塔会议（1945年2月）：盟友罗斯福、丘吉尔和斯大林在苏联会晤。

德国在欧洲投降（1945年5月7日），结束战争；欧洲胜利日（1945年5月8

日）标志欧洲战斗的结束。

美国在日本广岛（1945年8月6日）和长崎投下原子弹（1945年8月9日）。

日本投降（1945年8月14日），结束第二次世界大战。此次大战涉及世界约3/4的人口，并且总共有1.1亿人参军。六百多万名犹太人在大屠杀中死去，战斗中约有2 500万人丧生，3 000万平民被杀害。

日本签署投降条款（1945年9月2日），标志着太平洋地区战争的结束。联合国成立（1945）。

纽伦堡审判在德国进行，对纳粹军事领导在战争中犯下的罪行和暴行进行审判（1945年11月25日）。

战后交涉使印度从英国独立（1947）；还建立了巴基斯坦主权国家。

现代以色列国建立（1948年5月）。

北约成立（1949）。

苏联首枚原子弹爆炸（1949），东西方军备竞赛开始。

德国被划分成两个国家（1949）：联邦德国和民主德国。

▶ 20世纪50年代

社会主义东方集团国家和西方国家之间的不信任在冷战中加深。

第一台处理数字和字母数据的计算机UNIVAC诞生（1951）。

朝鲜战争在北朝鲜和南朝鲜之间进行（1950—1953）。

新西兰探险家埃德蒙·希拉里爵士和尼泊尔夏尔巴人丹增·诺盖首次成功登上世界最高峰——珠穆朗玛峰（1953）。

科学家研究出脱氧核糖核酸结构模型（1953）。

布朗诉教育委员会案（1954）：最高法院裁决在美国学校实行种族隔离违反宪法。

移民处理中心纽约埃利斯岛被关闭（1954）。

法国丧失殖民领地印度支那（1954）；国际会议将该地区沿北纬17度一分为二，建立北越和南越。

越南战争（1954—1975）开始，共产党领导的游击队试图推翻南越政府。

华沙条约（1955）：东方集团国家形成联盟。

苏联发射第一颗卫星（1957），与美国的"太空竞赛"开始。

尼基塔·赫鲁晓夫在苏联掌权（1958）；开始实行缓和政策——即与西方和平共处的计划。

美国发射第一颗卫星"探险者Ⅰ号"（1958）。

▶ 20世纪60年代

博因顿诉弗吉尼亚州案（1960）：最高法院裁决公共设施供所有公民使用，不论肤色。

柏林墙开始建造（1951）。

苏联宇航员尤里·加加林成为太空第一人，乘坐太空飞船"东方Ⅰ号"绕地球飞行（发射于1961年4月12日）。

美国政府支持入侵古巴猪湾，结果遭到惨败（1961）。

艾伦·谢泼德成为第一个进入太空的美国人（1961年5月5日），驾驶宇宙飞船"自由7号"进行不满轨道一圈的飞行。

美国首次让人类进入太空轨道（1962年2月20日）：宇航员约翰·格伦乘坐"友谊7号"绕地球3周。

古巴导弹危机（1962）使人们更加担心冷战会成为全方位的核冲突；苏联依从美国要求从佛罗里达海岸附近的小岛国家撤出导弹时，该局面得以解决。

雷切尔·卡森《寂静的春天》使环保运动展开（1962）。

宇航员瓦莲京娜·弗拉基米罗夫娜·捷列什科娃成为第一位太空女性，乘坐"东方6号"循轨道运行（发射于1963年6月16日）。

华盛顿游行（1963年8月28日）：在聆听马丁·路德·金《我有一个梦想》的演说后，25万余人要求获得民权。

约翰·肯尼迪总统遇刺（1963年11月22日）。

贝蒂·弗里丹《女性的奥妙》出版（1963），女权运动开展。

苏联首脑尼基塔·赫鲁晓夫遭到驱逐（1964）；列昂尼德·勃列日涅夫掌权，开始重建苏联军事力量。

美国妇女组织（NOW）成立（1966）。

美国空间项目出现悲剧性事件：3位宇航员死于发射台起火（1967年1月27日）。

阿以战争（1967）导致以色列接管并占领加沙。

民权领袖马丁·路德·金遇刺（1968年4月4日）。

"阿波罗11号"宇航员尼尔·阿姆斯特朗成为第一个在月球上行走的人类（1969年7月20日）。

在越南战争中五十余万名美国士兵被派遣到南越进行战斗（1969）。在美国，抗议者进行示威反对美国介入战争。

墨西哥"肮脏的战争"瞄准左翼改良派（20世纪60年代末—20世纪70年代）。

▶ 20世纪70年代

美国航空航天局"虽败犹荣"：地面控制和在"阿波罗13号"发生爆炸后对宇航员进行抢救。（1970年4月）。

第一阶段限制核武器条约（SALT Ⅰ）签署（1972）。

五个人非法进入华盛顿特区水门大厦民主党全国总部时被抓捕（1972年7月）；此次非法进入事件成为尼克松政府的政治丑闻。

阿拉伯恐怖分子团体"黑色9月"在慕尼黑夏季奥运会期间杀害11位以色列运动员（1972年9月5日）。

最后一批美国士兵离开越南（1973年3月）。

中东局势仍然不稳定；阿拉伯（巴勒斯坦解放组织）和以色列军队在1973年—1974年和1978年的争斗中势均力敌。

尼克松总统由于水门丑闻辞职（1974年8月）。

八国峰会从六国会议中诞生，会议代表分别来自法国、德国、意大利、日本、英国和美国（1975年3月）；后来加拿大和俄罗斯加入。

南越向北越投降（1975年4月30日），越南战争结束。北越统一国家成立越南社会主义共和国。

纽约拉夫运河废弃物污染登上头版头条（1976年—80年代）。

两架波音747飞机在加那利群岛特内里费飞机场跑道相撞，造成583人死亡（1977年3月27日）；它是历史上最为惨重的飞机事故。

波兰主教卡罗尔·沃伊蒂瓦被命名为教皇保罗二世（1978年10月16日），在455年时间里，成为天主教堂首个非意大利籍领袖。

三里岛（宾夕法尼亚）核发电站几乎被熔毁（1979年3月）。

苏联军队侵略阿富汗以支持其亲共分子政府（1979）；此冲突持续10年之

久,并成为伊斯兰教极端分子支持阿富汗人叛乱的号召力。

▶ 20世纪80年代

米哈伊尔·戈尔巴乔夫成为苏联共产党和国家的领袖(1985),戈尔巴乔夫实行国内经济发展政策和对西方开放政策。

美国航天飞机"挑战者号"在从佛罗里达卡纳维拉尔角起飞后不久发生爆炸(1986年1月28日)。

伊朗门事件动摇了里根的总统地位(1986—1987)。

柏林墙拆除(1989年11月),东欧发生剧变。

▶ 20世纪90年代

东欧的罗马尼亚、捷克斯洛伐克、匈牙利、东德和保加利亚等国举行多党竞选(1990)。

德国重新统一(1990)。

伊拉克军队侵略科威特(1990年8月)。

伊拉克总统萨达姆·侯赛因拒绝服从国际组织让其从邻国科威特撤出伊拉克军队的命令,波斯湾战争开始(1991)。

苏联解体(1991)。

种族隔离法在南非废除(1991)。

12个欧洲国家代表签署马斯特里赫特条约(1992年11月),为成立欧盟(EU)铺平道路。

波斯尼亚战争进行(1992—1995)。

纽约世贸中心遭到伊斯兰教极端分子组织炸弹袭击,造成6人死亡和数百人受伤(1993年2月26日)。

北美自由贸易协议(NAFTA)生效(1994年1月1日)。

"探路者号"在火星着陆(1997年7月4日),并且部署机器人"旅居者"收集关于行星的大量数据。

美国驻肯尼亚和坦桑尼亚使馆遭到基地组织恐怖分子汽车炸弹袭击(1998年8月),造成224人死亡,数千人受伤。

国际空间站的建设从发射太空舱"曙光号"开始（1998年11月）。

21 世 纪

有科学家根据古人类研究成果提出，人类祖先最初在近600万年前就在地球上行走，比原来构想的时间早200万年。

北爱尔兰零散的暴力事件以及无法遵守2000年裁军的最后期限使永久解决爱尔兰问题变得渺茫。

泡沫经济崩溃（2000年3月10日），结束了20世纪90年代经济繁荣期，此时期是美国历史上时间最长的经济扩张。

恐怖主义者攻击美国目标，劫持四架飞机，其中两架撞毁世界贸易中心双塔，一架撞向五角大楼，使其局部严重受损（2001年9月11日）；另一架飞机在宾夕法尼亚农村地区坠毁。约3 000人在此次攻击中丧生，疑犯锁定在基地组织身上。

炭疽热通过邮件在美国散布（2001年10月11日）；公众担心这是基地组织发动的另一次攻击，但调查员指证了一名国内嫌疑犯。

美国军队进入阿富汗，展开反恐军事行动（2001年10月）。

公司丑闻使已经不稳定的美国经济愈加动摇（2001—2004）。

欧元作为已接受的货币进入11个欧洲国家的流通中（2002年1月）。

美国航天飞机"哥伦比亚号"在再次进入地球大气层时失踪（2003年2月1日）。

美国军队入侵伊拉克（2003年3月）；政府官员称其为另一阶段的反恐行动。

美国东部和加拿大发生的大停电事件影响到5 000万人（2003年8月14日）。

加利福尼亚遭遇历史上最严重的野火（2003年10月）。

美国航空航天局开始从"火星漫游者"项目收集数据（2004）。

在早晨高峰时间发生的马德里市郊火车爆炸事件造成191人死亡、1 800人受伤（2004年3月11日）；伊斯兰教恐怖分子对此事负有责任。

东南亚海啸夺去15万余人的生命并将众多城镇和村庄夷为平地（2004年12月26日）。

141个国家签署的环境协议《京都议定书》生效（2005年2月）。

教皇保罗二世去世（2005年4月2日）；由德国主教约瑟夫·拉辛格继位，成为教皇本尼狄克十六世（4月19日）。

欧洲基地组织在伦敦制造多起爆炸事件，造成五十多人丧生，数百人受伤（2005年7月7日）。

卡特里娜飓风袭击新奥尔良、密西西比和阿拉巴马海岸（2005年8月）。

经济与商业

▶ **什么是资本主义?**

资本主义的基石乃是对财产(资本货物)的私人占有;财产与资本为那些占有财产与资本的人带来收益;个人与公司为了各自的经济利益而公开竞争(以至于竞争决定了价格、生产以及物品的分配);参与到这一体系当中的人们都受利益驱使(换言之,获取利益是其主要目的)。资本主义与社会主义相对。在社会主义中,政府即使不拥有国家全部的资本,至少也是绝大部分。没有绝对的资本主义体系;政府或多或少都要参与管理。但是与包括英国在内的许多其他发达国家一样,美国经济在本质上高度资本化。

▶ **什么是laissez-faire?**

该词来自法语,字面意思就是"让(人们)做(他们所选择的)"。作为一种经济学理论,laissez-faire反对政府干预经济与商业活动,或者至少希望政府尽可能地不参与其中。Laissez-faire崇尚自由市场(一种以公开竞争为特点的市场体系)。作为对重商主义的一种回应,该理论在18世纪晚期尤为流行。苏格兰著名经济学家亚当·斯密(Adam Smith, 1723—1790)就是laissez-faire市场体系的支持者。

▶ 什么是重商主义?

重商主义出现在封建主义消退之时（中世纪末期〔500—1350〕），它提倡政府对国民经济的严格控制，其拥护者认为健康的经济只有通过国家规范才能实现。它的目标就是积累金银条，建立对外贸易的顺差局面，发展农业以及制造业，同时创建外贸政策。

▶ 亚当·斯密是何人?

苏格兰经济学家亚当·斯密（1723—1790）在当今保守派经济学家当中小有名气。他在1776年创作的《国富论》（*The Wealth of Nations*）中提出了一种完全自由的商贸体系；换言之，就是自由市场经济。斯密当时在英国格拉斯哥大学任教，他在书中写道："消费是所有生产的唯一终极目标，生产者的利益应当得到保护，正如消费者的利益必须得到改善一样。"

《国富论》创建了经典的政治经济学，但是因为没有意识到正在进行的工业革命而备受指责。斯密提倡自由市场竞争与有限的政府干预，同时他还认为失业是一种必要的社会问题，它可以限制成本——当然也就限制了价格。

▶ 什么是凯恩斯经济学?

凯恩斯经济学是英国经济学家及金融专家约翰·梅纳德·凯恩斯（John Maynard Keynes, 1883—1946）所提出的一套理论。他在1935年出版了一部重要著作《就业、利息与货币通论》（*The General Theory of Employment, Interest and Money*）。作为一名宏观经济学家（他研究整个国民经济），凯恩斯不赞成自由市场经济的诸多理论。为了确保稳步增长，他认为政府有必要参与到国民经济的某些领域。他赞成政府干预财政政策，在经济萧条时期，他支持赤字开支，放开的通货政策，以及政府的公共建设工程计划（例如富兰克林·罗斯福总统的新政）以推动就业。凯恩斯理论被认为是20世纪最有影响力的经济理论。

第二次世界大战期间，凯恩斯为英国战争融资发挥了核心作用。1944年，他参加了布雷顿森林会议，并努力争取大会支持创建世界银行。1945年，作为联合国的专门机构，世界银行成立，其宗旨是推动经济发展，途径包括向各国提供贷款,为发展中国家延长贷款期限以及为欠发达国家提供风险资金以推动其私营企业发展。有趣的是,凯恩斯是1919年巴黎和会的主要代表。会上,《凡尔赛和约》(*Treaty of Versailles*)的签订正式宣告了第一次世界大战(1914—1918)的结束。他放弃巴黎的各项活动,回到了伦敦并于1919年出版了《和平对经济的影响》一书(*The Economic Consequences of Peace*)。在书中,他表示反对《凡尔赛和约》要求德国进行过多的战争赔偿。凯恩斯预见到,第一次世界大战后对于德国的苛刻惩罚必将导致欧洲未来的冲突。

货　币

▶ 货币出现于何时?

货币的使用可以追溯到大约4 000年前。当时,人们使用一些公认有价值的东西(比如包括金与银在内的贵金属)购买货物及服务。由于没有货币,所有的交易都实行物物交换,也就是双方经过协商交换货物和服务,货币的出现简化了产品和服务的获取。位于小亚细亚(今土耳其)西部的古国吕底亚于公元前7世纪首次使用了金银制作的标准硬币。

▶ 纸币何时首次使用?

中世纪时期(500—1350),纸币首次在中国出现。9世纪时,中国商人使用纸币作为交易凭证,后来用它向政府纳税。直到11世纪,还是在中国,纸币才有金银(称为"硬通货")储备做支持。

▶ 什么是八片币?

八片币指的是与其他硬通货一起在美洲殖民地流通的西班牙银币(比索)。由于新大陆的殖民地都是其母国(英格兰、西班牙、法国、葡萄牙与荷兰)的财产,因此这些地方没有自己的货币体系。英格兰禁止其美洲殖民地发行货币。

居民使用任何弄到手的外国货币。八片币（西班牙）、里尔（西班牙和葡萄牙）以及先令（英格兰）都在流通；而八片币最常见。这种西班牙银币之所以被称作八片币是因为它价值8个里尔，同时上面印有一个八字。为了兑换零钱，这种银币会被切割，就像一片片馅饼。两片儿或"两块儿"银币是2毛5，直到如今美国人仍然把（1美元的）1/4称作两块儿。

殖民地经常出现货币短缺，导致与欧洲贸易出现赤字。各殖民地向欧洲提供原材料，进口的绝大部分却都是成品，包括批量生产的货物，结果造成贸易失衡。由于货币短缺，大多数殖民地居民只能进行物物交换，互换物品和服务。1652年，马萨诸塞州成为第一个铸造硬币的殖民地；当年，英格兰没有君主在位。尽管殖民地发行硬币受到英格兰的严格禁止，但是马萨诸塞的清教徒们依然生产自己的货币，持续了大约30年之久；他们在硬币上印上1652年以此规避法律。

▶ 什么是大陆币?

大陆币是美国政府在独立战争期间（1775—1783）发行的纸币。《独立宣言》发表（1776）以来，第二次大陆会议掌管着这个新生的国家，为抗击英国做着战事准备。因为还没有起草过宪法，大陆会议无权征税。因此，它请求各州为作战提供资金援助。但是，有些州没有面临迫在眉睫的危险——在这些州还没有战事，因此对于这种请求，他们并不响应。这个新生国家的许多名流依然忠诚于英国，拒绝资助美国的爱国事业。然而，各种供给、弹药以及士兵都需要资金。为了资助革命，大陆会议被迫发行纸币，并向持有者承诺将来以白银偿还。但是随着越来越多的大陆币流入市场，由于没有足够的白银来兑现承诺，大陆币开始贬值。到1780年，由于流通太多，大陆币几乎一文不值。美国人曾用"不值一个大陆币"来形容任何没有价值的东西。为缓解财政危机，一些爱国志士开始捐钱，作为交换，政府会给他们相应的有息证券。但是，资金依然短缺。革命事业所面临的资金问题一直没能解决，直到外国列强涉入，资助这个羽翼未丰的国家抗击英帝国。欧洲尤其是法国所提供的借款对美国赢得这场独立战争帮助良多。

▶ 什么是"碎布钱"?

碎布钱是对纸币的谑称。这一名称始自纸币出现的早期，当时纸币主要是用碎布中的棉线与亚麻纤维制作而成。因此，纸币就是"碎布钱"。既然有价货币都是由欧洲现有政府发行的金银币，那么美国人对纸币——只不过是对将来以硬币形式进行偿还的一种承诺——抱怀疑态度也就不足为奇了。《独立宣言》发表以来，美国政府发行的第一批纸币很快变得毫无价值：为了资助美国革命（1775—1783），第二届大陆会议印制了过多的纸币——大陆币，以至于没有足够的白银作支持。财政危机并没能鼓舞美国人对纸币的信心。即使在获得欧洲资助，甚至在美国政府将美元定为货币单位（1785）之后，对于碎布币的诽谤依然不绝于耳。

▶ 什么是野猫银行？

野猫银行是州立金融机构，它们从19世纪早期开始在美国境内经营，直到内战时期（1861—1865）。由于其执行自由放款政策，发行没有金银（币钱）支持的纸币，而被称为野猫银行。美利坚第二国家银行存在于1816年—1836年，这段时间里，联邦银行得以控制当时在西部和南部地区占有绝对优势的野猫机构，要求它们只发行能够兑换成硬币的纸币。但是，当第二国家银行的营业执照在1836年到期后，野猫银行又恢复了不规范的银行业务。纸币发行与借贷变得毫无章法，人们急于在边境地带购买土地。那些谋反的金融机构为了满足自己需要随意放松或紧缩通货，造成国家通货波动很大。而且，众多银行都在发行各自的纸币，这就带来了另一问题：伪造。谁也无法辨别真正的银行货币与伪造精良的假币之间的不同。

由于通货膨胀严重，土地投机猖獗，1836年7月11日，决心整治野猫银行的安德鲁·杰克逊总统（Andrew Jackson，1767—1845）颁布了一道《币钱通告》（*Specie Circular*），命令政府机构只接受金银作为买卖土地的支付方式。土地购买者（尤其是西部）带着纸币到州立银行兑换硬币时，他们发现银行放钱的抽屉是空的，持币者因此被告知他们的纸币没有面值。一家家银行相继破产，造成1837年的金融恐慌。但是许多州立银行仍在经营，控制纸币的问题依旧困扰着美国。

▶ 什么是国家银行法案？

1863年的国家银行法案旨在创造一个国家银行体系，发行联邦战争债券，

建立全国货币。议会通过该法案以缓解美国南北战争（1861—1865）初期出现的金融危机；南北战争军费昂贵，然而北方并无有效的税收制度为之提供资金保障。1861年12月，各家银行暂停了币钱偿还业务（即以金银币兑换纸币）——人们无法再将纸币换成硬币。政府随即通过了《法币法案》（*Legal Tender Act*, 1862），发行了1.5亿国家纸币——绿背钞票。但是，流通中的货币绝大多数还是银行纸币（州立银行发行的纸币）。

为确保国家金融稳定，为战事提供资金，1863年1月，《国家银行法案》在参议院获得通过。财政部长萨蒙·蔡斯（Salmon Chase, 1808—1873）在美国俄亥俄州参议员约翰·舍曼（John Sherman, 1823—1900）的支持下，将其提交到了国会。参议院以23比21的微弱优势通过了议案，众议院于2月通过了立法。作为启动条件，法案框架下组建的国家银行必须购买政府发行的债券。这些债券在交给联邦政府之后，国家银行就可以发行价值这些债券市值90%的纸币。

国家银行法案虽然改善了但是没能完全解决国家的财政问题：有1 500家州立银行一直都在发行银行纸币，其中部分按照补充法案（1864年通过用以修订最初的银行法案）被改制成了国家银行；另外一部分则因为1865年通过的法案要么破产要么不再发行纸币——该法案要求对州立银行发行的纸币征收10%的联邦税款，这使得州立银行发行纸币无利可图。法案创造了3亿美元的国家货币——以国家银行发行的纸币形式出现。但是由于这些货币大多数都分布在东部，其他地区的货币供应依然很不稳定。西部需要更多的货币——这造成了内战（1861—1865）后美国政治的主要问题。尽管如此，国家银行体系大体上没什么变化——尽管1873年出现过恐慌——直到1913年联邦储备法案的通过。

▶ 什么是联邦储备？

联邦储备是美国中央银行体系，根据1913年国会法案——《联邦储备法案》（有时称作《格拉斯—欧文斯法案》）创建。1863年国家银行法案建立起国家银行体系以后，为创建一个稳固的中央银行体系，通过了一系列法律，然而这些立法无论是管理国家货币，应对经济增长还是掌控经济都显得很无力。

《联邦储备法案》在美国12个城市组建了区域性联邦储备银行：马萨诸塞州的波士顿、纽约、宾夕法尼亚州的费城、俄亥俄州的克利夫兰、弗吉尼亚州的里士满、佐治亚州的亚特兰大、芝加哥、密苏里州的圣路易斯、明尼苏达州的明尼阿波利斯、密苏里州的堪萨斯城、得克萨斯州的达拉斯以及加利福尼亚州的旧金山。这些机构作为"银行家的银行"运作：成员银行（商业机构）使用联邦储备账户的方式，如同消费者在商业银行使用自己的存款账户一样。所有的国家银行都必须是联邦银行体系的成员；州立银行在满足特定要求之后可以加入该体系。联邦储备法案组建了联邦储备董事会（现在叫州长董事会）监督该体系。该董事会由7个成员组成，他们都是美国总统任命并由参议院认可的。为了尽可能避免缺乏远见的政治影响，7位成员交替上任完成14年的任期（每两年一届任期）。

联邦储备的职责包括：借款给商业（成员）银行，指导各储备银行在公开市场购买及出售政府债券，设定储备需求（美国财政部需要多少货币）以及规范利率（联邦储备贷款给商业银行的贷款利率），最后一项也是该体系作用于经济的最主要作用之一。为了履行这些职责，联邦储备（在金融圈常称作"美联储"）可以扩充（放松）或收紧（紧缩）流通中的货币供应量。联邦储备也发行国家货币，并监督和规范银行行为以及他们的控股公司。1914年9月开始运营。

什么是绿背钞票？

绿背钞票是美国政府在南北战争期间印制发行的纸币。庞大的军事开支很快耗尽了国家的币钱（金银）。于是，政府在1862年通过了《法币法案》，暂停币钱偿还业务，为发行纸币做准备。（法币是偿还债务时必须使用的货币。）由于这些钞票赖以支持的只有政府的承诺，人们不无讽刺地认为这无异于依赖印制这些钞票的绿色墨水。因此这些钞票被称作绿背钞票，其价值依赖于人们对政府的信任程度——以及将来兑换成硬币的能力。北方同盟与南部联邦之间战事渐紧，美国人民对政府的信心起伏不定：只要同盟战败，绿背钞票的价值就会下跌——一度曾跌至1美元价值35美分。

内战结束后，绿背钞票仍在流通，最终在1878年恢复了全值。1873年金融危机后，许多人——尤其是西部农场主——呼吁政府发行更多货币。货币体系的支持者们组建了"绿背党"。1876年—1884年间，这个团体活跃在美国政坛。他们认为，通过发行更多的绿背钞票，政府就能更轻松地偿还债务，物价也会攀升——最终带来繁荣。美国现今的纸币体系建立在政府发行钞票的基础之上，而正是内战使发行纸币成了一种必然。

其他发达国家的中央银行体系包括：加拿大银行、法兰西银行以及（德国的）联邦银行。

⊙ ATMs最早出现在何时？

无处不在的自动提款机（ATM）于1967年首次出现在英国巴克莱银行位于伦敦附近的一家支行。2年后，化学银行在美国纽约洛克维尔中心使用了第一台ATM机。自助银行在20世纪80年代稳步增长，90年代实现了飞跃，当时一些银行开始向通过柜台而不是ATM办理业务的消费者收取费用。

⊙ 欧元出现于何时？

欧元于2002年1月1日开始在欧盟12个成员国流通，成为3亿多百姓日常生活的一部分。这12个国家包括：比利时、德国、希腊、西班牙、法国、爱尔兰、意大利、卢森堡、荷兰、奥地利、葡萄牙以及芬兰。这些钞票与硬币代替了国家货币，使法郎、德国马克、西班牙银币、里拉以及其他一些货币退出了成员国的历史舞台。

欧元的起源可以追溯到始于1978年的一系列国际协议，这些协议由当时欧共体（或EC）的各成员国签署。1986年2月，签署《单一欧洲法案》（*The Single European Act*）的各成员国同意构建统一货币体系框架。《单一欧洲法案》旨在创建"一个没有内部边界的区域，在这个区域中，货物、人员、服务以及资本可以自由流动"。1989年，《德洛尔报告》（*Delors Report*）制定了一个实施统一货币的三步走计划。该项计划最后阶段开始于1999年1月1日，当时属于欧盟的11个国家（后发展为12个）确定了各国货币与欧元的汇率，就单一货币形成了一个货币同盟。随后是为期3年的兑换期，在这期间，金融交易可以欧元进行，也可以其他货币进行。2002年1月1日，12个成员国共同组建的中央银行向市场注入了78亿欧元纸钞以及404亿欧元硬币，总价值约1 440亿欧元。与此同时，各国开始收回流通中的本国原有货币。2002年2月28日，货币转换完成，这意味着各国货币彻底退出市场，唯一流通的只有欧元。

2004年5月1日，又有10个国家（塞浦路斯、捷克共和国、爱沙尼亚、匈牙利、拉脱维亚、立陶宛、马耳他、波兰、斯洛伐克和斯洛文尼亚）加入了欧盟，至于它们何时采用欧元并没有明确的时间表。之前，瑞典曾在2003年投票反对加入欧元区。

殖民地时期的美国与早期共和国

▷ 什么是契约佣工？

美国殖民地时期，有两种契约佣工：自愿的与非自愿的。自愿佣工多有一技之长，但付不起到美国殖民地的路费，因此他们自愿为殖民地的某位地主工作4~7年的时间以换取路费。期满后，这些佣工将变为自由人，而且通常情况下，其受雇的主人都会送给他土地、工具或资金。非自愿契约佣工包括被判一定时期劳役的犯人、穷人或欠债的人。大多契约佣工都是非自愿的，他们为殖民地地主工作的时间要比自愿佣工长，通常为7~14年。但是，与自愿佣工一样，非自愿佣工在服务期满后也会得到土地、工具或资金，而且也将变为自由人。

契约佣工的出现反映了17世纪初美洲殖民地劳动力短缺的状况。1618年，一家合资公司——弗吉尼亚公司倡导开发弗吉尼亚，并依据"人头权利制度"采纳了一种新规章，即：能够自费跨越大西洋的英国人都将获得50英亩（0.2平方千米）土地；他们的每个儿子和佣人都可以另获50英亩（0.2平方千米）。其他殖民地也都在"人头权利制度"下相继开发，只是土地量各不相同。很快，农场上的劳动力就出现了供不应求的局面。殖民地居民通过契约佣工的方法解决了这一问题。

许多契约佣工来自英格兰、爱尔兰、苏格兰和德国。在欧洲各港口，人们自愿或不自愿地与船长签订合约，而船长将他们送至殖民地后，再将合约以最高价转卖出去。大约一半的殖民地移民都是契约佣工。殖民地法律确保佣工完成其必须履行的义务，任何逃走的佣工都会受到严厉惩罚。法律同时也保护佣工，地主有义务向佣工提供住所、食物、医疗服务，甚至宗教培训。该体系在美国东海岸中部殖民地十分普遍，但在南方也有应用。17世纪末，加勒比群岛经济没落，其种植园主将农奴卖到了美洲大陆，在那里，这些奴隶基本上都在南方种植园做工，大约18世纪时替代了契约佣工。在其他殖民地，这一体系随着美国革命的开始（1775—1783）而终结。

▶ 什么是三角贸易？

三角贸易指的是殖民地时期出现的多条航线。沿着数目众多的三角贸易航线，可以运送人员、货物（原材料和成品）和家畜。最常见的一条三角贸易航线始于非洲西海岸，黑奴从那里上船，在第二站加勒比群岛——主要是英属和法属西印度群岛——被卖给种植园主；贩子们再用赚到的钱购买糖、蜜、烟草和咖啡。这些原材料会被运往北方即第三站——美国新英格兰，那里的朗姆酒产业方兴未艾。贩子们会在这里装上白酒，然后跨越大西洋返回非洲西海岸，继续下一轮三角贸易。

其他贸易路线包括：一、工业产品从欧洲运往非洲海岸；黑奴运往西印度群岛；糖、烟草和咖啡运回欧洲，接着开始新一轮三角贸易；二、木料、咖啡和肉产品从殖民地运到欧洲南部；葡萄酒和水果运到英格兰；工业产品再运到殖民地，接着是下一轮三角贸易。有多少港口，对货物有多大需求，就可能有多少路线。

三角贸易带来的不幸就是，大约有1 000万非洲黑人被卖做了奴隶。在跨越大西洋的旅途中（这段旅程被称作中间通道），这些人被铁链拴在甲板下，只有片刻的活动时间。黑奴的处境十分恶劣，后来有了些微改善，那是因为贩子们意识到，如果黑奴死于横跨大洋的漫漫旅途中，他们抵达西印度群岛后的利润就会受到影响。17世纪末，加勒比群岛的经济衰败之后，许多黑奴被贩卖到了北美大陆的种植园，开始了另一条悲惨的贸易路线。奴隶贸易在19世纪被废除，结束了对非洲人的捕抓，也结束了他们被迫移民西半球的命运。

▶ 美国烟草行业是如何开始的?

烟草属茄科,是美洲本土植物。1492年,克里斯多弗·哥伦布(Christopher Columbus,1451—1506)到达西印度群岛,他发现当地居民吸食卷起来的烟叶——泰诺(taino)(烟草一词源自西班牙语"tabaco",而该词很可能来自taino)。人们认为"吸烟"有放松作用。返回西班牙时,哥伦布带回了这种植物的种子。1531年,在西属西印度群岛殖民地,烟草种植已经达到商业规模。1565年,英国海军指挥官约翰·霍金斯(John Hawkins,1532—1595)将烟草引入了英格兰。数十年后,詹姆斯一世(King James Ⅰ,1566—1625)谴责抽烟是一种"可恶的臭习惯"。

北美大陆一直没有从事烟草的商业种植,直到1610年英国殖民者约翰·罗尔弗(John Rolfe,1585—1622)将烟草种子从西印度群岛带到他所定居的美国弗吉尼亚州詹姆斯敦。1612年,他成功培育出烟草并发现了一种熏制方法,使烟草得以出口。詹姆斯敦成为一座新兴城市,而征收出口税的英格兰詹姆斯国王也改变了对抽烟的看法。烟草种植很快在美国弗吉尼亚、马里兰以及北卡罗来纳的沿海区域盛行开来,成为这些殖民地经济的支柱。与其他诸如稻谷和木蓝等当地作物相比,烟草种植对土地或农奴的需求不高,但它却会以更快的速度耗尽土壤养分,以致种植者们将烟草种植向西扩展到了皮德蒙特高原(位于美国阿巴拉契亚山脉与蓝岭山以东的高原地带)。

1660年,英国国会通过了《第二航海法案》(The Second Navigation Act),规定英属美洲殖民地所产烟草及其他物品只能出口到不列颠群岛。该条立法致使烟草价格下跌,殖民地经济被削弱,引起了针对英国的不满。但是欧洲需求不减,殖民地人们不顾《第二航海法案》规定,很快恢复了出口。到1765年,殖民地烟草出口价值几乎是面包和面粉出口价值的2倍。烟草已经成为南方种植园经济的一大特色,直到美国南北战争(1861—1865)爆发。19世纪,成立了诸如雷诺烟草(R. J. Reynolds Tobacco)和美利坚烟草等一批公司。尽管一再宣传使用烟草(吸食或咀嚼)有多危险,但烟草依然是美国南方的主要作物,生产烟草产品仍是其一大产业。

▶ 什么是《航海法案》?

1645年—1761年间,英国国会先后通过了29部法律,旨在严格控制殖民

地贸易、运输及工业，以维护英国在美洲的利益。英国希望通过这些法案确保英属北美殖民地继续屈服于自己，但这些法案大都没能引起美洲殖民者的重视。1645年通过的第一条法案规定，向英国进口鲸油必须由雇用英国船员的英国船只运送。1651年、1660年以及1663年相继通过的法律为《航海法案》奠定了基础。

《第一航海法案》(1651)与1645年法案类似，但范围更广：它规定一切货物只能由英国（或英国殖民地）船只运入英格兰、爱尔兰或各殖民地。而且，殖民地沿海贸易也必须完全在英国船上进行。《第二航海法案》(1660)重申一切货物只能由英国船只运送，而且建立了一个必须直接运往英格兰的货物清单。其目的就是要阻止殖民地直接与其他欧洲国家进行贸易。英格兰要求殖民地将原料卖给英国商人，对于卖给其他国家的货物要征税。清单上列举的货物有：糖、棉花、烟草、木蓝、大米、蜜、苹果和毛织品。1663年，国会通过了《主产品法案》(The Staple Act)，规定殖民地从其他国家直接购买产品是非法行为，欧洲其他国家必须先将产品运到英国，或者交纳关税。英格兰试图通过《航海法案》控制殖民地的进出口贸易。但是这些法律很难执行，殖民地很容易就能避开这些法律，走私猖獗。尽管直到美国革命前夕（1775—1783）英格兰都在不断出台新的法律，但都没能对殖民地经济造成多大影响；这期间，殖民地经济的增长速度达到了英格兰经济增速的2倍。

▶ 什么是国家大道？

国家大道是第一条联邦道路。今天，这条直通西部的大道紧连着美国40公路。1806年，响应定居者们的要求——开设一条穿越阿巴拉契亚山脉进入俄亥俄河谷的便捷通道，美国国会批准铺设一条大道。这条大道最初叫坎伯兰大道，于1811年在美国马里兰州坎伯兰开工建设。工程进度缓慢，直到6年后，这条路才抵达今天美国西弗吉尼亚州的惠灵顿，总长130英里（209千米）。但是，1830年，安德鲁·杰克逊（Andrew Jackson，1767—1845）为这项工程注入了一针强心剂：他签署了国会的一个法案，拨专款13万美元进行勘测并将坎伯兰大道继续向西延伸。杰克逊称之为"国家大道"（又叫美国高速干道）。1852年工程竣工时，这条大道从惠灵向西延伸，跨越俄亥俄州、印第安纳州直到伊利诺伊州圣路易斯东部的万达利亚。这项工程耗资700万美元但实现了预期目的：国家大道促进了老西北地区（今天的俄亥俄州、密歇根州、印第安纳州、伊利诺伊州、威斯康星州以及明尼苏达州的一部分）以及远西地区（密西西比河以西领土）的发展。拓荒者和商人们乘坐有篷的四轮马车和大篷马车走这条大道；包括牲畜、粮食和加工成品在内的大量货物被运往东西部。沿途的城镇蓬勃发展起来。到19世纪末，这条大路的重要性开始日趋减弱，因为定居者、新移民以及各种货物开始通过铁路运输，这些铁路在1865年开始纵横全国。尽管如此，国家大道预示了联邦运输工程的未来，这些工程将会把全国编织在一起。

▶ 为什么伊利运河的开通对美国发展很重要？

伊利运河于1825年竣工，它将大西洋与五大湖连通起来，第一次把美国的东西部连在了一起，这使得无论货物还是居民都可以轻松往返于各地区之间。1817年7月4日，运河开工，由美国纽约州长德威特·克林顿（DeWitt Clinton，1769—1828）赞助。他计划并最终实施了此项巨大的建筑工程。水路由纽约州赞助，共投入资金逾700万美元。运河最初长363英里（584千米），水面宽40英尺（12.2米），深4英尺（1.2米）。它有83道水闸，这些水闸可以将船只提高562英尺（171.3米），从哈得孙河进入伊利湖。（水闸是运河的一部分，关闭水闸可以控制水位，这样就可以提高或放低船只，从一边进入另一边水域。）伊利运河始于美国纽约州奥尔巴尼的哈得孙河（在纽约注入大西洋），向西延伸至美国布法罗、纽约以及伊利湖（五大湖之一）。

1825年10月26日，"赛内卡酋长号"平底船的运营标志着水路的正式开通。游客可搭载轮船，货物则可由平底船运送——平底船靠陆地上成队的骡马牵引。尽管有批评家将这项艰巨的工程谑称为"克林顿奇迹""克林顿壕沟"，但是大运河对美国经济的积极影响在运营后的10年内就显现了出来。它减少了东西航运的运费，使布法罗发展成了该区的一个主要港口，纽约市则因此成了一个主要的国际港口；此外，它还推动了纽约州北部以及整个老西北地区（今天的俄亥俄州、密歇根州、印第安纳州、伊利诺伊州、威斯康星州以及明尼苏达州的一部分）人口的增长，促使其他州（俄亥俄州、印第安纳州、伊利诺伊州）也开凿运河，进一步推动了内陆地区的发展与商业化。由于粮食可以从肥沃的农田运出去，而且更多的农田已被开垦出来，因此，伊利运河有助于向东部城市新来的移民提供食物；相应的，他们则把工业成品运到西部的农场上。1835

年—1862年间，伊利运河被数次拓宽以增大运载能力。1903年，纽约州投票决定将伊利运河与州内三条较短的水路连起来，形成纽约州驳船运河，该条运河于1918年开通。

▶ 为什么带刺铁丝网的发明对美国西部开发很重要?

带刺铁丝网的商业开发是美国发明家约瑟夫·格莱登（Joseph Glidden，1813—1906）在1874年发起的。它是把钢丝拧在一起形成类似刺儿一样的尖角而制成的，在西部，这种东西被广泛用于制作篱笆。由于大平原上树木短缺，因此农夫们没有足够的材料来建造木篱笆。取而代之的是，他们通过种植多刺的灌木来圈定土地，圈养牲畜。但是，这种方法有时候不起作用。带刺铁丝网出现后，农夫们得以以此圈定自己的土地。养牛户们对那些扎铁丝网的小农户很是生气：他们原先允许牲畜在开阔的草原上闲逛。由于担心牧草地会被吃光，农场主们也开始使用带刺铁丝网圈定土地，也不管他们是不是这些土地的合法拥有者。农场主之间以及农场主与农夫之间产生了争议。1885年，格鲁夫·克利夫兰总统（Grover Cleveland，1837—1908）终结了非法圈定土地的行为，命令官员从公共土地以及印第安居住区撤掉带刺铁丝网。合法使用铁丝网来圈定土地、划定界限的做法终结了公共农场，同时加速了大草原农业的发展。

自 然 资 源

▶ 最大一次淘金热

美国最大一次淘金热始于1848年1月24日。当时，詹姆斯·马歇尔（James Marshall）在美国加利福尼亚州科洛马的萨特磨坊发现了金子。一年之内，一场大规模的淘金热便开始了。由于世界各地寻找财富的人纷至沓来，最近的港口——小城圣弗朗西斯科发展成了一个繁忙的都市。由于大量人口涌入，到1850年，加利福尼亚足以称得上是一个州了。这种模式在美国西部不断重复，包括1859年的派克峰淘金热，它成功塑造了美国科罗拉多州丹佛市。淘金热还发现了铜、铅、银以及其他有用的矿物质，并催生了相关产业。这其中一个成功的例子就是巴伐利亚移民莱维·施特劳斯（Levi Strauss，1829—1902），他从1853年开始制作并向圣弗朗西斯科的矿工们出售耐磨的衣服。

　　在其他国家，淘金热对当地的成长与开发都有着同样的作用：1851年，澳大利亚发现贵金属后，该国的人口在接下来的10年当中几乎翻了3番。1861年，新西兰的淘金热使新西兰全国人口在6年之内增长了1倍。1886年，南非发现金子后，约翰内斯堡得到了发展。仅仅十多年后，发生在加拿大育空地区声名狼藉的淘金热（在加拿大克朗代克河地区）刺激了当地经济的发展。

▶ 什么是康斯托克矿脉？

　　康斯托克矿脉蕴含着美国最丰富的银矿，同时金矿储量也很丰富。该矿床

1880年，美国科罗拉多州的矿工们。淘金热造成大批采矿者移居美国西部，刺激了诸如圣弗朗西斯科和丹佛等城市的发展。

于1857年在美国西内华达州的戴维森山被发现，位于美国里诺东南大约16英里（25.7千米）处。发现者伊桑·艾伦·格罗斯（Ethan Allen Grosh）和何西阿·拜娄·格罗斯（Hosea Ballou Grosh）还没来得及宣布自己的发现就过世了。1859年，美国勘探者亨利·T.P.康斯托克（Henry T. P. Comstock, 1820—1870）声称自己发现了这一矿藏，但是后来却以超低价将其出售了。这个矿藏一直开采到1865年，接着，在1873年—1882年间，超富矿脉——"大富源"又出产了价值1亿多美元的矿藏。截至1882年，这一矿脉出产了价值3.97亿美元的矿石以及美国同时期银产量的一半。西内华达州已经成为采矿活动的温床，吸引了大批人前来采矿。美国矿业巨头、后来的参议员乔治·赫斯特（George Hearst, 1820—1891）就是依托康斯托克矿脉发家的一位。1880年，他用这笔财富购买了《旧金山观察家报》（San Francisco Examiner）。7年后，他的儿子——美国报业出版商威廉·伦道夫·赫斯特（William Randolph Hearst, 1869—1951）接管了该报纸。19世纪末期，于1859年建立在矿藏发现地的美国弗吉尼亚市发展成为西部的一座新兴城市。到1898年，康斯托克矿脉的矿藏差不多都被废弃了：无节制的开采以及禁止白银作为货币流通的规定最终宣告这一矿脉的终结。

▶ 什么是黑金？

黑金是对油或石油的一种称呼——说它黑是因为刚到地面时，它呈现黑色；说它是金则因为它富了采矿者、钻井者以及石油行业的人们。美国石油产业开始于1859年，当年，退休的列车员埃德温·L.德雷克（Edwin L. Drake, 1819—1880）在美国宾夕法尼亚州的蒂图斯维尔附近钻了一口井；他的井钻由一台老式蒸汽机带动，结果钻到了石油。自殖民地时期以来，取自动物油脂和鲸鱼的油都被用来做润滑剂。1854年，从石油中提取清洁易燃的燃料——煤油的工艺获得了专利保护。德雷克在蒂图斯维尔钻出页岩油后，人们分析了这种物质的属性，认为它也可以提炼出煤油。不久，其他人也开始寻找"石油"。西部的宾夕法尼亚州成了产油的一个重要地区。四轮马车和驳船将成桶的油运到市场；后来，火车通到了该地区；1875年，开通了一条油管，可以将石油直接运到匹兹堡。石油产品很快替代鲸油，成为润滑剂。19世纪80年代，美国俄亥俄州、肯塔基州、伊利诺伊州以及印第安纳州也开始出产石油。1901年，美国得克萨斯州东部著名的斯宾德油田发现了全美第一个喷油井——石油直接从地下喷出。接下来的10年间,美国加利福尼亚州、俄克拉荷马州与得克萨斯州一起成为全美三大石油主产区。1859年—1900年间,美国石油生产旺盛:宾夕法尼亚州首次发现石油时,年产仅2 000桶;世纪之交时,年产量达到6 400万桶。

19世纪后半期,石油工业蓬勃发展:这种燃油被用于照明、加热和润滑(主要是机械和工具)。但是,汽车的出现以及它在20世纪美国人生活中起到的重要作用,使石油工业更加富裕。石油很快供不应求,这使得美国越来越依赖于进口燃油。

▶ 非洲的钻石开采始于何时?

1867年,人们在南非奥伦治河沿岸发现了一种"漂亮的鹅卵石",最终发现了位于今天南非金伯利(该城市因采矿业于1871年建立)附近丰富的钻石矿区。与大约15年前的美国加利福尼亚州淘金热相似,南非中部钻石的发现吸引了来自英国和其他国家的人涌向该地。但是,最终却导致一场冲突。由于英国人与布尔人(南非荷兰后裔)都想得到金伯利地区,因此爆发了1880年第一次布尔战争。

工 业 革 命

▶ 工业革命前制成品是怎样生产的?

在工业革命把人类带入工厂与机器时代之前,人们所需的许多产品都是自己生产的;此外,便是向小规模的生产商(他们主要靠手工生产)购买,或从商人(他们与家庭雇佣工签订合同进行生产)那里购买。18世纪中叶—19世纪初期的美国新英格兰地区使用的就是这一生产体系散工制。其流程如下:商人提供原材料(例如,棉花)给各家,尤其是妇女和女孩,由她们为商人制作半成品(线)或成品(布)。这些产品再由商人拿去出售。进行生产的家庭雇佣工提供每天生产所需的劳动力。

▶ 纺织工业是如何开始的?

大规模的纺织品生产始于18世纪晚期的大不列颠。1783年,英国的理查德·阿克赖特(Richard Arkwright, 1732—1792)发明了纺织机。1790年,英国出生的机械论者、商人塞缪尔·斯莱特(Samuel Slater, 1768—1835)将棉纺厂引进了美国。这个21岁的年轻人曾在一家英国棉纺厂做了半年多的纺织工,在那里,他学会了阿克赖特纺织机的工作方式。英国人认为正是阿克赖特的发明奠定了英国蒸蒸日上的纺织业;法律禁止任何掌握纺织技术的人离开英国。斯莱特相信自己可以重建棉纺厂;于是,1789年,渴望发家致富的斯莱特乔装打扮,避开当局,乘船离开了英国,直奔美国海岸。到达美国罗得岛州的普洛维顿斯后,他加入了艾尔米·布朗纺织公司,并凭着记忆开始建造使用阿克赖特纺织机的棉纺厂。1790年12月20日,第一家棉纺厂在罗德岛的波塔基特村亮相了,工厂的纺车由布莱克斯通河(Blackstone River)的水流推动。纺织机一炮走红,很快便从根本上改变了之前依靠村民(生产体系)生产纱线的美国纺织业。

此次革新为斯莱特赢得了美国纺织业之父的头衔,并催生了美国的工厂制度。1815年,美国新英格兰地区有165家纱厂,全都满负荷运作。早期的工厂规模不大,但是,即便是在斯莱特引进纺织机后的一段时间内,新英格兰的纱厂和商人们依然要靠家庭佣工将纱线(纱线由工厂生产)织成布匹。

1813年,波士顿制造公司开设了第一家纺织厂,工人们自始至终都使用纺纱机和织布机在工作。机器的引进提升了工厂制度,而工人们也从家里转到了工厂工作。新英格兰人继续为纺织业提供了20年的劳动力,然而19世纪中叶,大量移民的涌入为急需劳动力的厂家提供了稳定的劳动力来源,他们要求较低报酬,却愿意工作更长时间。19世纪的前30年里,新英格兰发展成了全美纺织工业的中心。这里有充足的河水与溪流以提供必要的动力,有波士顿和纽约两大商业中心随时准备吸收工业产品。劳动力供应显然也很充足:由于纺织厂的机器并不复杂,所以即便儿童也会操作。斯莱特雇用7~14岁的儿童来经营纱厂,新英格兰的其他纺织厂也都采用了这一做法。1807年实行的《杰斐逊禁运令》(Jefferson Embargo)严禁进口纺织品,这也有助于纺织工业的发展。新英格兰的纺织厂为全美工厂制度提供了一个样板。斯莱特给美国带来了一场工业革命。

1908年，在篮子厂工作的女孩儿。雇佣童工现象在美国十分猖獗，直到《公平劳动标准法》（*Fair Labor Standards Act*）在1938年颁布后，才带来了变革。

▶ 埃利·惠特尼是如何发明轧棉机的？

美国发明家埃利·惠特尼（Eli Whitney, 1765—1825）研制了轧棉机——一种可以将棉籽从棉絮中去除的机器。简易轧棉机（称作Churka）可以追溯到古印度（公元前300）。但是惠特尼发明的轧棉机要高级得多。1792年，刚刚从美国耶鲁大学毕业的惠特尼参观了佐治亚种植园，园主凯瑟琳·里特菲德·格林（Catharine Littlefield Greene）是美国革命（1775—1783）的英雄乃撒尼尔·格林将军（Nathanael Greene, 1742—1786）的遗孀。惠特尼发现短絮（或高地）棉的绿色棉籽很难从棉絮中去除，与之不同的是，长絮（也叫海岛）棉的黑色棉籽却很容易剥离。后者是当时美国商贸的主要产品。1793年，机械天才惠特尼发明了一种机器，可以去除短絮棉的棉籽，第二年他还为这项发明申请了专利。

这一机器靠转动曲轴工作：曲轴带动一个缸体旋转，这个缸体上覆盖着铁丝做成的齿状物；随着缸体的旋转，这些铁齿会将棉絮扯掉，带进缸体的缝隙里；因为缝隙太窄，棉籽就被挡在了外面；最后，带着刷子的滚筒会把棉絮从铁齿上刷下来。轧棉机彻底改变了当时羽翼未丰的美国纺织业。棉制品的产量翻了50倍：一台大轧棉机处理的棉花是一个（奴隶）工人一天处理棉花的50倍。很快，种植园和农场就开始向东北部的纺织厂提供大量棉花；1790年，东北部的另一位发明家——英国出生的工业家塞缪尔·斯莱特（Samuel Slater, 1768—1835）成功制造了第一台水力纺织机。这两项发明奠定了美国棉纺工业的基础。惠特尼努力地保护自己的专利，但是仿造其发明的产品已经生产，促使美国政府宣布他的专利已经过期。虽然他没能从轧棉机中盈利，但是他接着设计了一个可互换部件的系统，这一系统引入了大批量生产的概念，并带来了制造业的一次革命。

▶ 什么是"棉花大王"？

"棉花大王"是19世纪中叶用语，当时棉花在南部各州经济中占有重要地位，以至于有人说棉花统治着各州。直到18世纪90年代，种植园主们都只能限量生产棉花，供农奴们加工处理。分离棉絮中的棉籽是一项耗时耗力的工作：棉莢要在火边烤干，然后人工摘出种子。1793年，美国发明家埃利·惠特尼发明了轧棉机。一台轧棉机一天处理的棉花是一个工人手工处理棉花的50倍。1794年，惠特尼为自己的发明申请了专利，尽管如此，精明的商人们注意到了轧棉机对全国棉花产业的影响，很快就仿造出了类似产品。对棉絮的需求从来没有减少。就在惠特尼发明轧棉机之前，1790年，另一位发明家——英国出生的塞缪尔·斯莱特在罗德岛的一家纺织厂成功制造出了第一台水力纺织机。19世纪来临之际，机械生产使棉花成为全美新兴纺织业的核心。

南方种植园主加大棉花产量以满足工厂的需求。农奴劳动力以及南部各州（主要是亚拉巴马州、密西西比州、佐治亚州以及南卡罗来纳州）绝好的生长环境极大地增加了棉花产量。到1849年，棉花出口达到了每年6 600万美元，占全美出口总额的2/3。但是棉花价格昂贵。北方纺织厂的工人工作条件艰苦，有时甚至危险；而南方棉花则由农奴种植、收获。废奴主义者反对不人道的奴隶制的呼声越来越高，他们要求美国政府颁布法律废除奴隶制，而南方种植园主知道自己的生计以及南方经济都要靠农奴制度,因此努力地维护这一体系。1858年,南卡罗来纳州参议员詹姆斯·亨利·哈蒙德(James Henry Hammond,1807—1864)嘲弄北方同情者说:"你们不敢发动棉花战争——地球上没有哪个国家敢对棉花发动战争。棉花就是大王。"哈蒙德不是第一个使用这一说法的。该词早在3年前就被用在一本书的名字当中。棉花对于南方的重要性加剧了美国南北的分化。南北战争(1861—1865)爆发之时,世界棉花的2/3都产自美国南方。

▶ 为什么收割机的发明对美国经济很重要?

发明于19世纪早期的收割机是用来帮助农民收割庄稼的,比如小麦,它极大地增加了美国乃至世界各地粮食的总产量及消费量。第一台在商业上获得成功的收割机是1831年由出生于美国弗吉尼亚州的发明家塞勒斯·霍尔·麦考密克(Cyrus Hall McCormick,1809—1884)制造的。1834年,麦考密克申请了专利,并于1840年在弗吉尼亚将其出售。麦考密克收割机由马牵引,取代了镰刀;它还减少了收割粮食作物所需的人力。它的工作原理如下:一个笔直的刀片(由防护装置保护)连在一个驱动轮上,驱动轮一转,刀片就会像锯条一样来回移动,切断作物的茎——这些茎再被长杆扶直;被切断的茎都会掉到一个平台上,由工人用耙子将其收集起来。这一装置将一天2~3亩(0.13~0.2公顷)的平均收割量提高到了一天10亩(0.7公顷)。麦考密克的收割机很快被广泛使用,发明家自己也逐渐变成了一名实业家。

1847年,他把生意做到了芝加哥,在那里,他可以通过五大湖和四通八达的水路将收割机运到东部和南部。5年之内,麦考密克的公司就发展成为全球最大的农用器械工厂。19世纪50年代,随着芝加哥成为当时全美正在扩张的铁路系统中心,收割机的销售额与零售配送量进一步增加。1879年,塞勒斯·麦考密克将企业改制为麦考密克收割机械公司,自己任总裁(直到1884年,他的儿子继任)。收割机日益改进:19世纪50年代,增加了自动耙拢功能,进一步减少了收割庄稼所需的人力;70年代,新增了收割扎束机,用以把作物扎成束,再置于地上便于收集。20世纪20年代,收割机(或叫收获机)与另一项发明——可以脱掉谷粒的打谷机组合在了一起。新型收割打谷机被称作康拜因。今天康拜因的基本原理仍源自麦考密克在1831年所做的革命性发明。他的公司后来更名

为国际收割机（1902），今天我们所熟知的名字是导航星公司。

▷ 什么是财源农场？

财源农场指的是19世纪后半期出现的非常成功的大农场，主要分布在大平原和西部地区。财源一词源自西班牙语，首次出现在19世纪中期，字面意思是"好天气"；该词用以指任何巨额财富的来源——包括富矿。大规模的农事活动从机械发展中受益匪浅，这些机械能够大大增加产量，尤其是小麦和其他粮食作物。机械革新包括塞勒斯·霍尔·麦考密克（Cyrus Hall McCormick，1809—1884）发明的收割机和约翰·迪瑞（John Deere，1804—1886）开发的钢犁。几件事提升了密西西比河以西地区农场的收益。为了鼓励人们到西部定居，国会通过了《田产法案》（1862），允许人们随时到西部低价获取大片土地：定居者可以每英亩（0.4公顷）1.25美元的超低价格购买土地，或者在某块土地上生活、耕种5年之后，便可获得160英亩（26.2公顷）的土地。美国军队打败印第安人的反抗之后，便通过和平条约，将印第安人的农业活动限制在了保护区内。1872年，北太平洋铁路抵达美国北达科他州的法戈，农民们从此可以将产品运到很远的地方去。最后，事实证明旱作农业技巧（允许土地每隔一年休养一次以恢复其养分与湿度，为来年种植庄稼做好准备）是在大草原上进行农耕的好方法——以前，人们认为大草原太干燥，不适宜种植庄稼。所有这些因素共同将西部一些农场变成了"财源"——这些农场主巨额财富的源泉。受到这些成功例子的鼓励，定居者们涌入了西部。但是并非所有人都能过得那么滋润，许多人都受到了1873年大恐慌的沉重打击。19世纪80年代大草原各州的旱灾造成农场价格下跌，使得西部农场主们的境况雪上加霜。

▷ 美国养牛产业始于何时？

大规模的牛肉产业始于美国南北战争（1861—1865）之后的数十年间。长角牛刺激了养牛产业的发展——长角牛是早期定居于美国西南部的西班牙人留下的公牛与奶牛杂交的产物，因其长达4英尺的犄角而得名。19世纪60年代，由于成倍繁殖，大量的长角牛在西部广袤的牧场上自由穿行。美国得克萨斯州的大牧场主们把长角牛与诸如赫里福德食用牛和安格斯牛等其他品种的牛一起饲养,以求产出上等牛肉。随着美国东部对牛肉需求的增加,精明的商人抓住这一商业机遇,以每头牛3~5美元(18~31元)的价格购进,再以高达25~60美元(155~372元)的价格将其卖到东部和北部市场。农场主们雇佣牛仔赶拢牛群,分类挑选并将它们送到位于美国堪萨斯州的阿比林和道奇城等地的军需站。这些城市已经成为著名的"牛镇",各种沙龙与青楼迅速滋生,一派喧嚣景象。长途拖车将这些牛送上有轨货车,再运到当地屠宰场,在那里,这些牛会被宰杀做成牛肉。在长达20年的时间里,充足的长角牛维持了西部地区畜牧业的繁荣景象:至少有600万德州长角牛被赶过俄克拉荷马州到达堪萨斯州的牛镇。

1890年,行业形势发生了变化。西部的农夫们和大农场主们使用一种新材料——带刺铁丝网——将自己的土地圈起来,关闭了开放牧场;铁路的延伸结束了漫长、艰辛且备受赞誉的贩牛之路;牛仔的角色也发生了改变,不再只是帮工而已;大企业掌管了这一产业。在这些利用牛肉在美国饮食中的地位而发财的大企业家当中,有一位是出生于美国新英格兰的古斯塔夫斯·斯威夫特(Gustavus Swift, 1839—1903),他从1877年开始在芝加哥经营一家大规模的屠宰场,并将包装好的牛肉由冷冻车皮送往东部市场。

▶ 罐装食品为什么如此重要?

罐装食品的问世不仅催生了一个产业,还改变了普通美国人的饮食,开创了消费者时代,而且节省了时间。罐装是个过程,它通过加热或是密封于容器中来保存食物(蔬菜、水果、肉和鱼)。这一工艺是由法国糖果制造商尼古拉斯·弗朗西斯·阿佩尔(Nicolas-Francois Appert, 大约1750—1841)在1809年开发的,尽管他并不明白为什么这一过程能够起到保存食物的作用。大约半个世纪之后,法国化学家、微生物学家路易斯·巴斯德(Louis Pasteur, 1822—1895)以他的前期工作向人们解释了加热是罐装工艺的必要程序,因为它可以杀死细菌(微生物),否则这些菌种就会导致食物变质。罐装食品是分阶段走入美国家庭的。1821年,威廉·安得伍德(William Underwood)公司在美国马萨诸塞州的波士顿创办了第一家罐头厂;19世纪40年代,牡蛎罐头厂在马里兰州的巴尔的摩成立;1853年,美国发明家盖尔·波顿(Gail Borden, 1801—1874)发明一种方法可以将牛奶浓缩后保存在罐子里,并在4年后创建了波顿公司;1858年,美国发明家约翰·兰迪斯·梅森(John Landis Mason, 1832—1902)开

发了一种适合家庭罐装的大玻璃罐和盖子。

虽然早期商用罐装方法并不能保证产品安全，许多美国妇女也都避免使用方便食品，但罐装工业仍然迅速发展，这至少部分地归因于男性市场，包括西部牛仔。1860年—1870年间，美国罐装工业产量从500万增加到了3 000万。19世纪70年代，罐装工艺的改善消除了罐头可能爆炸的危险（早期存在的问题）。虽然罐装工艺改变了食品的味道、色泽以及质地，但是罐装食品使用方便，且可以长期存于货架，这些特点使它备受欢迎。19世纪末，各种各样的罐装食品成为美国城市居民饭桌上的常见食品，其价格也降了下来。法美公司等在妇女杂志上做广告，宣传他们"罐头里的美食"。20世纪20年代爆发的一次食物中毒事件促使美国罐装行业进一步改善了罐装工艺。

▶ 什么是贝西麦钢？

贝西麦工艺研发于19世纪50年代早期，通过这种方法可以制造出价格低廉、质量上乘的钢。这一工艺因其发明者英国工程师亨利·贝西麦（Henry Bessemer, 1813—1898）而得名。在美国，威廉·凯利（William Kelly）也独立完成了该工艺的开发，他在1857年为这一工艺申请了专利。贝西麦和凯利试着将空气注入（吹入）熔融铁（粗铁）；空气中的氧气有助于去除铁中的杂质（如锰、硅以及碳），将铁转变为钢水，再浇入模子。该工艺在1864年进入美国钢铁制造行业。后来提炼过程还加入了合金，以进一步去除铁中杂质。全美20年之内生产的钢铁有90%都使用了这种工艺，所有工业化国家都采用了这一工艺。

19世纪中期，在苏必利尔湖沿岸的密歇根州发现了一座富含铁矿的矿床。矿藏的发现与贝西麦工艺的结合给美国钢铁工业带来一派繁荣景象。与此同时，对铁矿的需求也与日俱增：铁路需要铁来制造铁轨，新兴的汽车制造工业需要钢制造汽车。结果，1880年—1910年间，美国年均钢产量增加了20倍。早期钢铁产业的领军人物之一是安德鲁·卡耐基（Andrew Carnegie, 1835—1919）。1873年，他在美国宾夕法尼亚州的布拉道克创建了全美最大的钢铁厂。1901年，卡耐基将这座钢铁厂连同其他几家钢厂一并卖给了美国钢铁公司（今天的USX公司——美国最大的钢铁生产商）。直到第二次世界大战（1939—1945）之后，平炉净化法才逐步取代了贝西麦炼钢工艺。

▶ 连锁店始于何时？

连锁店从技术上讲，就是由同一家公司经营2个或更多零售商店，出售同样种类的商品。连锁店改革是美国商人乔治·吉尔曼（George Gilman，大约1830—1901）和乔治·亨廷顿·哈特福德（George Huntington Hartford，1833—1917）发起的，他们于1859年在美国纽约创建了大西洋＆太平洋茶品公司。该公司更为人知的名字是A＆P，其连锁商店迅速增加，其他连锁商店，如伍尔沃斯连锁店（创建于1879）和佩尼连锁店（1902）也都先后开张营业。20世纪初期，连锁商店急剧膨胀：1910年—1931年间，A＆P连锁商店从200家增加到了1.5万多家。同样是19世纪晚期的副产品，百货商店迎合了来自中产阶级和上流社会的消费者；而连锁店——包括伍尔沃斯的"5分和10分钱"连锁店（店里的许多商品都以如此低的价格出售）——则服务于低收入消费者。

连锁店在各主要零售领域都有经营（包括杂货店、百货商店、药店以及服装和食品零售店），为消费者提供各种便利。连锁店集中大量进货的体制使它们能够以较低价格直接从制造商那里获取商品；省下的这部分钱就直接转给了消费者，他们可以少花些钱购买商品。而且，连锁店还节省了广告开支：一条广告可以宣传所有连锁的商店。20世纪20年代，独立的零售商店联合起来对抗连锁店，声称连锁店具有不公平的优势。随着连锁店进入越来越多的零售领域——包括五金、珠宝、家具、音乐和书籍，在整个20世纪，这一对抗多次出现。但是，1936年出台的唯一一部试图规范连锁店的建设性联邦立法——罗宾森·帕特曼法案只是试图控制竞争。今天，连锁店占据了美国零售行业大约1/3的比重。

▶ 百货商店始于何时？

出现于19世纪中叶的百货商店分各种部门出售多种商品。许多都是从零售百货店（售卖品种繁多的商品，但不按类划分部门）演变而来的，还有些则是由纺织品商店（售卖纺织品和相关商品）转变而来。第一家真正的百货商店出现在巴黎：好商佳（法语意思是物美价廉）百货商店于1838年开始营业。19世纪50—80年代间，大量的百货商店在美国出现——包括1851年建于马萨诸塞州波士顿的乔丹·马希百货商店；1858年建于纽约的梅西百货商店（该店以其极富创意的广告而著称）；1861年建于宾夕法尼亚州费城的沃纳梅克百货商店

伍尔沃斯百货商店里拥挤的购物者。百货商店出现于19世纪中叶。

（该店首次以固定价格售货，这样顾客就无须再讨价还价）；1881年建于芝加哥的马歇尔·菲尔德百货商店（它在25年之内发展成了全球最大的纺织品批发与零售商店）。这些早期的百货商店拥有多层商铺，坐落于城市繁华地段，为商品促销带来了许多新方案，包括可退换商品，成品服装，明码标价以及橱窗展览。到20世纪初，百货商店已经风靡全美，它的出现可谓正逢其时。18世纪末，城市中心的飞速发展为百货商店带来了稳定的客源；电话、电灯以及会计机的出现提高了零售业务的工作效率；运输系统的改进保证了大量货物的运输；各种制成品大批生产，增加了供应，减少了产品成本同时也降低了销售价格。20世纪，百货商店的年销售额占据了全球零售业年销售总额的6%~12%。

▶ 第一家邮购公司

邮购业务的先驱是零售商蒙哥马利·沃德公司。1872年，美国商人亚伦·蒙哥马利·沃德（Aaron Montgomery Ward，1843—1913）在芝加哥依托马车行创办了一个商店，并打印了一张商品"目录"。由于农场批发价下降而成本上升，中西部农民不堪重负，因此他们成为这些物有所值商品现成的消费市场。这些商品通过铁路被运给农村的消费者。蒙哥马利·沃德公司最初叫"原味田庄供应室"，出售30种纺织品，价格只有1美元甚至更低；此外，它还为格兰齐成员提供特价产品（格兰齐是一个农民协会）。沃德直接从批发商那里购进商品，而且他无须租用售货商铺，因此，经常性开支就不高。1876年，沃德的商品目录增加到了150页；1884年，更是达到了240页，出售的商品差不多有1万件，包括家庭用品（例如，家具、刀具以及信纸）、农场器具（例如，马具和工具）以及时尚用品（成衣和阳伞）。沃德服务消费者的理念是"满意否则退款"。1886年，美国人理查德·W.西尔斯（Richard W. Sears，1863—1914）进军邮购行业，在明尼苏达州明尼阿波利斯开办了邮购业务。第二年，他将业务转到了芝加哥，1889年将其出售。1893年，他与艾科·C.罗巴克（Alvah C. Roebuck，1864—1948）共同创建了西尔斯·罗巴克公司。西尔斯的商品目录很快达到了数百页，出售的商品达几千件，发展成了广为人知的"愿望之书"。

随着美国邮政服务延伸到偏远地区，蒙哥马利·沃德公司和西尔斯·罗巴克公司也从中获益：从1896年开始，寄送邮件可以通过RFD（邮件乡村地区免费递送）。1913年，邮政业务新增了包裹邮递，进一步方便了邮购公司和他们日益增多的客户。蒙哥马利·沃德公司和西尔斯·罗巴克公司提供给美国乡村的不只是商品：邮购公司成了农户与更广大消费群体之间的纽带，这一消费群体在世纪之交出现。尽管地处偏远，但是生活在乡村的美国人一样可以买到"店购"商品，工厂批量生产的制成品。邮购公司为消费者带来了便利（因为消费者无须等商品送到城镇之后才能购买），丰富的种类（因为商品目录是基于满足全国消费者需求而编写的）以及低廉的价格（邮购公司以较低价格直接从批发商那里进货）。时尚用品不再局限于那些生活在城里，可以上百货商店购物的中上层居民；只要蒙哥马利·沃德公司和西尔斯·罗巴克公司的商品目录一到（19世纪初期，一年送两次），乡村消费者就能了解到最新款式。

尽管蒙哥马利·沃德公司和西尔斯·罗巴克公司后来退出了邮购行业，专心于连锁店的零售业务，但是他们早年创立的政策为现代邮购公司设定了行业标准，这些政策涉及商品退货、有竞争力的价格、弹性支付方式以及送货规定。

▶ 什么是黑色星期五？

　　它指的是19世纪后半期的两个星期五之一，当时严重的市场萧条加速了美国金融危机。第一个黑色星期五是1869年9月24日：金融家杰·古尔德（Jay Gould，1836—1892）和詹姆斯·菲斯克（James Fisk，1834—1872）共同谋划通过大量购买黄金抬高其市场价格（从理论上讲，市场上黄金供应不足会增加需求，抬高价格）。价格上涨后，他们计划卖掉手中的黄金赚取利润。他们的确狠挣一通，净赚了大约1 100万美元，然而金价激升造成一片恐慌：许多需要黄金来履行责任的公司不得不以超高价格买入黄金。为缓解危机，政府出售了价值400万美元的黄金储备，从而使金价回落。投机者遭受重创，但是古尔德与菲斯克却毫发未损；金价大幅下跌之前，他们已经将手里所有的黄金都出手了。

　　4年后，又一个星期五变黑了。当年，杰·库克公司旗下的投资银行将过多资金投注在铁路证券，后来铁路证券大跌，库克公司因此垮台。1873年9月19日，这一消息一经发布，股市暴跌。所谓的1873年大恐慌预示了大萧条的开始，这次萧条影响了几乎整个70年代。

▶ "敛财大亨"是谁？

　　他们是19世纪晚期的工业和金融巨头，美国早期商业的缔造者。有人称他们是工业领军人。"敛财大亨"包括银行家摩根（J. Pierpont Morgan，1837—1913）和库克（Jay Cooke，1821—1905）；石油实业家洛克菲勒（John D. Rockefeller，1839—1937）、钢铁巨头卡耐基（Andrew Carnegie，1835—1919）、金融家希尔（James J. Hill，1838—1916）、菲斯克（James Fisk，1834—1872）、哈里曼（Edward Harriman）和亨廷顿（Collis Huntington，1821—1900）。这些有影响力的商人因为推广了资本主义制度并使其现代化而备受尊敬，因为对艺术和教育的慈善捐助而为人颂扬。但是，也有人认为他们是机会主义者，是卑鄙的剥削者。

19世纪末"敛财大亨"的插图：希尔、卡耐基、范德比尔特（Cornelius Vanderbilt）、洛克菲勒、摩根、哈里曼以及古尔德。（贝纳达·布莱森原创）

多种因素造就了敛财大亨。这个新生的国家自然资源丰富，包括铁、煤和石油；先进技术不断改进生产机械和工艺；移民的涌入增加了人口，保证了劳动力供应的稳定与廉价；政府将国家铁路的建设与经营权移交给了私人；而且，政府倡导自由市场理念（不干涉私人企业），为企业经营提供了一个有利环境。精明的商人利用这些有利因素打造了一个庞大的帝国，再将所得利润重新投资到自己的企业，这样财富不断增长。敛财大亨——尤其是通过买断股权控制铁路公司的铁路商人和金融家——雇佣说客代表他们去争取政府企业津贴，政府批地甚至联邦和州两级税收减免。

敛财大亨将他们的商业权威转化成了政治力量。在华盛顿，政客们烦透了寻求利益的大企业代表。倾向改革的进步人士抱怨说，敛财大亨们过着奢侈的生活，而他们的工人却只能勉强度日，家庭濒临崩溃。

在把持美国经济数十年之后，世纪之交的变化终于抑制了敛财大亨的影响。1890年，联邦政府通过了《谢尔曼反托拉斯法》（*Sherman Anti-Trust Act*），宣布托拉斯（公司或企业联合起来避免竞争并垄断市场）非法；工会组织工人活动，在工会要求下，企业逐渐开始与工会谈判；1887年成立了州际商业委员会（ICC）以防止虐待劳工；1913年通过了第十六条修正案，允许联邦政府征收分级所得税。尽管许多美国商人会在20世纪发大财，但敛财大亨的时代在20世纪20年代末期就已宣告结束。

现 代 产 业

▶ 纽约证券交易所成立于何时？

美国成立时间最早、规模最大的证券交易所——纽约证券交易所（NYSE）成立于1792年5月17日。当地的股票经纪人一直以来都在指定的位置进行股票买卖，那年，他们决定为股票交易赋予法律效力。今天大多数人所认可的NYSE是1825年在美国纽约华尔街11号开始对外营业的。当时大多数交易的股票都来自运河、收费公路、矿业以及煤气公司。虽然一些工业证券早在1831年就已经开始在纽约证券交易所交易，但是直到40年之后，证券交易的局面才更趋工业化。由于美国经济越来越转向制造业，上市公司也反映了经济上的这一转变。今天，如果哪家公司希望在NYSE上市，那么它就必须拥有至少2 000名股东，每位原始股东则必须持有100股或更多，公司必须有能力发行至少100万股，还要提供近3年的投资收益。股票交易所的董事会有权破格同意个别公司上市。同一家公司也可以在其他交易所挂牌上市（例如，美国证券交易所），或者允许本公司股票按未上市股票进行交易——未上市股票进行的是柜台交易（OTC）。不允许股票公开交易的公司被称作股份不公开公司。

▶《华尔街日报》发行于何时？

美国金融记者查尔斯·亨利·道（Charles Henry Dow, 1851—1902）与

爱德华·戴维斯·琼斯（Edward Davis Jones，1856—1920）创建了"道·琼斯公司"（后来去掉了名字之间的标点），7年后的1889年，《华尔街日报》（*Wall Street Journal*）首次发行，它被认为是全球最好，当然也是美国最出色的金融期刊。自1792年纽约证券交易所（NYSE）成立以来，商业报道大都是道听途说或是妄加推测。道和琼斯决心为美国商人和投资者提供最新、最准确的股市报道。业务发展的头7年里，他们的出版团队从最初6名员工发展到了后来的50名。1889年，道和琼斯将他们出版的2页日报——《消费者的下午信》（*Customers' Afternoon Letter*）扩版为《华尔街日报》，其宗旨就是要提供有关股票、证券以及其他商品价格波动的完整而公正的信息。而且，其关注的焦点是新闻不是各家观点。1884年，《华尔街日报》开始刊登各主要股票的复合列表。之后的数十年内，它将报道范围延伸至商业和经济的各个方面；如今，为了迎合商界人士的休闲爱好，还增添了对艺术、旅游、体育以及其他娱乐活动的报道。

▶ 道琼斯工业指数的发展史

1897年，《华尔街日报》首次发表了道琼斯工业指数（DJIA），对主要工业公司的股价做了一次评估。道琼斯工业指数反映了整个市场行情，它与其他指数一起被投资家、证券经纪人以及分析家们用来进行投资预测与决定。后来人们简称道琼斯工业指数为"道琼斯"，认为它对股市所做的概括性评估可以用来分析过去，说明现在甚至预测未来的股市发展趋势。道琼斯第一次计算了12家公司股票的平均价格，此后这个数量日渐扩大：1916年，计算了20家公司股票的平均价格，1928年，30家。随着公司的兼并、解散，计算结果也做了相应调整。虽然道琼斯指数只是对纽约证券交易所一家的评估，但它却被看做股市的晴雨表，它的波动能影响全世界股市的价格。

▶ 什么是科学管理系统？

科学管理（也叫泰勒主义）是美国工业工程师弗雷德里克·温斯洛·泰勒（1856—1915）开发的一个旨在获取工人和机器最大工作效率的系统。作为一家钢铁厂的领班，泰勒对时间和动作进行了研究，开展了相关试验，以探求一

条"最好的工作方法",开发出能够产生最大工作效率的系统。1903年,他首次向美国机械工程师学会提出了自己的理论。效率是泰勒主义的基石:生产过程不应该浪费时间或材料。他将自己的观点写成了一本重要著作——《管理原理》(*The Principles of Management*, 1911),由此成了一位著名的工程顾问,与众多急于扩大生产的公司签订了工作协议。科学管理学说深受美国工业界的欢迎:随着运输网络的发展以及20世纪早期美国人口的飞速增长,美国国内市场扩张,对工业的需求巨大。制造商们应用泰勒的科学管理法,使生产效率激增了200%。由于泰勒主义将整个生产过程分成了数个单一任务,每项任务都做到最好,这样,对于新工人的培训就变得更快、更容易;泰勒主义的拥护者们认为这是该理念的又一大好处。科学管理理念拥有众多支持者,包括工程师弗兰克(Frank, 1868—1924)和莉莲·吉尔博斯(Lillian Gilbreth, 1878—1972),他们进一步发展了泰勒学说,出版了诸如《科学管理入门》(*Primer of Scientific Management*, 1911)、《管理心理学》(*Psychology of Management*, 1912)等几本著作,并对动作、疲劳和时间进行了研究。在这些实施科学管理的公司当中,有福特汽车公司(在开发T型汽车生产线方面)、波士顿零售商法林公司(首批应用这一理念的商业公司之一)以及伯利恒钢铁公司(在装运生铁方面应用了这一理念)。

科学管理也非没有反对者:有人认为泰勒主义把工人们变得十分机械化。由于它把每项工作都变成了机械化的劳动,有人认为这一体系分离了劳动者的思想与双手,去除了对技术工人的需求,以致管理部门完全控制了生产过程。尽管如此,科学管理在今天的厂房里依然广为应用,而且正是科学管理的应用推动了美国生产力,增加了股东们的利润。20世纪后半期,有关工人产量的学说得到了修改。

▶ 谁发明了生产线?

福特汽车公司创始人亨利·福特(1863—1947)发明了生产线,这一工业革新使得生产汽车速度更快,效率更高。1913年,福特汽车公司成立10年后,亨利·福特在T型福特车的一个生产厂房安装了第一条移动生产线。这一变革标志着消费者时代的开始:生产线大大提高了汽车的生产效率,反过来,又降低了优质汽车的价格,使其成为普通百姓也能接受的消费品。很快,各种制成品都展开了大批量生产。

▶ 为什么T型福特车如此重要?

    福特汽车公司于1908年推出T型车,并一直生产到1927年。T型福特车的成功引发了历史学家、社会学家、经济学家、职业作家以及流行文化专家等各领域广泛的分析和评论。T型福特车不仅改变了美国而且赋予了它新的特征。1908年10月,T型福特车首次向世界亮相时,福特汽车公司创始人兼总裁亨利·福特(1863—1947)称它将是"一辆面向普通大众的汽车"。T型车兑现了福特的承诺。19世纪90年代以来,美国才开始生产内燃汽车,但是在T型福特车面世前的10年内,无论制造商还是消费者都认为"不用马拉的马车"是件奢侈品,是专为富人制造的。正如公司整个世纪都在宣传的那样,福特怀着一个与众不同的好主意:生产一辆操作简单,易于维护,乘坐舒适而且价格适中的汽车。

1914年的一款福特T型车。这款车被昵称为"轻便小车",象征着低成本的可靠交通。

　　T型福特车采用木制车体，钢制框架；4缸20马力发动机；油箱容量10加仑（37.85升；用于观光汽车）或16加仑（60.56升；用于轻便汽车）；并安装了内置发电装置和传动装置。它较其他车型轻巧。由于生产规模大，零部件可以更换，福特T型车只要728分钟（仅仅12个小时多）便能下线，售价850美元，比其他汽车都要便宜，但普通美国人仍然承受不起。尽管如此，T型车推出当年，在美国本土就销售了1.7万辆。通过改进生产方法，福特实现了更经济的轿车，每年都会降低汽车价格，销售额稳步上升。福特公司的工人每天工作8个小时，领取5美元的薪水——2倍于其他工厂工人的收入，这让同行们大吃一惊。福特解释说，这只是良好的商业惯例。通过提高工人工资，福特扩大了T型车的潜在消费市场。

　　1914年，福特安装了移动生产线。它使用科学管理原则，每项工作都采用最好的方法去做，达到了前所未有的高效率。每辆车的下线时间缩短到了90分

1913年，忙碌在福特飞轮生产线的工人。亨利·福特发明了生产线，这一工业革新使得生产汽车速度更快，效率更高。

钟。当年,美国密歇根州高地园的福特汽车厂生产了近25万辆T型车。为了满足不断增长的需求,福特加快了生产速度,1925年,其生产能力最高的一天达到每10秒就有一辆T型车下线。当年,该款车零售价只有295美元,所谓的"老爷车"(或"廉价小汽车")真正走进了工人阶级家庭。1927年,为满足消费者对汽车性能、动力以及款式上的更高要求,福特停止了T型车的生产;此时,福特公司已经生产了1 500万辆老爷车。福特T型车可靠、实用,利用生产线大批量地生产;它让普通美国人感受到了汽车的机动性,从而改变了他们的观念,使其把汽车看成了生活的必需品。

▶ 什么是"霍雷肖·阿尔杰故事"?

这种故事讲述的是某人通过决心与努力,从一贫如洗到腰缠万贯。19世纪后半期,美国牧师、作家小霍雷肖·阿尔杰(Horatio Algeria Jr., 1832—1899)创作的小说十分畅销:他写了一百多本书,包括《运气与勇气》(*The Luck and Pluck*)和《穷人汤姆》(*The Tattered Tom*)系列。所有这些故事都围绕着一个出身不幸的男孩展开:他通过辛勤工作,节俭生活以及一点运气最终出人头地。阿尔杰曾与纽约的孤儿和出走者一起工作,这些经历为他的创作提供了基础。他的故事激励了无数读者,向他们灌输了美国梦:即,美国充满着机遇。虽然阿尔杰已经过世一个多世纪了,但阿尔杰的名字却依然活在人们心中。美国人在描述白手起家的名人时,依然用"一个真正的霍雷肖·阿尔杰故事"来形容其经历。

▶ 什么是黑色星期二?

黑色星期二指的是股市崩盘的1929年10月29日,它标志着世界范围内经济衰退——大萧条(1929—1939)的开始。

纽约证券交易所普通股的平均价格在5年内翻了1倍多,然而在接下来的1929年10月24日,股价迅速下跌。20世纪20年代的繁荣景象以及大范围的买卖为第一次世界大战融资而发行的自由债券(美国政府发行的债券)使许多美国人热心于股市投资:股市强劲,似乎投机的时机已经成熟,而自由债券的发行又使许多人醉心于投资。因此,当股市在1929年10月那可怕的一天突然下跌

时，许多人都受到了牵连。接下来的周一，股价再次急剧下降。10月29日，星期二，恐慌中的股民抛售了大约1640万股，股价暴跌。众多机构也受到了影响：银行（也是投资商）损失了巨额资金，其中不少被迫关门歇业。股市崩盘与银行歇业的消息迫使许多美国人取出了银行存款，造成了银行业著名的大提款事件。10月爆发的金融危机标志着10年大萧条的开始。

▶ 什么是"新政"？

大萧条始于1929年10月29日黑色星期二的股市崩盘，但造成这一金融危机的则是多方原因，包括生产过剩、有限的国外市场（战争债务阻止了贸易往来）、过度贷款以及股市投机行为。很快，整个国家都陷入了经济大衰退之中，几乎每个美国人都受到了影响。部分人受到的打击更大：不少人丢了工作（危

在美国华盛顿州西雅图市的"胡佛村"，无论男女都住在棚户中。大萧条期间，这种村落层出不穷，并依赫伯特·胡佛总统之名被讽刺为"胡佛村"。

机严重时期,有 1 600 万人失业,占到全美劳动力的 1/3);许多家庭因付不起按揭贷款而失去了房子;由于没钱购买食品,导致饥荒肆虐。随处可以看到人们排着长队购买面包。

此次危机迅速蔓延到国外。正是在这场危机之中,1933 年,富兰克林·罗斯福就任总统。在就职演说中,他呼吁美国民众对未来要充满信心:"唯一令我们恐惧的就是恐惧本身。"罗斯福很快推出了一项改革计划——新政。在美国历史上,联邦政府第一次领导了全国的商业与农业活动。罗斯福启动了援助计划,以开展公共建设的形式让百姓重回工作岗位,以此缓解危机。新成立的政府机构包括:公共建设管理局、联邦存款保险公司、证券交易委员会、全国劳工关系委员会、田纳西流域联合会、全国复苏局以及民间资源保护队。这些政府组织的简称很快广为人知(PWA、FDIC、SEC、NLRB、TVA、NRA、CCC)。反对罗斯福的批评家认为他给予联邦政府过多的权力,并把他主持的"新政"称作"字母汤"。FDR 则成了罗斯福总统广为人知的代称。

虽然"新政"的举措缓解了局势,也的确让部分人返回了工作岗位,但是全国的大萧条局面并没结束,直到各产业开始加速生产,为第二次世界大战提供武器、飞机、汽车以及各种供给。正是在第二次世界大战初期军事工业的支撑下,美国经济才最终得以复苏。许多"新政"时期建立的机构如今仍是美国联邦政府的一个组成部分。

▶ 谁是"铆工罗西"?

该词指的是在第二次世界大战期间,后方工厂为战争而工作的美国女工。后方的汽车厂以及其他工业企业生产设备都被用来生产军用飞机、轮船和武器。随着战事的开展,越来越多的男性公民被送到国外战场,造成国内男工短缺。在这种情况下,女工参加了进来。然而,随着战争接近尾声,男工们回到家乡重返工作岗位,开始平民生活,许多女工被替换了下来。尽管如此,"铆工罗西"对打胜这场战争可谓贡献良多。

▶ 为什么战后汽车工业蓬勃发展?

第二次世界大战后,美国在册汽车保有量从 1940 年的 2 750 万辆飙升至

1960年的6 150万辆。美国人重拾往昔的汽车情结,不可避免地将汽车与美国战后历史连在了一起。多种因素促成了汽车的大范围流行。

第二次世界大战期间,汽车厂商缩减产量,转而进行军工生产,出产了大约290亿美元的物资,包括卡车、吉普车、坦克、飞机、发动机、火炮和弹药。战事结束后,汽车厂商加大生产以满足战时未解决的需求,并很快发现消费型开支的增加和郊区的发展带来了新的需求。20世纪40年代晚期和50年代的繁荣景象滋生了新的消费主义:政府的治理(通过工会组织的努力)提高了工人的工资,改善了福利——这意味着大多数美国人有了更多可供支配的收入。广告商利用新出现的电视媒体将受众扩大到了更多——热心的——观众。房产业(第二次世界大战期间大都销声匿迹)在城市郊区新建了许多楼盘,这时的汽车成了生活的必需品而非奢侈品。三大公司(通用、福特、克莱斯勒)增加生产能力以满足巨大的市场需求,创下了1949年和1950年的生产纪录。1960年,每4个美国家庭中有3个以上拥有至少一辆汽车。基础建设加速发展努力跟上这个车轮上的民族:铺设了超级高速公路大约1万英里(1.6万千米),沿路修建了汽车旅馆和快餐店;城市中心外围搭建了购物中心。尽管之后的数十年间,外贸进口给美国汽车制造商带来了巨大挑战,但主宰着战后时期的是美国汽车制造商。

⊙ 为什么塑料的发明对工业如此重要?

塑料是一种人工合成的有机材料,加热或受力之后可以改变形状。它产生于20世纪初期,影响了各行各业乃至每一个消费者。作为一种可塑材料,塑料可以根据不同需要被加工成各种形状,既可用于产品生产,也可用作成品材料。1909年,酚醛塑料问世,接下来的30年里,塑料工业稳步发展:30年代开发了丙烯酸、尼龙、聚苯乙烯、乙烯基(聚氯乙烯或PVC);40年代开发了聚酯。从家庭用品到商业领域,塑料的应用似乎无穷无尽。家庭用品如袜子、钟表、收音机、玩具、地板、食品容器、袋子、打火机以及橡胶软管;商业领域如汽车车身和部件、飞机舷窗、船体、包装以及建筑材料。航空工业与医药行业也已发现塑料的重要用途。科学家们不断发现塑料的用武之地——光盘(CD)、计算机软盘、户外器械以及个人电脑(PC)。塑料已经成为现代生活必不可少的一部分。

▶ 为什么IBM进军个人电脑领域？

IBM（美国国际商业机器公司，成立于1924年）在研发和生产商用及科研用机器领域一直都是领头羊，但是1981年8月，IBM踏入个人电脑（PC）领域，与电脑新贵苹果公司展开竞争。IBM推出的个人电脑采用微软的磁盘操作系统（MS-DOS），很快便占据了75%的市场份额。IBM的辉煌业绩使得其他公司纷纷模仿，它们也制作出了使用同样软件的个人电脑。

▶ 微软创建于何时？

在不久之前的1975年，计算机天才比尔·盖茨（Bill Gates, 1955—　）创建了今天计算机软件的主要生产商（它是如此重要以至于联邦政府指控他违反了反托拉斯法）。盖茨当年与他的朋友保罗·加德纳（Paul Gardner）开始创业时只有19岁，为了自己的事业还从美国哈佛大学退了学。这一切得到了回报：盖茨30岁的时候就已经是亿万富翁了。虽然盖茨是个绝对的数学天才（他高考时数学考了满分800分，13岁时就已经开始编写计算机程序了），但是他并没有将微软的成功归因于自己的程序编写能力，而是不止一次地认为是所雇的优秀编程人才给这个坐落于华盛顿州雷德蒙的公司带来了成功。

美国经济法规

▶ 什么是禁运令？

1807年12月22日，托马斯·杰斐逊（1743—1826）签署了《禁运令》（*Embargo Act*），禁止前往外国港口的船只离开美国。该法案旨在给法、英两国施压——当时法、英正在交战，总是拦截美国商船以防止对方获取美国食品。这一局势始于特拉法加战争（1805年10月）之后，当时英军在海军上将霍雷肖·纳尔逊（Horatio Nelson, 1758—1805）的率领下击败了法国海军。法军统帅拿破仑·波拿巴（Napoleon Bonaparte, 1769—1821）转而与英国展开长期

的经济战，下令所有法国控制下的国家不得与英国进行贸易。英国经济依赖于海上贸易，因此，作为回击，它对法国实施了海上封锁；这很快就影响到了美国航运。自1793年欧洲两个强国开战以来，美国一直努力保持中立。但是来往欧洲大陆的美国船运被迫中断，美国船只也遭到了搜查、扣留，这严重影响了美国的外贸出口。《禁运令》只是尝试在不涉及战争的前提下解决这一问题，但是没能奏效。禁运导致美国剩余农产品无法销往国外。新英格兰的货主们对禁运提出了抗议，很快便有南方的棉花和烟草种植园主加入了抗议队伍。尽管如此，禁运仍然执行了14个月之久，这期间，美国经济蒙受了不少损失，许多船只开始进行走私活动。1809年，国会通过了《互不往来法案》(*Non-intercourse Act*)，将禁运令限制在针对英、法两国的贸易，恢复了与其他所有国家的港口贸易。3年后，美国被卷入这场争斗：1812年，美英战争（1812—1814）爆发。

▶ 什么是"让人生厌的关税"？

1828年，美国国会通过一项议案，对进口货物征收高额关税（政府税收），希望以此保护新英格兰的新兴产业。19世纪头30年里，大批工厂在新英格兰落户，制成品生产成了该地区的经济特色。国会希望通过征收高额进口关税，驱使美国人购买本国产品。但是南部农场依赖于廉价的进口商品。南方人认为1828年立法过多地维护了国家工业利益，以此谑称其为"让人生厌的关税"。来自南卡罗来纳州的副总统约翰·C.卡尔霍恩（John C. Calhoun, 1782—1850）公开谴责这一税收政策，称任何州都可以宣布它认为违宪的联邦法律无效。对此，国会采取措施降低了进口关税，但并未将其取消。南卡罗来纳州仍旧对此项规定不满。1832年，该州宣布此项税收政策无效；紧接着，又威胁要搞独立。安德鲁·杰克逊（Andrew Jackson, 1767—1845）无法容忍这一造反行径，决心不惜一切代价执行联邦法律，于是要求国会通过了《军力动员法》(*Force Bill*)——该法允许国家武装力量强制收税。这一举动引起了国会的强烈反对。反对杰克逊的参议院领导人是来自美国肯塔基州的亨利·克雷（Henry Clay, 1777—1852），他因为起草《密苏里妥协案》(*The Missouri Compromise*, 1820)而被昵称为"和事佬"。1833年，他又提出了另一项妥协案，建议对某些货物保持高关税，对其他货物则要逐渐减少关税。克雷提出的"调和关税"避免了一场全面冲突。该项措施获得了批准，随后便依据占主导地位的经济情况对关税进行了调整。但是"让人生厌的关税"引发的愤怒进一步暴露了南北之间的差异，引发了联邦政府与各州权利之间的矛盾问题，促使南方各州（以南卡罗来纳州为首）在1860年和1861年两度提出要脱离联邦，并最终导致美国南北战争（1861—1865）的爆发。

▶ 美国个人所得税始于何时？

美国个人所得税的征收可以追溯到1913年。1909年7月12日，在国会提交议案，1913年2月获得批准：美国宪法第十六条修正案赋予美国政府（尤其是美国国会）征收个税的权利。修正案这样写道，"任何来源的"收入都要收税——而且不必进行财产调查。换句话说，公民要交多少税国会说了算，而且不必根据各州人口进行税收分配。

早在通过第十六条修正案一个世纪之前，国会就已经把个人所得税的征收看作政府筹集资金的一条途径。1812年，新生的共和国因为船运争端与大不列颠开战，当时的立法者们第一次考虑到通过征收个人所得税为战争筹集资金。美国南北战争期间（1861—1865），国会首次强制征收个人所得税，向工人和商人征收3%~5%的个人所得税，并建立了美国国税局（1862）管理税收事务。战事结束后，个税也逐渐停收。1894年，迫于日益高涨的经济和政治压力，立法会又通过了一部个人所得税税法（对个人收入超过4 000美元〔24 847.6元〕的征收2%的个税），作为《威尔逊·格尔曼关税法》（*The Wilson-Gorman Tariff Act*）的组成部分。但是美国最高法院并不承认这一法案，在波洛克诉农家贷款和信托公司一案（1898）中，最高法院认为该法案违背了宪法。20世纪初，个人所得税的说法第一次得到了广泛的政治支持。进步派看到国家财富分配极度不公，贫富差距日益扩大。保守派则担心如果缺乏资金，政府将无法应对全国性的突发事件。这些不同的派系形成了一种声音，都支持征收分级个人所得税（根据个人收入水平收税：挣得多纳税也多）。为了绕开美国最高法院，国会就必须通过一项宪法修正案。修正案赋予了国会征收个人所得税的权力。

第十六条修正案通过以来，税率一直波动不定：第二次世界大战时期（1939—1945），税收比率飙升至91%，达到了顶峰。战争带来了一项革新，即自

动扣缴税款：税款直接从工资中扣除。1953年，美国国税局被重组为国内收入署（IRS）。数十年来，税收法律（总称为税法）日趋复杂，最近发起的一场运动要求执行统一（而不是分级）税率，即所有的纳税者以统一税率纳税。

▶ 州际商业委员会组建于何时？

1887年，国会通过法案成立了州际商业委员会（ICC），负责州际货运（无论是原材料还是成品货物）和客运的收费与各项服务。后来，国会又通过后续法案将其司法权延伸至公共货车运输业务、水道运输业务、快递业务甚至输油管业务。这是美国第一家这样的监管机构，是应19世纪晚期的需求而成立的——当时农场主控告铁路执行歧视性的货运业务。美国境内铁路线纵横交错，究竟由谁来管理收费、监管运营成了一个越来越难以回答的问题。许多州，尤其是中西部各州都建立了自己的监管部门，但是由于铁路公司跨州运营，受制于各州法律，既麻烦又不切实际。与此同时，由于没有任何有效的监管部门，铁路公司自己设定运营标准与业务范围，结果造成权力滥用。

1877年，在曼恩诉伊利诺伊州一案中，美国高级法院做出裁决，支持州委员会当局管理铁路。但是不到10年，在圣路易斯瓦波希太平洋铁路公司诉伊利诺伊州一案中，高级法庭宣布早年的决定无效，只有美国国会才有权管理州际商业活动。美国宪法（1790）第一章第八节规定，"国会有权管理外交事务、州际事务以及与印第安部落之间的事务"。根据这一规定，1887年通过了《州际商业法》（The Interstate Commerce Act），成立了州际商业委员会管理州际铁路。后来，其管辖范围又涵盖了所有州际陆路、水路承运商。除了管理运费，该机构还执行法律反对歧视。包括赫普本法（The Hepburn Act）与曼恩·艾尔金斯法（Mann-Elkins Act）等在内的国会立法进一步加强了ICC的权威。

▶ 什么是《谢尔曼反托拉斯法》？

1890年，国会通过了《谢尔曼反托拉斯法》（The Sherman Anti-trust Act），希望打破企业托拉斯（公司或企业联合起来降低竞争，垄断市场）。法律规定，"任何托拉斯或其他形式的合约、组合，或任何限制贸易的阴谋"都是违法行为。虽然法律明文规定任何限制贸易的违法行为都会面临罚款、拘留以及赔偿损失等惩罚，但没有明确界定怎样才算限制贸易行为。法庭有责任对《谢尔曼反托拉斯法》做出解释，法官与国会一样都不愿意面对大公司。

由于各州政府和民众的呼声越来越高，要求通过一项国家反托拉斯法，在这种情况下，俄亥俄州参议员约翰·舍尔曼（John Sherman, 1823—1900）向国会提出了该法案。许多州都通过了自己的反托拉斯议案或是制定了立法条款禁止托拉斯，但是事实证明这些法规很难执行下去，大公司总能找到规避这些法规的方法。谢尔曼的提议送到参议院后，许多人埋怨参议员故意模糊措辞，保守派国会议员对其进行了修改。法案通过后的10年内，联邦政府只处理了18例反托拉斯案件，法庭在打破垄断方面几乎无所作为。但是进入20世纪后，全国进取精神高涨；改革派提出了众多要求，其中一项就是要规范商业行为。1911年，美国司法部在粉碎垄断方面获取了关键性胜利，解散了新泽西州洛克菲勒美孚石油公司和詹姆斯·杜克美国烟草公司。这些裁决为如何执行《舍尔曼反托拉斯法》开了先例，同时也展示了政府反垄断的决心。1914年，《克莱顿反托拉斯法》（ The Clayton Anti-trust Act ）的通过进一步强化了国家反托拉斯的力度。该法宣布限定价格行为（将价格定在成本以下以剔除竞争性产品）违法；禁止同一执行官管理两家甚至更多相互竞争的公司（这一行为被称作联合董事会）；禁止任何公司持有竞争对手的股票。同年创立的联邦贸易委员会（FTC）进一步确保，任何从事不公平活动的美国公司都要接受政府调查。

1880年—20世纪初，托拉斯组织在美国迅速蔓延，成为强大的企业实体。由于谢尔曼反托拉斯法措辞模糊，法庭又不愿受理大公司案，因此垄断巨头没有受到多大冲击。1901年9月，威廉·麦金利总统（William McKinley, 1843—1901）遇刺后，西奥多·罗斯福（Theodore Roosevelt, 1858—1919）上台，开始整顿托拉斯组织。他启动了"取缔垄断"运动，通过最高检察院，提起了大约40项诉讼，控告几家美国大公司，例如美国烟草公司、美孚石油公司以及美国电话电报公司（AT＆T）。1914年，政府加大了粉碎垄断的力度：伍德罗·威尔逊（Woodrow Wilson, 1856—1924）任总统期间，国会通过了《克莱顿反托拉斯法》并成立了联邦贸易委员会（FTC），后者的职责是确保自由与公平的商业竞争。20世纪20年代，由于经济繁荣，"取缔垄断"运动逐渐衰退；但是30年代富兰克林·罗斯福总统（Franklin D. Roosevelt, 1882—1945）在任期间又重拾强劲势头。

今日美国经济

▶ 什么是NAFTA?

NAFTA指的是《北美自由贸易协定》,是美国总统乔治·H.W.布什(George H. W. Bush, 1924—)、加拿大总理布赖恩·马不罗尼(Brian Mulroney, 1939—)以及墨西哥总统卡罗斯·格塔里(Carlos Salinas de Gortari, 1948—)1992年12月17日签订的,于1994年1月1日生效。受到欧盟公开贸易协定的启发,NAFTA的设计师们希望在北美三大国之间建立自由贸易。美国与加拿大在1988年签署的一项协定扫清了两国之间的诸多贸易障碍;通过多轮谈判,1992年8月墨西哥首次得到许可加入了这一协定,并于当年稍晚时候签署了NAFTA。该协定扫清了贸易障碍,包括关税,历经15年最终实现了三国之间日用品与制成品的自由买卖。NAFTA也包括允许美国和加拿大服务公司进入墨西哥市场的规定。

▶ 什么是20世纪90年代的繁荣?

90年代的繁荣指的是美国历史上为期最长的经济扩张。根据公认的经济指标,90年代的繁荣景象始于1991年3月(当时老布什总统在任),终于2001年3月(当时小布什总统在任)。8年的经济扩张正值克林顿当权时期。

90年代繁荣的标志是新增近2 400万的就业岗位,或者说是平均每个月20万的新增工作岗位;较长时间内,失业率下降到了大约4%的水平;生产力逐月增加;国内生产总值(GDP)一月强似一月;股市投资达到了空前水平(10年内华尔街财富增长了10万亿美元);1 000亿美元的首次公开发行股票(IPOs)撑起了股市牛市局面,其中很多都是科技股;低利率;年均2.6%的低通胀率;联邦预算赤字的消除;以及许多美国工人的工资上涨。上一次类似的经济指标出现在20世纪60年代。但是2000年1月,这一繁荣局面超过以往任何一次成为美国历史上持续最长的一次经济增长。

经济学家思索了成就这一繁荣局面的多种因素。《基督教科学箴言报》（*Christian Science Monitor*）的一位作者将其归因于"美国人普遍存在的创业精神、大量的技术以及一个叫格林斯潘的人"。但是掌控利率的美联储主席艾伦·格林斯潘（Alan Greenspan）却认为是信息技术造就了"这一特殊时期"："它最主要的贡献就是为工人节省了生产时间。"格林斯潘说。

繁荣局面终止于2001年3月，随之终结的还有网络泡沫。随后，国家经济开始衰退；从经济指标来看，这次衰退时间不长，11月便宣告结束。接着，大多数经济指标显示，美国经济开始缓慢复苏。

▶ 什么是网络泡沫？

网络泡沫（dot-com bubble）是20世纪90年代晚期出现的一种现象，指人们对互联网业务盲目地乐观。《牛津英语字典》（*Oxford English Dictionary*）对"泡沫"的解释是"任何易碎的、不坚固的、空的或是无价值的东西"；自17世纪以来，该词被用来指"欺骗性的商业或金融计划"。"Dot-com"指的是商业化的互联网企业，其中绝大多数的URL或互联网地址都以".com"结尾。

网络泡沫迅速膨胀。20世纪90年代初期，万维网的图形操作界面（GUI）与带有超级链接的互联网结合后，普通百姓也可以方便地使用最初只用于学术的互联网。互联网应用范围迅速扩大。各家企业都意识到即使不做贸易，也需要利用互联网获取信息或开拓市场。网络交易（其成本被错误地低估了）的前景促使企业家们跃跃欲试。不断有新企业开始利用"网络"的商务或"电子商务"优势；这些都是网络新贵。没有现实世界的具体联系，他们只是通过网络上的接触来赚取利润。这些网络泡沫中涌出的新贵包括亚马逊公司、易趣、玩具网、网络博士、在线招聘网以及Monster招聘网。

网络新贵有几大特点：由于投资者对电子商务前景看好，所以网络新贵不愁创业投资基金；经理大都很年轻，属于勇于冒险的X一代（其中一些是不拿薪水的员工，他们签约工作赚的是股票分红的高额利润）；他们打造豪华的办公室空间，给员工丰厚的津贴；花重金开展广告和营销活动；一旦股票公开上市（IPO或首次公开招股），公司元老及投资者将获取丰厚回报，至少理论是这样。网络公司一经上市（不少公司在偏重科技股的纳斯达克上市），就引起个人投资者的青睐，人为地推高了股价，事实上，许多公司甚至一个子儿也没赚到。就网

络公司而言，投资者们借以评价公司运作情况的一个指标——市盈率（PE）变得毫无意义。

网络泡沫的顶峰出现在2000年1月的美国超级杯橄榄球赛期间，当时有近20家网络公司都以二百多万美元的价格在黄金时间段做广告。2000年3月10日，主要科技股的纳斯达克指数最高达到5 048.62点；1年前这一指数只有大约2 500点，是这一数值的一半；1年后则徘徊在2 000点左右，是这一峰值的40%。（2005年春，纳斯达克综合指数不到2 000点。）有人把2000年3月出现的股指暴涨现象看成是一场"灾难"，但也有分析家和投资者认为网络泡沫的终结是必要的纠正或磨砺；以后，诚信的投资者们会继续打造网络公司，而且从长远来看这些公司会获得成功。无论各方观点如何，网络泡沫是有史以来最大的市场泡沫，许多投资者损失惨重。

▶ 什么是Y2K？

Y2K的意思是2000年（K是公制中"千"的缩写）。20世纪90年代晚期，该词常和"问题"或"虫"一起出现，指潜在的灾难性计算机程序特性：数十年来编写的程序以及无以计数的代码中，为了节省空间，研发者去掉了4位数年份的前2位数字，这样，1999年就变成了99年。因此，人们担心许多计算机程序，还有录像机、手表以及其他消费设备中使用的简单芯片会出故障，将00当作1900年而不是2000年，或者压根就无法识别。这一问题涉及全球经济的各个领域，但是人们尤为担心它会对银行和其他金融机构、公用电力程序、供水系统、通信系统、油气公司以及政府部门（例如国防部和社会保障管理局）造成毁灭性打击。

20世纪90年代最后5年里，商业机构和政府找到了应对Y2K或"千年虫"的方法；并分阶段地展开了准备工作。为了鼓励行业之间或跨行业分享最好的解决方案，联邦政府通过了《千年信息与预案公开法案》（*The Year 2000 Information and Readiness Disclosure Act*）（1998年10月签署）。尽管确定千年虫问题已经解决，但是新千年到来的时候，不少人还是多少有点担忧，有些人还做了应急准备，比如储备食物和水，购买发电机，留存现金。虽然个别地方也存在一些小故障，但没有出现任何大问题。多亏所做的补救工作，才没有出现事先所预言的Y2K危机。但是解决这一问题的代价不菲：估计花费了1.5万亿美元。

▶ 什么是安然？

安然是一家雄心勃勃的能源交易与通信公司，总部设在美国得克萨斯州的休斯敦。它是美国第七大公司，华尔街的宠儿，连续6年（1996—2001）被财富杂志Fortune评为美国最具创新观念的公司。然而，2001年12月，安然公司申请了破产重组，这一消息在商业界掀起了轩然大波，震惊了投资者以及普通员工。一时间，它成了美国历史上最大的破产案。联邦调查员后来了解到：安然公司通过做假账夸大了公司的利润而隐藏了债务，这最终导致了破产。这家大型联合企业声称自己的利润达数十亿美元，实际上并不存在；它还虚拟了几家公司用以隐藏巨额亏损。安然股价暴跌，大批工人下岗，员工的退休账户（大量投资于安然股票）损失惨重，管理层纷纷辞职，紧跟着是刑事起诉。安然的财务公司——位于芝加哥的安达信管理咨询公司因为牵扯到这起丑闻而倒闭。

安然很快成为一个更大问题的象征，即所谓的"美利坚公司的垮台"。美国发生了几起大企业倒闭事件，安然只是第一起，最大的是电信巨头世界电信公司。2002年7月，世界电信公司申请破产；这家公司在1999年巅峰时期，市值达到1 800亿美元，拥有1 500万客户。世界电信超过安然称为美国历史上最大的一宗破产案。这一次，也是欺诈行为惹的祸。2005年3月，联邦陪审团宣判世界电信公司前CEO伯纳德·埃伯斯（Bernard Ebbers）骗取了110亿美元。此外，还发现他犯了共谋罪，提交虚假的财务报告。这一宣判对法官处理与公司丑闻相关的那些悬而未决的案例极为重要，包括安然公司，其前主席肯尼斯·莱（Kenneth Lay）以及前CEO汤姆·斯基林（Tom Skilling）正在等待庭审（定于2006年）。

《财富》杂志的一位作者对公司道德危机进行了反思，认为："伪造收入、税收膨胀、华尔街分析家的冲突、主管玩忽职守——这不只是几个坏苹果的事……〔这是〕整个系统的故障问题。"安然碰巧成了第一家，成了诸多类似公司的象征。2005年，安然公司开始将剩余财产抵押给债权人，并对其他公司进行了清算。与此同时，世界电信公司于2004年摆脱破产局势，更名微波通信公司（它的一家分公司；MCI Inc.）重出江湖。

二 政治及社会活动

▶ **民族主义始于何时？**

　　民族主义一词出现在中世纪（500—1350）末期，它指的是某一民族因为共享同一历史和文化，因为拥有共同的语言和（或）宗教信仰而意识到大家共属一个民族。到18世纪时，有名的英格兰、法兰西和西班牙已经发展为"民族国家"：大批背景相同的人们拥有一片独立管理的土地。作为政治及经济实体，民族国家出现在封地、部落、城邦国家和帝国之后；作为组织单位，它们彼此之间有政权重叠的地方，共享着人们的忠心。

　　到了19世纪，民族主义已经成为一种强大的力量，而且人们认为任何一个民族团体都有权组建自己的国家。正是由于这种被称作民族自决权的信念，一些民族获得了独立（其中包括1829年摆脱土耳其控制获得自由的希腊以及1830年从荷兰手中赢得自治权的比利时）；其他民族则组建了更大的新国家（意大利和德国都是统一众多小国后建立起来的；意大利于1870年建国，德国于次年建国）；还有一些则是从大型帝国分化出来的小国（例如，第一次世界大战后奥斯曼帝国的灭亡促成了奥地利、匈牙利、捷克斯洛伐克、波兰以及后来的南斯拉夫等独立国家）。

　　美国民族主义在19世纪时表现为命运扩张论，即不断扩大疆域以占有尽可能多的北美领土。到19世纪末，美国已经占领了其今天的全部领土。

　　民族主义是自豪与爱国主义的源泉，有着许多积极的效果。然而，一些领导人（最有名的就是德国独裁者阿道夫·希特勒）

却走上了极端民族主义的道路，他们发动大规模运动迫害其他民族并实施了臭名昭著的种族灭绝活动。

20世纪末在世界地图上标注的边境线大多都是民族运动的产物，其中一些引发了冲突——而且部分冲突至今仍在继续。

▶ 什么是犹太复国主义？

犹太复国主义是为建立一个独立的犹太国而进行的民族运动。它始于19世纪90年代，大约50年后的1948年，该运动的行动主义最终促成了以色列的建国。从那时候开始，犹太复国主义就致力于为以色列及全球犹太人搭建沟通的桥梁。

犹太复国主义最早可以追溯到1882年。当时，有一场运动鼓励犹太人到位于中东地区（即亚洲西南部）的巴勒斯坦定居。该地区西邻地中海，北靠黎巴嫩，东濒叙利亚及约旦，西南则是埃及（西奈半岛）。许多主张移民到犹太人故乡巴勒斯坦的人自称是"天国的热爱者"。锡安山位于耶路撒冷，是大卫神殿（大卫是古希伯来人的国王；死于公元前962）所在地，因此被视作犹太人精神生活的中心。

作为一项政治运动，犹太复国主义是奥地利记者西奥多·茨尔（Theodor Herzl）在19世纪90年代末发起的。1894年，茨尔参与报道了对法国军官艾佛烈·德莱弗斯案（Alfred Dreyfus）的审判，他被误判为叛国罪。尽管这名犹太裔炮兵上尉后来被宣告无罪（第一次审判强加给他的罪名已宣告无效），但许多人感到该案件暴露了欧洲大陆"根深蒂固的反犹太主义情绪"。茨尔认为如果反犹太主义能在法国扎根，那么就会蔓延到任何地方。基于这一想法，茨尔开始为在中东建立犹太国而努力。1897年，茨尔在瑞士巴塞尔主持召开了第一届犹太复国者大会，引起了全世界的关注。1917年，在第一次世界大战的大背景下，英国外交大臣阿瑟·詹姆斯·巴尔弗（Arther James Balfour, 1848—1930）发表声明，声称英国支持犹太民族在巴勒斯坦建立自己的家园。此事发生在英国军队帮助中东摆脱奥斯曼帝国控制之后。1920年，作为第一次世界大战终结的一部分，奥斯曼帝国瓦解。依照国际协定，英国获得了对巴勒斯坦的统治权。

大批犹太人涌入巴勒斯坦，结果在那里与反对犹太人重新定居的阿拉伯人

展开了争斗。尽管之前英国支持犹太人建国推动了复国主义的发展,但在1937年,这些犹太复国主义者却遭受了重创。当时欧洲战争一触即发,为了能在对德战争中争取到阿拉伯国家的支持,英国改变了在巴勒斯坦问题上的一贯政策。第二次世界大战(1939—1945)接近尾声时,英国将中东问题转交给了新创建的联合国。联合国最终决定在巴勒斯坦同时建立一个独立的犹太国和一个自治的阿拉伯国家。1948年,波兰出生的温和派犹太复国主义者大卫·本·古里安(David Ben-Gurion,1886—1973)正式宣布以色列建国,大卫任该国临时政府首脑。世界犹太复国主义大会后来从政府中独立了出来。此后,该组织开始关注移民和文化活动。德国出生的科学家阿尔伯特·爱因斯坦(Albert Einstein,1897—1955)便是犹太复国主义显赫的支持者之一。

▶ 什么是印度非暴力改革运动?

印度非暴力改革运动由印度民族主义领导人莫汉达斯·甘地(Mohandas Gandhi,1869—1948)领导,通过抵制、禁食、祷告守夜、拜访受难地区等形式进行抗议,以此试图终止冲突。被印度人民称为"圣雄"(意为伟大的心灵)的甘地决心改变印度——即彻底终结英国对印度的统治,并推翻在印度存续多年的社会等级制度(严格的社会结构)。甘地认为不采取暴力形式需要很大的勇气,他发动了自称为satyagraha(意为坚信真理)的消极抵抗运动。甘地主张的这种不合作行为得到很多民众的支持,的确给印度带来了变化。在印度,甘地被看成是独立印度国(1947)的奠基人。甘地毕生忠实于自己的非暴力信念。同时,他也坚守着宗教宽容的政策。正是由于这个原因,这位精神及民族主义领导者于1948年被印度极端主义者杀害。

▶ 什么是"五四运动"?

"五四运动"是1919年5月4日开始在中国发起的一场大型运动。当时北京学生对年初在凡尔赛举行的旨在正式解决第一次世界大战问题的和平会议做出的一个决定表示抗议,即第一次世界大战(1914—1918)期间占领了德国在华领土的日本可以控制这些地方。参与游行的学生谴责当时软弱无能的中国政府纵容日本占领中国领土。权威领导人袁世凯(1859—1916)死后,中国的中央政府彻底崩溃。北方地区军队领导人（称作军阀）执掌大权，不断地挑战中央政权。同时，革命领导人孙中山（1866—1925）开始推行他的三民主义——民族、民权、民生，并赢得了中国南方军阀的支持。与此同时，中国的知识分子开始抨击传统文化及社会，敦促政府实行改革及工业现代化。"五四运动"燃起了中国的革命之火。这次运动有着深远且不可估量的影响力。

▶ 什么是团结工会？

团结工会是20世纪80年代波兰工人领导的政治改革运动，最终导致政府垮台。团结工会是罗马教皇约翰·保罗二世（John Paul Ⅱ）发起的。1979年6月，保罗在访问其祖国波兰时，在华沙向数百万人发表演讲，号召建立一个自由的波兰和一种新的"团结"。正如学者兼作家蒂摩西·盖特·阿什（Timothy Garton Ash）所说："没有保罗教皇，就没有团结工会。没有团结工会，就没有戈尔巴乔夫（Gorbachev）。没有戈尔巴乔夫，政府就不会倒台。"

船厂电工莱赫·瓦文萨（Lech Walesa，1943—　　）成为1980年成立的团结工会领导人。当时50个工会联合起来抗议波兰的共产主义政府。这些工会发动了罢工运动及示威游行。到1981年，团结工会已经拥有大批支持者，这对波兰政府构成了威胁。于是，波兰政府（在苏联的支持下）在当年12月制定了战争法。军方镇压了工会活动，并于1982年废止了团结工会，逮捕了包括魅力十足的瓦文萨在内的若干核心领导人。但是，发动了农民参加（他们构建了乡村团结工会）的强大人民运动是镇压不住的。战争法于1983年中期被撤销，但波兰政府却继续左右着人民的自由。同年，瓦文萨因为在争取工人权利及阻止暴力事件发生方面所做的努力而获得了诺贝尔和平奖。团结工会为了改革继续努力着。1989年，波兰政府处于即将倒台的危险境地，波兰政府恢复了与团结工会领导层之间的谈判。同年，举行了自由选举。工党候选人在议会选举中获得的席位不计其数。1990年，瓦文萨当选波兰总统，同时辞去了团结工会主席一职。同年，波兰共产党正式解散。

▶ 什么是反种族隔离运动？

反种族隔离运动是一项国际运动，旨在摒弃南非长达几十年的种族隔离制

1988年，支持团结工会的集会在波兰琴斯托霍瓦举行。团结工会展开了由工人领导的政治改革运动；1990年，波兰共产党政府解散。

度（apartheid一词在南非荷兰语中意为"分离"）。1948年，南非白人民族党正式实行种族隔离制度，赋予少数白人比非白人群体更高的权利。该制度进一步将非白人群体区分开来，隔离了黑白混血儿（异族通婚的后代）、亚洲人（主要为印度人），以及非洲土著人。该政策十分严格甚至将当地班图部族也进行了划分。尽管黑人一直都占人口的大多数，但他们却无权参与投票。种族隔离制度对整个社会都极具摧毁力，因而引发了来自国内外的抗议。然而，南非政府却始终坚持该制度且声称这是在国内不同种族间维护和平的唯一途径。1961年，由于隔离问题上产生争论，南非政府退出了英联邦。

反对种族隔离的抗议者们组织了示威游行及罢工，这些活动有时甚至演变成了暴力事件。南非变得日益孤立，因为反对种族隔离的国家拒绝同南非政府进行贸易往来。这种无贸易往来政策是由南非民权领导人，前英国大主教戴斯蒙德·图图（Desmond Tutu，1931—　　）力荐的。他领导了旨在终结种族隔离制度的非暴力活动，并因此获得了1948年诺贝尔和平奖。20世纪80年代期间，经济抵制给南非白人政府施加很大压力促使其废止种族歧视法。南非政府最终于1991年正式废除了种族隔离制度。

1989年南非白人德克勒克（F.W. de Klerk，1936—　　）被选为总统，他在终结种族隔离制度方面发挥了重要作用。1994年4月，在南非举行的首次选举活动中黑人享有了投票资格。毫无意外，南非黑人掌控了整个议会并通过议会选举出了黑人总统纳尔逊·曼德拉（Nelson Mandela，1918—　　），德克勒科克副总统。1993年，因其在结束种族隔离制度以及引导南非各民族参与政府活动方面所做的努力，两人双双获得诺贝尔和平奖。1996年，"真相与和调委员会"开始运作，它由戴斯蒙德·图图领导，负责调查种族制度下的政治犯罪案件。调查活动一直持续到1999年，许多调查结果都引起了争议。

▶ 谁是比科？

斯蒂芬·比科（Stephen Biko，1946—1977）是反抗南非种族隔离制度及少数白人统治的一位黑人领导者。1969年，当时还只是医学专业学生的比科创立了南非学生组织。该组织作为反抗种族隔离斗争中的一支强大力量在黑人意识运动中发挥了积极的作用。在向黑人宣讲自助、自尊等教义的同时，比科还组织了包括反政府罢工、游行等抗议活动。白人政府认为上述活动对当局构成了威胁，

加上担心动乱升级，于是在1977年8月将比科逮捕。不到1个月，比科就在狱中去世了。有证据显示比科丧命于监狱看守手中，这一事件更加深了民众的反政府情绪。比科和纳尔逊·曼德拉（1962年—1990年期间，他因参与政治活动而被监禁）一道成为反种族隔离运动的象征，并激起了国内外对种族平等的支持。

废 奴 运 动

▶ 美国哪个州最先废除了奴隶制？

美国佛蒙特州在1777年最先废除了奴隶制。1777年7月8日，佛蒙特州采纳了禁止奴隶制的州宪法，这是美国第一个宣布奴隶制违法的文件。州宪法中部分规定如下："法律禁止任何生于美国本土或由海外来到美国的男性在年满21周岁后，以仆人、奴隶或学徒的身份侍奉任何人；任何女性在年满18周岁后也是如此，除非本人到达这一年龄后仍自愿去做，或按照法律要求，为清偿债务、损失、罚款、花销或类似情况而必须去做。"佛蒙特州宪法还不分种族地赋予全州人民同等的选举权。该州议院最先拥有一位黑人代表——亚历山大·图莱特（Alexander Twilight, 1795—1857），他在1836年被选为代表。图莱特还有另一项第一：1823年他从佛蒙特州明德学院毕业，成为美国第一个获得大学学位的黑人。

地铁乘务员哈里特·塔布曼（Harriet Tubman; 摄于1911年）通过帮助数以百计的黑人到美国北方及加拿大寻求自由来反抗奴隶制。

◉ 废奴运动起源于何时？

19世纪初，美国的禁奴运动日渐高涨。1807年，大西洋彼岸的废奴者们已成功说服英国政府宣布奴隶交易违法。第二年，美国政府也宣布奴隶交易违法，但拥有奴隶仍被视为合法且利润丰厚。19世纪30年代，在北方福音教复兴浪潮的推动下，号召废除奴隶制并解放奴隶在美国已成为一项积极运动。废奴者们认为奴隶制不道德且违背了基督教信义，因此要求废止奴隶制；但是，奴隶制对于南方各州的农业经济起着至关重要的作用——南方种植园为国内外市场生产棉花、烟草及其他农作物。

◉ 废奴运动的领导者有哪些？

废奴运动的领导者包括记者威廉·劳埃德·加里森（William Lloyd Garrison，1805—1879）——他创立了颇具影响力的废奴刊物《解放者》（ *The Liberator* ）和美国反奴社团（创立于1833年）；亚瑟（Arthur，1786—1865）和刘易斯·泰潘兄弟（Lewis Tappan，1788—1837）——他们是著名的纽约商人，也是美国反奴社团的创始人；西奥多·德怀特·维尔德（Theodore Dwight Weld，1803—1895）——他是学生抗议活动的领袖，美国及海外反奴社团的组织者，还出版了《反奴圣经》（ *The Bible Against Slavery* ，1837）一书及其他废奴作品。

地铁乘务员哈里特·塔布曼（Harriet Tubman，约1820—1913）帮助数百名逃脱南方奴隶制的黑人前往北方各州及加拿大，以此来反抗奴隶制。像《汤姆叔叔的小屋》（ *Uncle Tom's Cabin* ，1851—1852）作者哈瑞特·比茨尔·斯托（Harriet Beecher Stowe，1811—1896）这样的作家们推动了废奴事业的发展并在影响公众情感方面发挥了作用。然而，在一些激进主义者手中，废奴运动演变成了暴力事件：1859年，狂热的废奴支持者约翰·布朗（John Brown，1800—1859）突袭了哈珀斯费里（位于今天西弗吉尼亚州）的一家兵工厂，事实证明，这次武力解放奴隶是一次失败的尝试。

◉ 利比里亚的建立与废奴运动有什么关系？

为了将解放后的奴隶运送回他们的家乡，美国殖民协会（组建于1867

谁开启了地铁运动?

美国废奴主义者、讲演家、地铁乘务员哈里特·塔布曼（约1820—1913）建立了解放奴隶的交通网络。1849年，塔布曼获得自由后便开始着手建立交通网络并期望自己的家人也能获得自由："我已经跨越了自己长久以来梦想着要跨越的那条线，我自由了，却没有人来欢迎我抵达自由之地。"

在这之后的10年里，塔布曼以地铁乘务员的身份先后15次深入南方各蓄奴州，带领他的父母、兄弟姐妹以及三百多个奴隶回到北方，重获自由。由于她对解放奴隶所付出的努力，塔布曼被称作"她民族的摩西"。通往自由的旅程艰辛而危险。塔布曼虽身材矮小，却具备非凡的领导才能。作家、牧师及军官托马斯·希金森（Thomas Higginson，1823—1911）称她是"当代最伟大的女英雄"。

年—1817年）的成员在非洲西海岸买下大片土地。这片土地被命名为利比里亚，该拉丁语的意思是"自由"。1822年，第一个非裔美国人抵达这里。但该社团的计划充满了争议，甚至一些废奴主义者及黑人都对这项计划表示反对。他们认为奴隶制问题的唯一解决办法就是将该制度从美国本土根除，让被解放的奴隶在美国这个新家园中享受到所有公民权利。尽管如此，到1860年时，已有1.1万名被解放的美国黑奴在利比里亚定居，最终共有1.5万人为获取自由横渡大西洋来到利比里亚。1847年6月26日，利比里亚宣布成立独立的共和国。

▶ 美国内战前，立法者为解决奴隶制问题做了哪些工作?

对美国而言，19世纪中期是段难熬的时期。当时，北方各自由州与南方蓄奴州（越来越依靠农业奴隶劳动力）之间的分歧日益扩大。政府虽然做出了尝试却未能找到方法解决奴隶制引发的冲突。相反,政府似乎在努力维持南北双方微妙的政治平衡。

《瓜达卢佩伊达戈停战协定》正式宣告墨西哥战争(1846—1848)结束,美国获得了得克萨斯和西部一些领土。战后,国会议员开始考虑是否将奴隶制度延伸至得克萨斯州,这将奴隶制问题推上了众人关注的焦点。议员最终达成了《1850年妥协案》(Compromise of 1850),结果证明此次妥协没能缓解日益紧张的局势:法律准许得克萨斯以蓄奴州的身份加入北方联盟,加利福尼亚则以自由州(禁止实行奴隶制)身份加入联盟;新墨西哥及犹他州的选民自行决定奴隶制问题(一种被称作人民主权的方法),华盛顿特区禁止开展奴隶交易,同时,通过一项将在全国执行的严格的逃亡奴隶法。

国会曾经决定(1820年《密苏里协议》的一部分)路易斯安那州以北领土禁止蓄奴;4年后,在酝酿如何将堪萨斯州及内布拉斯加州纳入联盟时,却又一改之前所做的决定,在这些新成立的州构建了一种危险局势:堪萨斯州及内布拉斯加州是否采取奴隶制由人民主权(每个州的选民)决定。内布拉斯加州的居民大都反对奴隶制,但来自北方和南方的定居者纷纷涌入了堪萨斯州,支持奴隶制与反对奴隶制的两股力量就是在这一背景下发生暴力冲突的。双方都决定通过派遣私自占地者定居该地的方式赢取选票。该决定最终导致了冲突,大多数私自占地者都聚集在堪萨斯州与密苏里州边界;在密苏里州,奴隶制是合法的。1856年5月24日,在一次事件中,狂热的废奴主义者约翰·布朗(1800—1859)策划了一起屠杀行动,5名奴隶制支持者在睡梦中被残忍地杀害。这是一起报复事件,针对的就是早先在堪萨斯州劳伦斯发生的几起废奴主义者遇害事件。布朗声称此次行动是上帝派他完成的任务。报纸将这一系列最终导致五十余人丧生的致命冲突戏称为"流血的堪萨斯"。事实证明国会达成的谅解和人民主权理念都无法解决意识形态上根深蒂固的分歧。

▶ 林肯总统为何在内战结束前发表《解放黑人奴隶宣言》?

南方邦联与北方联盟战事激烈,夺取胜利似乎还要经历漫长的日子:1862年夏天的局势似乎对联邦军队非常不利,他们在第二次布尔河(Bull Run)战役中失利(8月29—30日发生于弗吉尼亚州东北部地区)。但是,在9月17日的安铁顿(Antietam)战役中(在马里兰州),北方联盟最终迫使南方军队跨过波多

马克河撤退至弗吉尼亚州境内，可以说，9月17日那天是最血腥的一天。总统亚伯拉罕·林肯（Abraham Lincoln，1809—1865）认为南部联邦这次后撤对于他发表宣言是一次绝好机会。于是9月22日，他召开了一次内阁会议。当天，林肯向他的顾问们展示了《解放黑人奴隶宣言初稿》（*Preliminary Emancipation Proclamation*）。

正式的《解放黑人奴隶宣言》随后于1863年1月发表。定稿后的《宣言》与初稿的不同之处在于：它阐明解放黑奴将只在参与反叛的南方各州中执行。总统宣言做出这一重要改变依据的是：国会授权总统没收反叛者财产，而且禁止军方将反叛的奴隶归还给他们的主人。

北方废奴主义者批评总统将废奴范围限制在南方反叛各州，因为这样做使忠诚（即北方）各州主、奴关系的处理变得无章可循。然而，林肯已摆明了立场，这一立场扩大了内战（1861—1865）范围，使其变成了反对奴隶制的战争。

1865年1月31日，也就是《解放黑人奴隶宣言》发表2年后，美国国会通过了第十三条修正案，宣布全国范围内禁止奴隶制度。为该修正案的正式通过耗尽心力的林肯对此结果感到十分满意。直至北方联盟彻底取得胜利（于1865年4月9日），南方联邦各州才将手中的400万奴隶释放。

▶ 欧洲何时宣布奴隶制度违法？

英国于1807年终止了奴隶交易。当时英国政府与与日俱增的废奴主义者（他们认为奴隶制度不道德且违反基督教信仰）达成一致，宣布奴隶制度违法。1833年，英国各殖民地都废除了奴隶制，大不列颠废奴运动达到了高潮。奴隶交易于1808年在美国被禁止，但蓄奴仍然合法。因此，黑市上的奴隶交易一直在进行，直到英国加大废奴力度，通过实施海上封锁，对非洲海岸展开突击搜查才有效终止了奴隶交易。正如众所皆知的那样，奴隶交易到1870年后才正式宣告结束，当时全美洲都宣布奴隶交易非法。联合国在全球范围内展开废除奴隶制和其他强迫性劳动制度的活动。

▶ 现今仍有奴隶制度吗？

是的，奴隶制一直延续到了21世纪。联合国人口活动基金会（UNFPA）

声称："尽管奴隶制已在全球正式废除，但悲惨的人口交易仍在进行。"现今这种交易被称作"人口贩卖"。很难估计其严重程度，但据联合国人口活动基金会估算每年大概有400万人口在边境线上被买入或卖出。该组织还报道称这一问题很普遍，但"人口贩卖"主要出现在亚洲，紧随其后的是非洲及拉丁美洲。根据联合国亚太经济与社会委员会（UNESCAP）的说法，由于"其庞大的人口金字塔，持续发展的城市化以及普遍的贫困状态"，亚太地区尤其脆弱。

一些人权组织估算当今世界奴隶数量可高达2 700万。专家认为在全球化的推动下，这一问题日趋严峻。男人、女人和孩子（尤其在发展中国家）被迫在血汗工厂、田间地头去卖苦力，或到妓院从事卖淫活动。在世界上一些极度贫困的地区，有的家庭被迫将孩子卖去做奴隶或卖淫。有的受害者则是因为受到引诱所致；根据联合国毒品犯罪办公室报道，"从喜马拉雅山的村落到东欧城市，人们——尤其是妇女和女孩——受到了美好前程的吸引，即做家庭佣人、女服务员或工厂工人等赚取丰厚的收入"。人贩子则借助虚假广告、新娘用品邮购目录及熟人等招募受害者。这些受害者最终都会被人贩子控制，强迫他们去赚取非法收入。

进入21世纪，人权机构和各国政府组织人们与日益增多的人口贩卖活动展开斗争。联合国儿家机构也在努力寻找人口贩卖问题的根源并援助受害者。非政府机构也在此问题上扮演了重要角色，其中一个就是由美国女议员琳达·史密斯（Linda Smith）于1998年创立的"希望国际"。该机构旨在"通过提供能满足其需要的全方位服务，去营救和治疗处于危机中的妇女和儿童"。意大利政府处于打击人口贩卖的最前沿。1999年意政府通过了一项立法为受害者提供居住许可证并为当地避难所拨付专款。2000年，美国国会通过了《人口贩卖及暴力受害者保护法案》（*Victims of Trafficking and Violence Protection Act*，TVPA），并宣布性交易是"现代奴隶制"。官方数字估算每年有4.5~5万名妇女、儿童被贩卖到美国。在那里他们陷入了当代类似奴隶制般的生存境地，被迫从事诸如卖淫一类的活动。

但是，美国及其他各地的人口贩卖问题并非仅仅局限于从其他国家贩入妇女和儿童。美国司法部2001年9月的一份报告称，美国每年有40万儿童被引诱或强迫从事卖淫活动。许多受害者来自中产阶级工薪族白人家庭，他们大都来自问题家庭，离家出走后最终流浪街头。

2004年9月前任华盛顿代表约翰·R.米勒（John R. Miller）宣誓就任美国国务院打击人口贩卖办公室新设立的特使一职。米勒在一次演讲中说道："当下奴隶制不是在大农场和家庭中，而是在工厂里，还有军队中，尤其是妓院里。但是现今的奴隶主们使用着同从前的奴隶主们相同的工具：绑架、欺骗、威胁以及殴打，其目的就是要迫使妇女、儿童和男人们去做工并对他们进行剥削。"

专家认为要结束21世纪的人口贩卖问题需要政府、特殊利益团体、人权组织及其他政府组织之间的合作，确定问题的范围及提高公众意识是重要的第一步。

民 权 运 动

▶ 什么是尼亚加拉运动?

尼亚加拉运动是一个非裔美国人组织，存在时间虽短却极具重要性。该组织主张"让黑人完全融入主流社会中，并享有其他美国人所有的权利、待遇及利益"。尼亚加拉运动于1905年在安大略湖畔的尼亚加拉瀑布附近启动，由作家、学者兼活动家杜波依斯（W. E. B. Du Bois, 1868—1963）领导。当时，杜波依斯在亚特兰大大学任经济与历史学教授。观察家将该组织描述为"反布克阵营"。奴隶出身的教育家布克·T.华盛顿（Booker T. Washington, 1856—1915）组建了亚拉巴马州塔斯基吉学院（1881）。他认为黑人应该通过教育及自我改善来实现彻底的改变而不是需求。华盛顿先生反对一些改革家支持的社会及政治骚乱；另一方面，尼亚加拉运动将本国种族问题完全归咎于白人群体。尼亚加拉运动的30个分支机构向布克·T.华盛顿提倡的所谓"塔斯基吉机器"的保守政治发起了挑战。尽管尼亚加拉运动于1909年解散了，但美国有色人种发展协会（NAACP）继承了它的思想及行动主义，该组织在杜波依斯的协助下成立。1910年—1934年间，杜波依斯在该组织的正式刊物——《危机》（The Crisis）中担任编辑，"对黑人群体面临的每个重要社会问题"都发表了自己的观点。

▶ 只有活动家们公开反对种族隔离吗?

不是,黑人社会的每个阶层以及许多白人也都对种族隔离持反对态度。民权运动的代表包括工人、农民、教育家、运动员、艺人、士兵、宗教领袖、政客及政治家们——所有这些人都曾对美国的黑人隔离法规与政策表示过反对。

在成为著名教育家和作家之前,杜波依斯(W. E. B. Du Bois,1868—1963)离开位于美国马萨诸塞州格里巴陵顿安逸的家到美国纳什维尔菲斯克大学求学。1885年,他在那里遭遇了严格区分白人与黑人的美国田纳西州黑人隔离法律。由于对"南方制度"深感恐惧,杜波依斯很少离开过校园。最终,他回到新英格兰在美国哈佛大学完成了自己的学业。然而,后来他又回到了南方并成为亚特兰大大学经济与历史学的教授(1897—1910,1932—1944)。作为阐释种族完全平等的第一批人,杜波依斯于1919年帮助成立了美国有色人种发展协会(NAACP),该组织在民权运动期间发挥了领导作用。

1942年,一个叫约翰·罗斯福·鲁宾逊(Roosevelt Robinson,1919—1972)的佐治亚州年轻人应征入伍,并申请到位于堪萨斯州赖利堡的"预备军官学校"学习。尽管已获准入学,但鲁宾逊和其他黑人学员却一直没有接受任何培训,直到华盛顿方面施压使当地指挥官准许这些黑人进入基地培训学校学习。后来,鲁宾逊成为少尉并继续抗议军事基地的黑人隔离政策。有一次,因为邻近的密苏里大学拒绝与有黑人队员的球队进行比赛,所以军队没有派鲁宾逊上场,结果鲁宾逊退出了基地球队以示抗议;在德州胡德堡,鲁宾逊还抗议军用大巴上的种族隔离行为,鲁宾逊因此被带到军事法庭受审。1944年11月,法庭宣判他无罪并在第二次世界大战结束前将他体面地释放了。部队已无意再将这样一名黑人鼓动者留在军中,而且正如鲁宾逊后来所说的,他也"受够了兵役生活"。1947年,"杰基"·鲁宾逊加盟布鲁克林道奇队,成为第一个在主要联盟中效力的黑人棒球运动员,打破了美国娱乐界的肤色障碍。

战后,因为拒绝出任哈里·杜鲁门(Harry Truman,1884—1972)政府的助理国务卿,美国外交官拉尔夫·邦奇(Ralph Bunche,1904—1971)引起了公众的关注。邦奇是哈佛大学教授,战争期间曾在战略情报局工作。他解释说,之所以拒绝该职位,是因为他不愿让家人受制于华盛顿的黑人隔离法规。邦奇经常发表言论反对种族主义,并于1944年与人合作出版了分析美国黑人困境的《美

利坚之困》一书（*An American Dilemma*）。

以上只是诸多个人抗议行为中的几个实例，它标志着美国民权运动的开始。

▶ 谁是艾美特·提尔？

艾美特·提尔（Emmett Till, 1941—1955）是来自芝加哥的一名14岁黑人少年。1955年8月，他在南方腹地被人切断手足残忍杀害。有人指称，当时这名正在美国密西西比探亲的少年向一位白人女店员吹口哨。8月28日清晨，提尔被两个白人带走时，他和自己12岁的表弟正在一张床上休息，之后就离开了人世。人们在一条河里找到了被刺钢丝绑在轧花机风扇上的尸体。一支白人陪审团宣判2名涉案人员——女店员的丈夫罗伊·布赖恩特（Roy Bryant）及其同母异父的兄弟米尔曼（J. W. Milman）无罪。这一系列事件激起黑人群体及民权运动拥护者的极大愤慨并由此引发了民权运动。

在长达40年的时间里，提尔的那起恐怖谋杀案一直令那些坚信正义迟早会到来的人们深感忧虑。这一凶案中没有人被判刑，受审的那两个白人已于2005年去世。但提尔的一些亲友及案件调查者们都认为参与谋杀的人当中还有人活着。为了寻找线索，提尔的尸体在2005年6月又被挖出以搜集证据；后来在一次安静的葬礼上被重新掩埋。其家属则希望有关这起疑案的调查终有一日会水落石出，还他们一个公道。

▶ 民权运动是怎样爆发的？

民权运动爆发于1955年12月1日，星期四。当天，在亚拉巴马州蒙哥马利闹市区某百货商店工作的女裁缝罗莎·帕克斯（Rosa Parks, 1913—   ）乘坐克利夫兰大道公交车回家，坐在黑人座席的第一排。车前部的白人座位很快就坐满了人，于是有人要求帕克斯给后面的白人让座，但遭到了她的拒绝。随后，帕克斯被逮捕入狱。

蒙哥马利的黑人领袖们一直在酝酿一次活动，以抗议公交车上的种族歧视行为。在浸礼会牧师马丁·路德·金（Martin Luther King Jr., 1929—1968）的领导下，他们很快便组织了起来。从1955年12月5日开始，数以千计的黑人拒绝乘坐城市公交：蒙哥马利公交抵制运动拉开了序幕。该运动持续了1年多——约382天——直至美国最高法院宣判公交车种族隔离行为违反宪法规定才告结束。在首场为结束美国种族隔离与歧视所进行的斗争中，这些抗议者及民权活动家最终获胜。

帕克斯在被捕后丢掉了工作。事后，她解释说，她之所以那么做是因为坚信自己受到了不公正的待遇。但是通过此事，帕克斯表明了自己的立场并掀起了一场运动。

▶ 什么是非暴力运动？

牧师马丁·路德·金致力于通过发动和平抗议活动来改变形势；作为民权运动的组成部分，他还领导了一次非暴力抗议活动。1955年，金做了一次体现其基督教信仰的演讲，为非暴力运动确定了基调，他也因此成为蒙哥马利公交抵制运动的杰出领导者。他在演讲中说道："我们不是在这里主张暴力……我们拥有的唯一武器……就是抗议。"金终生坚守着这些信仰——甚至在恐怖分子炸毁了自家的房屋后仍旧如此。金的民主抗议"武器库"里有抵制、游行、他令人振奋的演讲（塑造了一个给人留下深刻印象的雄辩家）以及静坐。金还与其他非裔美国牧师一道建立了南方基督教领导人联合会（1957）——在民主运动期间发挥了领导作用。

事实证明，美国黑人进行的非暴力抗议活动是反对种族隔离和歧视的强大武器：1963年，在美国亚拉巴马州伯明翰市举行的大规模游行动摇了公众的观念并促使华盛顿的立法者采取了行动；新闻报道了警察用警犬和重型消防水管压制和平抗议者的新闻。针对伯明翰事件引起的强烈抗议，总统约翰·F.肯尼迪（John F. Kennedy, 1917—1963）向国会提交了民权立法议案；该议案于1964年获得通过。同年，马丁·路德·金因其倡导的非暴力行动获得了诺贝尔和平奖。

两年后，金的和平政策受到了挑战。因为受够了和平抗议者经常遭遇暴力回击的状况，学生非暴力协调委员会（SNCC）鼓动活动参与者采取一种更为果断、更具攻击性的态度，并开始推广所谓"黑人力量"的口号。由于在如何实现改变这一问题上，领导者们——包括极具影响力的马尔科姆X（Malcom X, 1924—1965）——产生了分歧，致使已取得重大进展的民权运动变得支离破碎。

1968年4月4日，金到美国田纳西州的孟菲斯市支持那里举行的清洁工人

通过和平抗议，牧师马丁·路德·金改变了局势。1965年，这位充满号召力的演讲者在亚拉巴马州的塞尔玛向支持者发表讲演。

罢工运动。傍晚5点30分刚过，他就在旅馆房间外被人枪杀。金去世的消息在全国传开后，美国168座城镇的黑人们发生了暴乱，纵火焚烧建筑，并洗劫了白人店铺。在评价此次恐怖事件时，激进的非裔美国领导人斯托克利·卡迈克尔（Stokely Carmichael）说道："昨晚，当白色美国杀害金的时候，她已向我们宣战。"混乱持续了一周之久。4月11日暴乱结束时，共有46人死亡（多数死者为黑人），3.5万人受伤，2万人入狱。然而，几十年后，夺走了这位领袖生命的犯罪案件以及在其死讯公开后引发的暴力事件并没有给他留下的和平财富及其主张的全国人民手足情深的理念投上阴影。

▶ 什么是"自由乘车运动"？

"自由乘车运动"是为了检验美国最高法院取缔跨州通行时种族隔离制度

的执行效果而发起的一系列公交车之旅。在1960年的"博因顿诉弗吉尼亚州案"中，最高法院支持一名美国霍华德大学学生的诉讼，宣判公交车站违反了联邦反隔离法。"种族平等大会"（CORE）决定发起一场乘车自由运动，以此来检验联邦法律的执行情况。1961年5月4日，13个人（既有白人又有黑人）搭乘一辆公交车前往美国南部。原本只是针对当地种族隔离制的一种非暴力示威游行，但这几个人却遭到了暴力对待：5月20日，公交车到达美国亚拉巴马州的蒙哥马利时，一个白人暴徒正等在那儿。自由行成员们遭到了殴打。城里很快发生了骚动，美国军队被派到那儿维持秩序。此次为废止交通隔离制度而发起的由不同种族参与的自由运动最终取得了胜利，但法律的执行仍需要政府干预，因为很多南方白人表示，他们不会自愿遵守这一法律规定。

▶ "我有一个梦想"是马丁·路德·金何时所做的演说？

此次演说发生在1963年8月28日"自由行军"运动中。那年夏天，25万余人——为了游说国会通过民权法案——聚集在林肯纪念堂前聆听演讲，其中也包括独具魅力和影响力的金。他雄辩的演讲在界定了此次运动的同时，也极大地激励了为寻求变革而不断奋斗的人们。在演讲中，他说："我梦想有一天，这个国家将奋勇崛起，实现其立国信条的真谛：'我们认为这些真理不证自明：人人生而平等。'"

1964年，国会通过了《民权法案》（*The Civil Rights Act*）——自"重建"（美国内战后的12年）以来美国最为全面的一部民权法。该法案将公共场所的种族歧视定为违法行为，保障了所有公民平等的投票权利，禁止雇主和联盟的种族歧视行为，并且呼吁教育的平等。

▶ 马尔科姆X名字中的字母X是什么意思？

他是极具影响力同时又备受争议的非裔美国领袖，黑人权利的坚强守卫者；1952年获释后，他改姓为"X"，并解释说：字母"X"代表祖辈们那些鲜为人知的非洲名字。马尔科姆X本姓"小"（Little），这是奴隶主给他的奴隶祖辈起的。把姓改成"X"会让他时时记得家族的奴隶史，同时也确认了他（不为人知的）非洲根系。

▶ 如何阻拦南方黑人投票?

世纪之初,在南方地区,除恐吓外,还有3种方式剥夺了黑人的公民权:1)人头税;2)文化水平测试;3)祖父条款。人头税规定投票人交费后才能履行投票权。作为投票前提,文化水平测试也剥夺了很多文化程度较低(未能通过测试)的白人的投票资格。多数南方省州也通过立法,将投票权只赋予那些从某一特定的日期起可以投票的人——即使有黑人满足这一条件,恐怕也是少之又少。因为这些法律有利于上述投票人的后代,所以被讽刺为"祖父条款"。这些否定公民投票权的企图在1964年、1965年和1966年先后被列为违法行为。1964年通过的第二十四条修正案(*The Twenty-fourth Amendment*),废除了所有联邦选举和初选的人头税;1965年通过的选举权法案(The Voting Rights Act),将压制少数人种投票视为违法;1966年则宣布无论是州政府还是当地政府,收取人头税都是违法行为。文化水平测试和祖父条款也因违反宪法而被废止。

▶ 三K党的历史

三K党(Ku Klux Klan; KKK)是一个白人至上主义团体,于1865年在美国田纳西州普拉斯基组建。最初叫"社交俱乐部",由几个南方联邦军队的退伍老兵组成。前邦联军队将军纳坦·贝德福德·弗雷斯特(Nathan Bedford Forrest,1821—1877)被选举为首任领袖(也称作"大巫士")。他在1864年4月12日,也就是美国内战后期,在田纳西州的匹罗堡带头屠杀了联盟军队的300名黑人士兵。

作为抵制共和党重建国家、阻止黑人(昔日的奴隶)享有完全公民权的一支非官方力量,三K党在宪政重建时期(1865—1877)——即内战后的12年重建时期——发动了一场反黑人的暴力运动。为避免暴露身份,三K党成员都身着长袍、带着面罩,胁迫、殴打并且杀害了无数黑人。他们剥夺了黑人受害者的公民权,同时还试图威胁所有黑人,不让黑人参与政治。那些支持联邦政府赋予全体黑人公民权的白人也经常成为可怕的三K党无辜的受害者。三K党成员的数量迅速增加,势力遍及南方地区。

1871年,美国国会通过了《军力动员法》(*Force Bill*),授权尤里西斯·格兰特总统(President Ulysses S. Grant,1822—1885)派军取缔三K党。这一行动十分成功,三K党销声匿迹了——但仅仅是一段时间。1915年,作为新教徒的兄弟组织(又称"隐形帝国、三K党骑士"),该组织在美国佐治亚的石头山上再次成立。新三K党将迫害范围扩大到了罗马天主教徒、外来移民、犹太人,还有黑人。所有这些群体的成员都成了三K党的骚扰目标,手段包括刑讯、鞭笞以及当众施以私刑。该团体宣扬"种族净化",规模不断壮大并逐渐成为全国性团体——不仅在美国南方,在全国各州都设立了自己的办事机构。其暴力行为激起了公愤,而20世纪40年代的美国完全投身于第二次世界大战当中(1939—1945),三K党逐渐解散,或是完全转入地下活动。20世纪50—70年代初期,三K党势力又死灰复燃;当时全国正处在争取民权时期。今天,三K党依然存在,它在成员当中培养极端情绪,举行游行以证实自己是美国风景的一部分。

▶ "赔偿"是什么?

"赔偿"指的是对被冤枉者或被迫害者的经济赔偿或其他补偿。20世纪90年代和21世纪初期,立法者、学者和其他领导人迫切要求弥补奴隶制带来的伤害——一些学者称奴隶制是美国大屠杀或黑人大屠杀。"赔偿"就出现在当时的新闻中。在此之前,也有几起赔偿事件:德国政府曾向纳粹大屠杀的幸存者和受害者家庭进行赔偿;美国政府曾向第二次世界大战时期(1939—1945)被扣押的日本裔美国人以及受到战争伤害的美国土著居民提供赔偿。

最近一次关于赔偿的讨论开始于1989年。当时,美国代表人物约翰·康叶斯(John Conyers,来自美国密歇根)在国会上提出了一条议案,即H.R.40。该议案要"建立一个委员会来调查奴隶制的形成……以及针对非洲裔美国人的经济歧视",假如获得通过,那么还要"向国会推荐合理的赔偿方案"。20世纪90年代,赔偿提议受到美国公众的广泛支持。支持者们认为,对奴隶制作出赔偿有助于愈合昔日种族关系遗留的"伤口";同时,那些为美国国民经济作出贡献的昔日黑奴的后代也可以从中获得经济补偿。他们进一步指出:奴隶制使美国黑人长期受到歧视困扰;几个世纪以来,政府许可的这一体制建立了一种基于种族的不公,美国黑人就是这一制度的受害者。非裔美国人、积极分子、作家兰达尔·鲁宾逊(Randall Robinson)这样解释说:"没有一个民族能够奴役别人数百年——使其落得邋遢不已、身无分文,而后又给予其自由——让其毫无抵抗能力

地在一个充满敌意的环境中，与那些享有特权的强势者对抗，然后想当然地希望奴役与被奴役者后代之间的差距越来越小。两条线开始平行，并永远不会交汇。"为支持赔偿法案，鲁宾逊指出了这场"大范围的不公"造成的后果：美国黑人承受着高幼儿死亡率、低收入、高失业率、低于标准值的教育、高死亡率、低于平均值的寿命，还有高犯罪率和死刑率。

赔偿法案的反对者们认为对昔日黑奴的后代进行赔偿并不现实；仅是认定赔偿对象这一条，就需要制定昂贵的政府计划。他们也质疑，在残酷的奴隶制被废止一个半世纪后，向黑奴后代进行赔偿的为什么应该是政府，而不是其他人。另外，他们认为，通过一系列民权运动，非裔美国人已经争取到了所谓的平等。

尽管有人反对，但是代表人物康叶斯仍然执著地向国会多次提出议案，直到国会最终将其采纳。他强调说他的目的是建立委员会，由市议会初步确定是否应该给予赔偿——如果给的话，给谁，给多少。H. R. 40得到了美国底特律、克里夫兰、芝加哥和亚特兰大等市议会的支持。

禁 酒 运 动

▶ 什么是"禁酒运动"？

禁酒运动是指由美国人在19世纪中期发起的禁止生产和饮用含酒精饮品的运动。当时，许多人认为酒精饮品导致了美国人家庭生活的腐败。到1855年，越来越多支持禁酒的社会力量促使美国31个州宣布在某些情况下饮酒违法。但是人们仍在努力使这场运动得到国家法律的支持。19世纪70年代，禁酒运动为不断壮大的妇女运动奠定了基础。当时的美国妇女，还有其他积极分子，在努力争取选举权的同时，也反对文化变革。1874年，几名妇女成立了"妇女基督教禁酒联盟"（WCTU）；1895年，"反酒馆联盟成立"。这些社会团体是原教旨主义精神的产物，它们得到了越来越多的社会呼声，并最终促使立法者付诸行动——许多立法者都是这些团体支持的候选人，他们滴酒不沾。甚至连当时的美国总统伍德罗·威尔逊（Woodrow Wilson, 1856—1924）也是禁酒运动的支持者，并将其作为新自由主义计划的一条国内政策。

该运动在1919年1月16日获得了成功。当时，国会通过了《美国宪法》（*The U.S. Constitution*, 1788）第十八条修正案，禁止在美国境内以及其管辖地内生产、销售或运输含酒精类饮品。虽然国会在1917年12月18日提出该修正案后，给各州7年时间来落实，但仅仅1年多的时间，该修正案就在全国范围内得到了执行；这就是当时立法者中间流行的一种精神。在制定了第十八条修正案后，国会又通过了《沃尔斯特禁酒法》（*Volstead Act*）。但是尽管如此，在禁酒过程中，政府还是遇到了执行难的问题。私酒贩子（他们私酿了一种非法烈酒，通常在夜间进行蒸馏）、朗姆酒贩子（他们主要从邻国加拿大和墨西哥进口白酒），还有地下酒吧（向顾客兜售白酒的地下机构）十分猖獗。不久，有组织的犯罪在全国蔓延，私酒所到之处，不乏买家。政府不得不面对一个更大的问题。联邦调查局（FBI）和警署竭力在控制和打击暴力犯罪，而全国又都经受着大萧条初期的困扰，这种情况下，美国华盛顿的立法者们开始重新考虑这一修正案。1933年2月20日，美国国会提议废除第十八条修正案。同年12月，各州通过了第二十一条修正案，宣布第十八条修正案无效，美国境内生产、运输和饮用含酒精饮料为合法行为。由此，长达13年之久的禁酒限制宣告结束。时任美国总统的赫伯特·胡佛（Herbert Hoover, 1874—1964）称，《禁酒令》是一次"崇高的试验"。

▶ **谁是凯莉·内申?**

20世纪初，出生于美国肯塔基州的凯莉·内申（Carry Nation, 1846—1911）因积极参与禁酒运动而闻名。当时，酒馆在美国堪萨斯州是非法场所；内申感到自己背负着神圣的责任，只要有地方非法售酒，她就手持短柄斧砸掉那家酒店。1899年—1909年间，她从未停止过对非法酒馆的破坏活动（她自称这是"短斧之旅"），足迹遍布全州，结果引起酒馆业主和政府官员的愤慨。尽管当时很多美国人支持禁酒令，但是内申的做法太过极端，以至于被捕入狱多达30次，甚至还受过枪伤。然而她从未动摇，认为自己是在为社会服务——这甚至是神赋予的责任。她给自己起了一个很吉利的名字：凯莉·A.内申（Carry A. Nation——意为"扛着一个国家"）——她似乎要扛着这个国家直奔饮水机而去；然而她没能等到1917年禁酒令成为全国法令，也没看到1933年禁酒令被废止。

女　权

▶ **美国妇女政权运动始于何时?**

19世纪40年代,越来越多的美国妇女开始有组织地争取投票权。这一运动从妇女力争社会变革开始,例如废除奴隶制、建立禁酒国家法令(杜绝饮酒),获取更好的工作机会和薪金等。这些改革家们很快意识到,有投票权才能实现变革。

此次运动的一位领导人是女权主义者和改革家伊丽莎白·凯蒂·斯坦

1917年2月,美国纽约争取女性投票权的抗议者们在白宫外游行示威。于1920年通过的第十九条修正案赋予了女性在美国各州以及联邦选举中的投票权。

顿（Elizabeth Cady Stanton, 1815—1902）。1848年，她与反奴隶制运动者柳克莉霞·莫特（Lucretia Mott, 1793—1880）一起在美国纽约的塞尼卡福尔斯组织了第一次女权大会，由此发起了争取妇女投票权的运动。1869年，她与苏珊·B.安东尼（Susan B. Anthony, 1820—1906）携手，组建了"国家妇女投票权协会"。同年，又创建了另一团体——"美国妇女投票权协会"。该协会的领导者是女权运动和反奴隶制运动者露西·斯多恩（Lucy Stone, 1818—1893）和其丈夫亨利·布朗·布莱克威尔（Henry Brown Blackwell, 1825—1909）。1870年，国会通过了第十五条修正案，赋予所有人，不分种族都享有平等的投票权；两个团体的共同事业从此有了更强的法律支持。1890年，两个团体合并，组成了"美国国家妇女投票权协会"（NAWSA）。

美国妇女运动新一代的领导人包括斯坦顿的女儿，哈里奥特·伊顿·布拉奇（Harriot Eaton Blatch, 1856—1940）、爱丽丝·保罗（Alice Paul, 1885—1977）（她创建的组织后来发展成了"国家妇女党"），以及与保罗密切配合的组织者、编辑露西·伯恩斯（Lucy Burns, 1879—1966）。

妇女投票权运动迎合了中产阶级和工人阶级女性，以及学生和激进分子。她们在各州发起运动，散发材料，组织集会，发布演说并举行示威游行。她们还游说联邦立法者，站桩，用锁链把自己锁在美国白宫的围栏上。被捕后，她们又进行绝食抗议，有时还会遭到残忍对待。争取投票权的斗争十分惨烈；当时人们普遍认为，如果妇女有权投票，那么她们就会忽视自己作为妻子和母亲的传统责任。而反对派恰恰利用了这点，借机压制妇女投票权运动。

第一次世界大战期间，妇女投票权运动的力量不断壮大。由于男人们远赴欧洲战场，留在家的妇女们在国家生活的方方面面展示出了自己的智慧。战时用于争取投票权的一张海报用长篇幅写道："因为战争，国家要求妇女们担当……农民、机械师、护士、医生、军需品工人、矿工、文书军官、煤气工、旅馆侍者、通信员、售票员、驾驶员、军队厨师、电报员、救护车司机、国防理事会顾问。"另一较短的专栏则说："因为战争，妇女们要求国家……给予她们投票权。"到1918年，该运动得到了广泛支持。同年，国会提出了一项宪法修正案，声明："美国公民的投票权，不应因性别而在美国和各州境内遭到否定或取消。"该修正案作为第十九条修正案，分别于1918年—1919年在众议院和参议院得到了通过。1920年8月18日，该修正案在美国田纳西州立法机关通过。

◉ **恐怖之夜是什么？**

1917年11月14日，在美国弗吉尼亚州的罗顿奥昆劳改所，发生了美国妇女争取投票权运动中鲜为人知的一件事。

1917年1月，在美国总统伍德罗·威尔逊（Woodrow Wilson，1856—1924）执政后不久，美国妇女争取投票权运动的积极分子们整天游守在白宫外，要求赋予妇女投票权。这是有史以来第一次有示威者在白宫前游行。她们手持横幅，上面写道："总统先生，女性到底要等多久才能获得自由？"更激进的横幅则写道："恺撒·威尔逊（Kaiser Wilson）：2 000万美国妇女没有自主权。"她们就是要揭露政府的虚伪面目：4月份美国加入了第一次世界大战，为美国领土之外的民主而战；然而美国国内却无民主可言——全部女性都被剥夺了选举权。

6月，警察开始以一些轻微指控（例如阻碍交通）逮捕示威者，但这根本无法动摇积极分子们的决心。一旦获释出狱，她们就又会马上奔赴白宫门前，继续抗议，包括国家妇女党成员爱丽丝·保罗（1885—1977）和露西·伯恩斯（1879—1966）在内的168名妇女被捕。

1917年11月14日晚上，警卫队逮捕了33名抗议者，将她们关押在奥昆劳改所。之前，被逮捕的妇女们只是被强迫进食或单独关押在奥昆劳改所；而这次，却有新的酷刑在等着她们：殴打、拖拽、掐脖子、戴手铐。很快，劳改所里的暴行便传了出去。事情过去不到2周，就有法官宣判，妇女们遭到了虐待，而这一切只是因为她们享受了宪法赋予她们的言论自由权利。妇女们返回了战场，这一次她们得到了更多的社会舆论支持。尽管如此，第十九条修正案过了3年才得以通过，妇女的投票权这才有了法律保障。

1982年，人们在监狱广场上树立了一个历史性标志，以纪念承受了奥昆恐怖之夜的女英雄们。

◉ **爱丽丝·保罗是谁？**

爱丽丝·保罗（1885—1977）是一个开天辟地的女权主义者。在她出现之后，才有"女权主义者"这个流行词。美国新泽西桂冠山一所以她名字命名的研究院说她"构建了20世纪代表女性的许多最杰出政治成就"。

1885年，保罗出生在一个教友派信徒家庭，从小父母就给她灌输男女平等的思想。她以班级最好成绩完成了高中学业；1905年，从美国斯瓦尔特摩尔学院毕业后，保罗选择了攻读更高学位。1906年，她前往英格兰继续自己的学业，同时做起了社会服务工作，并积极参与了当地的妇女投票权运动，还因此3次被捕入狱。

1916年，美国妇女投票权运动遭到瓦解，境况艰难；当年，保罗成立了"国家妇女党"（NWP），率领全国妇女争取投票权。时至21世纪，该组织仍然在为妇女权利与平等积极活动。妇女投票权运动之所以能促成保障妇女投票权的第十九条修正案获得通过，保罗的领导能力起了关键作用——她曾成功地组织上千人示威游行，给白宫和国会施加了巨大压力。保罗运用了当时被认为最有失女性风度的战略，即持久的、激烈的非暴力抗议。这场运动以全国性的巡讲、游行和集会（包括有史以来第一次在白宫外举行的集会）为主要形式。示威者们被捕后，有时要忍受着恶劣的监狱环境进行绝食斗争。

第十九条修正案通过后，保罗继续深造。1907年，拿到社会学硕士学位；1912年，又取得了经济学博士学位。接着，她又拿到了3个更高学历，并最终于1927年在美国大学获得法律学博士学位。这位"才华横溢的政治战略家"极具洞察力，她亲自起草了第一部妇女权利平等修正案，并于1923年提交到了国会。1942年，她当选为国家妇女党主席。之后，她将"性别平等"一词加入了《联合国宪章》（*The Charter for the United Nations*）和《1964年民权法案》（*The 1964 Civil Rights Acts*）。保罗1977年逝世，她的一生是为争取女性权益而勇敢奋斗的一生。

▶ 艾默利尼·潘克赫斯特是谁?

潘克赫斯特（Emmeline Pankhurst, 1858—1928）是妇女投票权运动的关键人物，一个好战的变革者，她发动了一场长达数十年之久的运动为大不列颠妇女争取投票权。潘克赫斯特有时激进的做法极大地影响了她的美国"战友"。尽管她设立了许多市政办事处，丈夫理查德·马斯登·潘克赫斯特（Richard Marsden Pankhurst）也是一位有影响力的大律师，但最初她仍是通过建立组织来实现社会变革的。1889年，她成立了"妇女公民权联盟"。5年后，联盟为所有妇女（无论婚否）都争取到了当地选举活动的投票权。1903年，她又成立了"女子社会政治联盟"，该团体以极端战术而闻名。1928年，《人民代表法》（*The*

Representation of the People Act）的通过将英国妇女投票权运动推上了高潮,该法让所有妇女拥有了投票权。同年不久,潘克赫斯特逝世。

▶ 如今世界各国的女性都有选举权吗?

不是。在少数国家,妇女们仍然无权选举。到20世纪90年代,除了中东6国(沙特阿拉伯、科威特、巴林、阿曼、卡塔尔和阿拉伯联合酋长国)和文莱——南亚一个石油资源丰富的小国家,世界上其他地方的妇女选举权都有法律保护。2001年,巴林的女性获得了平等的投票权;2003年,卡塔尔妇女也拥有了投票权。但是,由于伊斯兰教律的束缚,一些保守的波斯湾国家,仍然禁止穆斯林妇女参加选举。科威特的立法者曾在2005年春季提出了可以让少数妇女参加选举的议案,但是没有通过。

来自穆斯林国内外的压力越来越大,都希望这一局面能有所改变。国际监督机构"人权监督委员会"也一直在重点关注该问题。2004年10月,一位埃及高级教士就此备受争议的问题阐述了自己的看法:"到底谁能够为公众服务或为之谋求更大的利益,穆斯林妇女有权做出自己的选择并说出自己的理由。"他继续说道:"这里指的是所有穆斯林国家的妇女,包括埃及、科威特等在内的穆斯林妇女。"

经过一代又一代人的努力,妇女选举权运动在各个国家相继获得成功。在许多国家,妇女投票的范围是逐渐演变的:例如,最初只是在地方选举中参与投票。首先给予女性广泛选举权的国家有:新西兰(1893)、澳大利亚和南威尔士州(1902)以及芬兰(1906)。20世纪前10年,一些欧洲和斯堪的纳维亚国家(包括奥地利、丹麦、德国、卢森堡、荷兰、挪威、波兰和俄国)的女性也获得了选举权;这主要都是第一次世界大战的产物。20年代,除了美国和英国,还有包括前捷克斯洛伐克和瑞典在内的十多个国家也都开始赋予女性与男性平等的投票权。每10年都会有新的国家加入这一行列,到2004年,除了个别国家外,世界上的妇女都享有了选举权。

▶ 女权主义出现于何时?

女权主义者——即认为女性应该享有与男性同等的经济、政治和社会地位的人士——存在已久；她们经常被文学作品和历史描述成"走在时代前列的女性"。尽管与女权运动相似，但是女权主义运动直到19世纪中期才真正开始。当时，美国和英国的妇女们开始为取得选举权而组织集会，开展活动。早期的女权主义者（还有当代的）很可能都受到了一本革命著作影响——即1792年英国作家和教育家玛丽·沃尔斯通克拉夫特（Mary Wollstonecraft，1759—1797）出版的《为女权平反》（*A Vindication of the Rights of Woman*）。沃尔斯通克拉夫特的女儿玛丽·雪莱（Mary Shelley）是著名的《弗兰肯斯坦》（*Frankenstein*）的作者。沃尔斯通克拉夫特攻击了当时的陋俗，称正是这种陋俗使得中产阶级和上层妇女处于一种无知的状态，把她们变得毫无用处。作为一个坚强的教育推动者（她自学成才），沃尔斯通克拉夫特是首位重要的女权主义哲学家。

▶ **什么是ERA？**

ERA代表的是平等权修正案，它是国会在1972年提出的宪法修正案。法案声明，"在美国境内以及其各省州，不应因性别而否定或取消法律所规定的平等权利"。议案提出后，国会本打算给各省州10年的时间来批准执行。但直到1982年，也只有35个州支持该议案，而要在国会通过则至少需要38个州的支持，因此，该法案最终没能通过。平等权修正案之所以会夭折，是因为在如何解读该法案的过程中出现了不同意见。支持者们认为，该议案使妇女的平等权利受到法律保护；而反对者们则认为该议案可能会使妇女失去丈夫的经济支助，可能要求妇女也要服兵役。

▶ **贝蒂·弗里丹的《女性的神秘》是如何掀起现代女权运动的？**

美国作家、活动家贝蒂·弗里丹（Betty Friedan, 1921—　）的划时代著作《女性的神秘》（*Feminine Mystique*）出版于1963年。她看到，战后的美国社会希望妇女们只扮演全职主妇和母亲的角色，这一神秘的理想被提倡并被接受。在《女性的神秘》一书中，弗里丹挑战了这种流行思潮，带动许多妇女重新审视自己的生活。毕竟在第二次世界大战期间，当男人们奔赴战场时，是妇女们走进工厂让工业持续运转。军人们从战场上归来后，妇女们重新回到了家里，而社会也

不希望她们继续工作。就在妇女们坦然接受这一事实二十多年后，弗里丹抛出了一个问题："如果妇女们有能力出色工作，那么为什么不许她们工作？"看清了幸福的方向后，许多妇女选择走出家门，寻找工作机会。现代女权运动就此开始。妇女们很快开始组织活动推动社会和政治改革，以废除工作中的性别歧视，消除接受教育和进入政界的障碍。1966年，在弗里丹的帮助下，"国家妇女组织"（NOW）成立了。该团体不断发展壮大，直到21世纪，还在为争取妇女平等而斗争。

▶ 什么是第九款？

作为1972年教育修正案的一部分，第九款（Title Ⅸ）被认为是现代妇女运动的最大成就之一。这部联邦立法禁止任何接受联邦财政资助的学校或学院存在性别上的歧视。该法案适用于教育的方方面面，包括录取、体育锻炼和课程设定。

节 育 运 动

▶ 节育运动是如何兴起的？

死亡率的下降，意味着全球人口的整体增加，这引发了节育运动。18和19世纪的科学发展为发达国家的人们带来了更优良的食物、更先进的医疗水平和更安全的工作环境。同时，挽救和延长人类生命的医药领域也在不断进步。早期与死亡率持平的出生率，在19世纪，却成了很多人担心的问题。人们担心人口增长会超过地球的承受能力，以致没有足够的资源维持生命。

1798年，英国经济学家和社会学家托马斯·罗伯特·马尔萨斯（Thomas Robert Malthus，1766—1834）发 表 了 一 篇 题 为《人 口 原 理》（*Essay on the Principle of Population*）的论文，称人口增长的速度将超过粮食供应的增长。因此，他总结道，贫穷和痛苦是无法避免的。马尔萨斯认为，只有战争、饥荒、疾病和"道德约束"才能控制人口增长。尽管有了马尔萨斯的论断或者正因为此,19世纪期间,作为控制人口增长的可行办法之一,节育势头日益强劲。

20世纪初期,节育运动涌现出了一位叫马格瑞特·希金斯·桑格(Margaret Higgins Sanger,1883—1966)的美国领袖人物。桑格曾在贫民医院做过护士,这一经验让她坚信只有控制家庭规模才能取得社会进步。她认为,应该用节育方法来避免意外怀孕。当时——直到现在,这一观点也是备受争议的。尽管当时散发节育材料是违法的,但她仍然奉劝人们应该这样做。1914年,她创办了名为《女叛逆者》(The Woman Rebel)的杂志,并通过信件方式传播节育知识,结果遭到逮捕和控告。但她并没有退缩。1916年在美国纽约的布鲁克林,桑格建立了美国第一家节育诊所。1921年,她在纽约组织了第一届美国节育大会。同年,她又成立了"美国节育联盟"——后来发展成为"计划生育联合会"。桑格的努力得到公众越来越多的支持,最终促成了允许医生向病人传授节育知识的法案。

桑格的做法在其他国家也引起了相似的节育运动,但是发达国家的出生率仍低于发展中国家。随着世界人口超过55亿,人口过多的担忧再次激发了人们对节育问题的兴趣。

▶ 什么是零人口增长运动?

零人口增长运动的英文缩写为ZPG,是一次针对人口控制的国际运动,它起源于一个叫"零人口增长"的组织。该组织在美国生物学家保罗·厄尔利池(Paul Ehrilich,1932—　)的帮助下,于1968年成立。在《人口爆炸》(The Population Bomb)一书中,厄尔利池阐述道:世界人口的增长速度将会超过自然资源的供应速度。因此他得出结论:人口过多将不可避免地引起大范围的饥荒和死亡。反对者们辩论道:这是对人口问题过于简单化的阐述。厄尔利池和他的支持者们则认为:人口过多也许不是导致地球上自然资源严重短缺的唯一原因,但绝对是主要原因。零人口增长运动号召父母们只生1、2个孩子;以这样的增长率(也称替补率),人口总数就不会增长。20世纪90年代后期,学者们得出结论:在美国和许多欧洲国家,出生率在替补率以下;而在世界上一些较为贫穷的国家,平均出生率居然高达每个妇女生8个孩子。

民粹主义、进步主义和工人运动

▶ 什么是民粹主义运动?

这是一场普通百姓的运动。1891年,伴随着民粹党的成立,"民粹主义"在美国正式成为一种意识形态。民粹党致力于改善农民和工人的处境。在1892年的总统大选中,该党推出自己的政治候选人——前(第三党)绿钞党候选人詹姆斯·B.韦弗(James B. Weaver, 1833—1912)。尽管韦弗失利了,但民粹党仍保持着强大的实力。在1896年总统大选中,他们支持民主党候选人威廉·简宁·布赖恩(William Jennings Bryan, 1860—1925)——他自称是个普通人,站在农民联盟、国家农庄(以改革为主要目标的组织)和工人阶级一边。大选中,布赖恩败给了威廉·麦金利(William McKinley, 1843—1901)。大选后不久,民粹党便开始瓦解,到1908年则完全从政坛消失。尽管如此,该党的许多创造在随后20年的国家政治生活中继续发挥着重要作用。许多民粹主义思想也被吸纳到法律条款中去,例如:主张银币铸造自由,发行更多纸币(也称"绿钞")以放缓货币供应;收取分级税;通过法案允许美国参议员由普选产生(该法案由国会提出,各州立法机构选举产生该州参议员);通过反托拉斯法(为抵制当时美国商界的经济垄断);执行8小时工作日。自20世纪初开始,政治候选人和政治理念一直都被描述成民粹主义,也就是说,他们维护普通人的权利、支持普通人的信条和价值观。

▶ 什么是进步主义运动?

这是一场涉及美国社会、政治和经济等各个领域的变革。此次变革开始于因1873年金融恐慌引起的美国经济大萧条时期,结束于美国参加第一次世界大战(1914—1918)的1917年。

在《美国宪法》(1788)颁布后的一个世纪里,联邦立法者和大法官们一直都不太愿意参与或尝试规范私营企业,这种不干预政策默许了贫富差距的不断加大。世纪之交时，美国早期的工业主们纷纷建起了豪宅别墅，而很多工人和农民却还在为了生计而痛苦挣扎。此时，为了解决不断涌入的外来移民带来的住房问题，城区里建起了大片廉价公寓楼（尽管严重不足）。同时，刚刚成立的工人联盟，为争取工人的合理待遇而常常遭到暴力打压。目睹这些情况，持进步主义观点的改革家们与美国中产阶级、妇女和记者（也称"名人丑闻揭露者"）组成了强大阵营，开始在当地和各州范围展开变革运动，并最终在全美产生了影响。

进步主义者们对之前民粹主义者所支持的许多理念都表示支持，包括反垄断的反托拉斯法以及为建立公共财政而更广泛向国内富商征收的分级税。另外，进步主义者与当地的腐败政府作斗争；抗议在工厂、煤矿和农场等肮脏而危险的环境中工作；希望改变旧城区的落后面貌。最低工资、《纯食品和药物法》以及"美国芝加哥船坞事件"（又称"美国社会工作运动的孵化器"）都是进步主义运动的产物。

▶ 美国劳工运动始于何时？

该运动开始于19世纪初。当时，技术工人——例如木匠和铁匠——为了获得更高薪水，在当地联合起来创建了许多组织。美国内战（1861—1865）打响的时候，第一批国家联盟成立了——组织者还是技术工人。然而，很多这样的早期组织都因缺乏广泛支持而很快解体。但是到世纪末的时候，出现了一些全国性组织，包括"美国煤矿工人联盟"（1890）和"美国铁路联盟"（1893）等。19世纪后20年里，工人的抗议和罢工运动总是伴随着暴力，造成反工会情绪高涨：公司之间互相传阅记录有联盟成员嫌疑的黑名单；雇打手强行打断罢工；聘请律师援引《谢尔曼反托拉斯法》（1890年的）成功镇压罢工——律师认为根据《谢尔曼反托拉斯法》，罢工扰乱了州际商业活动，因而是违法的（这是对立法者本意的曲解）。

20世纪前10年，劳工联盟得到了发展，但不少美国人仍视联盟的组织者和成员为激进分子。大萧条时期，这种政治气氛发生了变化。随着越来越多的工人失业，很多人将经济萧条归咎于商人，并开始以全新眼光审视劳工联盟。1935年，联邦政府通过了《全国劳动关系法》（又称《瓦格纳法》），保护工人集会和劳资谈判的权利（那时，与雇主协商的都是工人代表——通常是工会代

表），因此，工会运动有了法律的保障。立法机构还成立了国家劳动关系委员会（NLRB），该委员会直到今天仍在发挥作用，惩戒那些不公平对待员工的企业。

劳工联盟在以后的10年中力量不断壮大：到1945年，在所有非农业工人中，有超过1/3的工人加入了该联盟。第二次世界大战期间（1939—1945），劳工联盟取得了重大收获，包括医疗保险、带薪休假、养老金，而联盟领导仍号召工人通过罢工取得更多权益——他们认为这是在战后经济异常繁荣情形下，工人应得的权利。但是，罢工很快影响了普通美国人的生活：消费者们认为消费品短缺、服务业停业以及价格膨胀都是罢工导致的。为回应这些问题，国会在1947年通过了《劳动管理关系法》（又称《塔夫特-哈特利法》）。该法通过禁止某些罢工、规定联盟如何组织工人活动、针对什么样的罢工可能影响国家健康和安全，以及处理意见，建立了指导标准以限制联盟的影响力。

▶ 首个工会大联盟是什么？

1869年，美国宾夕法尼亚州费城的制衣工人组建了"劳工骑士"联盟，这是有记录以来的首个工会国家联盟。妇女、黑人、外来移民、非技术工人和半熟练的工人都可以加入，开放的会员制度使"劳工骑士"有了广泛的群众基础。这是以往以行业和技术为条件吸纳成员的工会联盟所不能比拟的。该组织的目标是：制定8小时工作日、禁止使用童工（14岁以下）、给予女工平等的机会和薪资、废除劳改犯制等。自19世纪70年代晚期到80年代中期，该团体参与了无数次罢工。

与此同时，"劳工骑士"中的温和派也在不断成长。1883年该派系选举美国籍机械师泰利恩斯·鲍迪利（Terence Powderly，1849—1924）为主席。在鲍迪利的领导下，"劳工骑士"联盟开始分裂。温和派力争通过安抚政策解决劳动纠纷，并支持建立劳动局和公共仲裁体制；而激进派则不仅反对开放的会员制，还强烈推荐通过罢工立即达成目的——包括用一整天的大罢工来要求执行8小时工作日。1886年5月，在美国芝加哥干草市场广场聚集了大约1 500名工人，警察赶来驱散游行队伍时，发生了爆炸并引发了骚乱。在这场混战中，有11人死亡，一千多人受伤。对于许多美国人来说，这次事件将工人运动和无政府状态连在了一起。同年，几支派系脱离"劳工骑士"联盟，加入了"美国劳工联合会"（AFL）。此后三十多年，"劳工骑士"联盟一直活跃在美国，直到1917年，当"美国劳工联合会"和其他联盟的势头大大压过该团体时,"劳工骑士"联盟才正式解散。

▶ 谁是莫利·马奎尔士?

莫利·马奎尔士(Molly Maguires)指的是美国宾夕法尼亚州东部的爱尔兰裔美国煤矿工人在1854年成立的一个秘密组织,其目的就是要发动一场针对煤矿主和经营者的暴力运动。团体的名字来自爱尔兰一个社团,该团体通过武力对抗残忍的地主。这些美国矿工决心不惜一切代价战胜他们的压迫者。他们的成员不断增加,而且在美国内战(1861—1865)后的10年内,莫利·马奎尔士十分活跃——它不仅煽动抗议活动,而且正如后来所披露的,还从事暗杀活动。1875年,该团体发起了一场煤矿工人罢工运动,后来遭到奸细——爱尔兰裔美国人詹姆斯·麦克帕兰(James McParlan, 1844—1919)——的破坏。詹姆斯·麦克帕兰本是平克顿的保安,后受雇于宾夕法尼亚州里丁煤铁公司,悄悄潜入莫利·马奎尔士中间打探消息。麦克帕兰泄漏了杀害9名煤矿工头的枪手身份。不久,该秘密团体中的部分成员被逮捕、审讯、定罪(于1876年),并处以绞刑(于1877年)。报纸头条纷纷报道了莫利·马奎尔士的恐怖活动,消除了当时美国社会对矿工困境所表示的同情。1877年,该团体解散。然而,很长一段时间内,宾夕法尼亚州无烟煤田仍能感受到他们的存在。煤矿公司的警卫监督着矿井内的各种活动,并有效地遏止了多起矿工集会活动。

▶ "美国劳工联合会—产业工会联合会"始于何时?

"美国劳工联合会—产业工会联合会"(AFL-CIO)"劳联—产联"——即今天的"全国联盟联合会"——的历史可以追溯到1881年。当时,代表美国和加

1929年，面粉厂罢工工人在北卡罗来纳州加斯托尼亚示威。

拿大大约5万成员的贸易联合会领导人，在宾夕法尼亚州匹兹堡成立了"有组织的贸工联合会"。1886年重组后，该联盟改名为"美国劳工联合会"，并选举塞缪尔·高普斯（Samuel Gompers，1850—1924）为主席。

不同于"劳动骑士团"（1886年，该团体数名成员加入了"美国劳工联合会"）的开放会员制，"美国劳工联合会"（AFL）决定以行业技能为标准吸纳会员。1863年，高普斯（Gompers）从英格兰移民至美国，1864年成为"雪茄烟工人国际联盟"的首批注册成员。二十多年来，他一直积极从事着劳动生产。自当选为"美国工人联合会"主席后，高普斯一直指导着该团体工作（惟有一年除外），直到1924年逝世。在近40年当中，他规范了劳工联合会，并制定了一条政策允许成员联盟拥有自治权，这使该组织取得了巨大进步。"劳动骑士团"追求的是长期目标，比如其领袖泰利恩斯·鲍迪利（Terence Powderly）所说的抽象目标：让"每个人做自己的主人——自己的雇主"。与"劳动骑士团"不同，"美国劳工联合会"致力于具体的短期目标,例如提高工资、缩短工作时间、劳资谈判权(雇主同意与工人/联盟代表协商)。

19世纪90年代,由于工人暴力活动激起了社会公愤,"美国劳工联合会"的势头遭到了削弱。1892年7月,美国宾夕法尼亚州霍姆斯特德的卡耐基钢铁公司发生了一起罢工事件,后来转化成一场骚乱。国民自卫队被调来监督工人罢工。5个月后,罢工以"美国劳工联合会"钢铁工人的失败而告终。尽管如此,在高普斯的领导下,1901年,"美国工人联合会"的会员增加到了一百多万;1917年,达到250万人,共拥有111个国家联盟和2.7万个地方联盟。联合会向工人收取会费,并建立了资助工人罢工的专项基金。该组织不论政治派系地吸纳拥护者,并向他们提供支持。"美国劳工联合会"协助建立了"美国劳工部"(于1913年)——该部门执行旨在提高美国劳动人口福利和推进其进步的法规;还协助通过了《克雷顿反托拉斯法案》(1914)——该法案加强了1890年《谢尔曼反托拉斯法》,并最终打击了商业垄断。

"产业工会联合会"(CIO)成立于1938年。20世纪30年代初,几个"美国劳工联合会"的联盟合并成立了"产业工会联合会",并成功发起了多次运动,吸纳了来自大规模生产设备领域的工人——如汽车、钢铁和橡胶业。由于这些自发活动(使该团体增加了数百万新成员)违背了"美国劳工联合会"以行业为标准,只吸收技术工人的会员制度("产业工会联合会",不论技术水平或行业,对所有产业工人敞开了大门),"美国劳工联合会"出现了分裂。实行"产业工会联合会"会员制的联盟被"美国劳工联合会"开除;1938年,"产联(CIO)"以联合会的身份独立,并正式改名为后来的"产业工会联合会"。

1955年,在日益高涨的反联盟主义大环境下,"美国劳工联合会"和"产业工会联合会"重新合并,形成一个强大的阵营。今天,在全美国各州以及地方上的各层次,该组织都拥有手工业和工业分会,会员达数百万。

▶ **谁是乌布列斯?**

乌布列斯(Wobblies)是"世界产业工人组织"(IWW)早期激进派的成员。"世界产业工人组织"由来自43个不同劳工组织的领导人于1905年成立。他们的目的是通过罢工和密谋破坏来实现短期目标、实现推翻资本主义和以社会主义思想为基础重建社会的长期目标。"世界产业工人组织"的一名组织者宣称,

"革命是最终目标"。他极端的指导思想和策略引起了全美关注,以至20世纪初的几十年里,乌布列斯成了当时家喻户晓的字眼。

"世界产业工人组织"由矿工兼社会学家威廉姆·"大比尔"·海伍德(William "Big Bill" Haywood, 1869—1902)和煤矿工人领袖玛莉·"母亲"·琼斯(Mary "Mother" Jones, 1830—1930)成立并领导,其目标是联合所有煤矿或工厂所有行业的工人来彻底管制工业设备。在美国西部,该联盟组织了木材和煤矿工人罢工;在宾夕法尼亚州,组织了轧钢厂工人罢工;新英格兰,组织了纺织厂工人罢工。领导人提倡使用暴力来实现改革目标,反对调解(由第三方出面解决的协商)、劳资谈判(在工人代表与雇主之间的谈判)和仲裁制(第三方调解)。第一次世界大战期间(1914—1918),由于"世界产业工人组织"领导的罢工受到了联邦政府压制,从此该组织开始衰败——领导人被捕、组织被削弱。海伍德因"煽动叛乱"(带头反对合法政府)而被判刑,但还是成功地逃出了美国,他在苏联逝世。因崇尚他的社会主义思想,苏联人给了他英雄般的礼葬。

从此,"世界产业工人组织"再也没有达到过早期、备受争议时的"辉煌"。许多有关该联盟的历史记载称"该组织在20世纪20年代解体"。但"世界产业工人组织"自称,直到21世纪,他们还"或有或无地持续存在着"。2005年,在"世界产业工人组织"准备庆祝它100周年纪念日时,该联盟仍在以行业组织工人实现其最初目标。按照"世界产业工人组织"的计划,世界上的工人可以组织成一个大的联盟,并分为6个阵营(或"部门"):农业和渔业、煤矿业、统称的建筑业、生产制造业、交通运输业和服务业。21世纪初期,"世界产业工人组织"在美国拥有十多家联盟,在澳大利亚、日本、加拿大以及英伦三岛拥有数十家分会。

▶ 谁是尤金·戴布斯?

戴布斯(Eugene Debs, 1855—1926)是一名激进的劳工领袖,他在1893年成立了美国铁路联盟(ARU)——一个为铁路工人争取权益的工业联盟。戴布斯是一个极有号召力的演说家,但也是世纪之交美国生活中一个备受争议的人物。1894年,普尔曼汽车公司的工人们举行罢工,抗议大比例削减他们的工资。位于美国伊利诺伊州(芝加哥附近)的普尔曼汽车公司是家轨道车生产公司。普尔曼镇是"公司城镇"的典范;1867年,美国发明家乔治·W.普尔曼(George

W. Pullman, 1831—1897）在这里创建了该公司，它拥有小镇上的所有土地和建筑，管理着学校、银行和公共事业。由于公司收入下降，1893年，为了维持利润，普尔曼公司削减了工人25%~40%的工资，却没有调整小镇上的房租和物价，许多雇工和他们的家人因此而生活窘迫。1894年5月，一个劳工委员会找到普尔曼公司管理层试图解决这一问题，但这家一直以来拒绝与员工谈判的公司却解聘了劳工委员会的成员。这激起了总计3 300名普尔曼工人的罢工。为支持工人运动，戴布斯担当了罢工领导一职（其中一些普尔曼工人已于1894年加入了"美国铁路联盟"），并劝阻美国铁路联盟成员不要捣毁普尔曼公司的产品。紧随其后的是一场大规模罢工，致使全国的交通陷于瘫痪。1894年7月2日，为解决后来被称为"戴布斯反叛"的事件，联邦法庭命令所有工人停止罢工、恢复工作，但是遭到了美国铁路联盟的拒绝。美国总统格鲁夫·克利夫兰（Grover Cleveland, 1837—1908）下令联邦军队制止罢工，称罢工干扰了邮递工作。政府的干预继而转变为一场暴动。戴布斯因为"藐视法庭"和"共谋"罪受到审判。尽管公众一再抗议，1895年，戴布斯还是被冠以扰乱法庭秩序罪而入狱。出狱后，戴布斯宣称自己是社会主义者，并成为美国"左派"领袖，作为社会主义党候选人参加了1900年、1904年、1908年、1912年和1920年5次总统大选，但均未成功。他积极支持"世界产业工人组织"（IWW）的事业——这是一个成立于1905年的激进劳工组织。

⊙▶ 发生在女式罩衫厂的那场大火为何对劳工运动如此重要？

1911年3月25日，一场造成146人死亡（多数是妇女）的大火激起了社会公愤，立即促成了防火安全法案，并引发了劳工改革。

女式罩衫厂占据着美国曼哈顿一所大楼的最高三层。该厂是当时纽约最成功的制衣厂之一，有员工1 000人左右，其中多数是女性移民。但是其工作环境非常危险：空间狭小，只能经由楼梯井进入；走廊十分狭窄，只能一次一个人地鱼贯而入；4部电梯中，只有1部可以使用；工作间里是天然气裁剪机；织物残料随处可见；水桶（用来灭火）里没有装满水；禁止吸烟的规定也没有严格执行。一句话，事故随时会发生。

大火在周末发生时（大楼被焚毁的程度十分严重，因此无法查明火灾原因），大约有一半的工人在上班。然而，烟与火并不是造成死亡的唯一原因：惊

惶逃生时，人们互相踩踏；跌落在电梯井中；从几层楼高的地方跳到地面上；以及逃生通道融化和坍塌等都是造成人员死亡的原因。

　　大火发生在劳工改革时期，然而这些改革来得太迟，没能挽救女式罩衫厂员工的生命。她们被极度恶劣和危险的工作环境夺取了生命。这场灾难引发了劳工运动：成千上万人在纽约市游行，悼念大火中死去的人们，引起了公众对当时严重社会问题的关注。

《纽约世界》（ The New York World ）首版报道了1911年3月发生在女式罩衫厂的大火；146人在此次灾难中丧生。

　　纽约州立即采取了一系列防火安全改革：立法机关委派调查委员会对全州的工厂安全进行了检查；纽约市发布了30项条例以执行防火措施。最早的一项条例是《1911年10月苏里文·霍伊防火法案》（ Sullivan-Hoey Fire Prevention Law of October 1911 ），它联合6家机构，组建了高效的防火委员会。不久，所有工厂都被要求安装了洒水系统。

对于整个国家来说，女式罩衫厂大火是一次惨痛教训，它推动了各方改革势力的联合。人们急需的针对恶劣工作环境的劳工改革直到多年后才迟迟到来。

▶ 谁是塞萨尔·查韦斯？

墨西哥裔美国农场工人塞萨尔·查韦斯（Cesar Chavez, 1927—1993）是劳工联盟的一名组织者，贫苦人民的代言人。查韦斯出生在美国亚利桑那州，10岁的时候，家里失去了农场；后来全家到加利福尼亚州做工，那里的农产品——尤其是葡萄主要依靠临时工劳作。查韦斯十分了解外来工人的生活状态。作为一个年轻人，他开始为改善同伴们的生活而奔走。1962年，他组织加利福尼亚的葡萄采摘者成立了"国家农场工人协会"。4年后该协会又与另一组织合并成"联合农场工人组织委员会"（UFWOC；1973年，该组织更名为UFW即"美国农场工人联合会"）。查韦斯是个激情的演说家，每次演讲总会挤碎手中整串的葡萄。由于葡萄园主拒绝接受"联合农场工人组织委员会"的劳资谈判，查韦斯领导了一次波及全国的抵制餐桌葡萄行动。到20世纪70年代末，加利福尼亚州所有的农场主都接受了外来工人联盟——现更名为"美国农场工人联合会"。像马丁·路德·金一样，查韦斯坚持认为非暴力抗议是成功的关键所在。

反传统文化，消费者保护主义，以及环境问题

▶ 什么是避世运动？

第二次世界大战后期，美国出现了前所未有的繁荣，其发展速度令人不安。在这种大环境下，出现了避世派——一群被忽视的年轻人。他们反对新物质主义，抛弃"正统的"态度，重塑"酷"的形象。20世纪50年代的避世派打破常规，冲破旧俗，备受瞩目。主流社会把他们视为无政府主义者、堕落分子。但是美国很多青年人却追随避世派的思想，并且乐于阅读其领导人的文章，包括作家艾伦·金斯伯格（Allen Ginsberg）、杰克·科若科（Jack Kerouac）——其1957年撰写的小说《在路上》（*On the Road*）是避世派运动的教本；威廉姆·博若格（William Burroughs）

以及劳伦斯·费凌提（Lawrence Ferlinghetti）。批评家把他们戏称作"垮掉派"。他们提倡和平、民权并支持以激进的抗议实现改变。同时，他们又吸食毒品，信奉神秘（东方）教会，崇尚性自由——所有这些都是第二次世界大战后期具有争议的问题。避世派作家和艺术家多住在美国旧金山的北岸、美国洛杉矶的威尼斯海滩以及纽约的格林威治村，避世运动融合了——或许有人认为，它产生了——包括嬉皮士在内的20世纪60年代的反文化运动。避世文学就是这场运动的产物。

▶ 谁是嬉皮士？

20世纪60—70年代，大多数嬉皮士都是来自中层家庭的白种青年人（15~25岁间）。反传统（反主流）文化运动提倡和平、关爱和美感。他们摒弃现代社会，转而关注自身感受。这些花季少年因其政治和社会信仰以及具有争议的生活方式而引人关注。他们反对美国卷入越南战争（1954—1975），反对金钱至上的工业社会；他们喜欢人性简单化，有时喜欢生活在共享财产、共同劳作的小公社，有时则喜欢流动的生活方式，几乎无须担负任何责任；他们身穿破烂的牛仔裤、鲜亮的天然布料，留着长发，还把珠子编到头发里，赤脚或穿凉鞋到处逛，欣赏新一代艺术家的音乐，包括甲壳虫乐队、感恩而死乐队、杰弗逊飞机摇滚乐队、鲍勃·迪伦以及琼·贝兹。有些嬉皮士还吸食大麻、迷幻药等毒品，他们希望通过吸食毒品获取洞察力，甚至救赎自己的灵魂——嬉皮士的领袖提牟迪·勒瑞（Timothy Leary）告诉他们这些是有可能实现的。纽约市东村以及旧金山海特·阿什柏林一带成为反传统文化运动的避风港。这场运动起源于美国，但是很快波及了其他地方——主要是加拿大和英国。

嬉皮士究竟怎么了？越南争端结束后，花季少年们已经长大，毒品让他们中的一些人付出了生命，1980年的时候还没有像自由恋爱这样的事。仍旧有一些人过着另类的生活，而其他人则已经回到了生活的正轨。有些人改变了少年时代的信仰，开始主动适应身边变幻不断的世界，尽可能地怀着社会和政治意识去工作，去抚养孩子。

▶ 什么是"纳德调查员"？

他们曾是（现在也是）与美国律师以及消费主义信奉者卢浮·纳德（Ralph Nader, 1934—　　）一起合作的侦查员。在其调查小组的帮助下，1965年卢

1968年,越战抗议者们聚集在美国纽约第五大道上。

浮·纳德撰写出了著名的《任何速度都不安全》(*Unsafe at Any Speed*)一书。该书控诉道,很多机动车都没有达到应有的安全水准或是消费者有权享有的安全水准。1966年有关车辆安全标准的《国家交通及机动车安全法案》(*National Traffic and Motor Vehicle Safety Act*)得以通过,该书也是功不可没。纳德从未间断过监督工作,并成立了"公民组织",调查消费商品、倡导消费意识,同时积极推动立法者制定提高消费品安全的法案。

虽然消费者权益保护运动早在纳德之前就已经出现,但他或许是这一运动最著名的人物。消费者时代开始于19世纪末到20世纪初,当时批量生产技术已开始广泛应用。一些观察者谴责某些工业标准(或欠缺这一标准的产品)置消费者于危险境地。20世纪初,一批揭发丑闻的记者揭露了早期工业中的一些有害或欠妥的行为,引起了人们的警觉并且最终引发了相关改革。例如,厄普顿·辛克莱(Upton Sinclair, 1878—1968)创作了一部极具影响力的小说《性命

收关》(*The Jungle*, 1906),揭露了肉食包装厂的糟糕状况。民众被激怒了,时任美国总统的西奥多·罗斯福(Theodore Roosevelt, 1858—1919)阅读此书后,也下令展开调查。在核实书中内容属实后,政府迅速在1906年先后出台了《食品药品法案》(*Pure Food and Drug Act*)以及《肉类监督法案》(*Meat Inspection Act*)。世纪之初的几十年间,行业监督部门继续着他们的监督工作:1929年成立了"消费者调查公司";1936年组建了"消费者联盟";这两个独立的机构主要对消费品进行检验和鉴别。("消费者联盟"定期在月刊《消费者报告》[*Consumer Reports*]中发表调查报告。)

　　这些保护消费者权益的活动提高了公众意识,迫使行业进行改造并总体提升产品的安全性。虽然不良现象依然存在,但在进入消费时代的约100年中,像"纳德调查员"(Nader's Raiders)这样的消费者权益监督机构通过自己的工作大大降低了消费者体验生活的危险性。

▶《寂静的春天》与环境保护运动有什么关系?

　　《寂静的春天》(*Silent Spring*)是美国生态学家雷切尔·卡森(Rachel Carson, 1907—1964)于1962年创作的一本书,它为世界敲响了警钟,促使人们开始关注化学品对环境造成的负面影响。卡森认为环境污染以及化学品的使用,尤其是杀虫剂,会减少生物的多样性。这部畅销书影响广泛,增强了人们保护环境的意识,许多工业国家也发起了绿色(环境保护)运动。

▶ 什么是《京都议定书》?

　　《京都议定书》(*Kyoto Protocol*)是一个由141个国家签署的环境保护协议,旨在通过减少气体排放(截至到2012年减少5.2%)减缓全球变暖的速度,同时要求各国制定并达到相应的目标。该议定书于1997年12月11日在日本古城京都起草,并于2005年2月16日生效。美国没有签署。美国官方表示此议定书存在缺陷,因为它没有要求像印度和中国这样的大型发展中国家立即实现减排气体的目标。为加强该议定书的执行效果,日本首相号召未签署国家重新考虑,并表示世界需要建立一个"共同框架来阻止全球变暖"。他的号召得到了环保主义者的支持。

三 天灾人祸

自 然 母 亲

▶ 古代社会是如何诠释灾难性天气的？

对于灾难性天气或其他自然现象，不同文化给出的解释却都毫无科学性可言——这些解释大都基于现存的神话或是当地流传的民间传说。例如，古代玛雅人（在墨西哥尤卡坦半岛和部分中美洲地区居住）认为地震是上帝解决人口过密的一种方式。墨西哥中部的印第安人在大群的蚱蜢——或蝗虫——破坏了他们的庄稼之后对这些害虫顶礼膜拜。日本一则神话认为日本诸岛坐落在一条大鲶鱼的背上，上帝不开心的时候，这条鲶鱼就会烦躁不安地四处跳动，最终导致地震的发生。美国夏威夷的神话则认为基拉韦厄火山喷发是火山女神裴利（Pele）在发脾气。

▶ 历史上著名的火山喷发有哪些？

科学家用火山喷发到大气里的物质数量来衡量火山喷发的强度。根据这一测量方法来看，最大的几次火山喷发包括（按递减强度排序）：美国黄石国家公园火山喷发，发生在大约公元前60万年；印度尼西亚的托巴火山喷发，发生在大约公元前7.4万年；另外还有1815年印度尼西亚坦博拉火山喷发；公元前1470年希腊圣多里尼火山喷发；1783年冰岛拉基火山喷发（同时也

是有史以来喷发熔岩最多的一次）；以及1883年印度尼西亚喀拉喀托火山喷发。

美国黄石国家公园的那次火山喷发很难测量：火山（应位于今天美国的怀俄明州）留下的火山口面积达30×45英里（48×72千米），释放到大气中的物质总量大概有1万立方千米。直观一点说，排名第二的托巴火山喷发的物质总量是黄石国家公园的1/10，也就是1 000立方千米。而坦博拉火山喷发的物质总量是托巴火山的1/10，大约100立方千米。所有其他的火山释放到大气里的灰土大概有10立方千米。

1980年5月18日，美国华盛顿州西南部的圣海伦斯山爆发了。它也被认为是史上著名的一次火山喷发，也是近代历史上美国本土相连的48个州中最大的一次火山喷发。圣海伦斯火山喷发释放出的物质数量相对来说是比较小的，只有1立方千米，但火山喷发后的破坏力却很大。该地区大部分都被火山灰覆盖，大面积的森林被毁坏，图尔特河的北福克支流被火山灰及其他火山碎片填塞，深达600英尺（183米）。这次火山喷发导致57人罹难。

▶ 历史上最致命的火山喷发有哪些？

1815年4月5日，印度尼西亚的坦博拉火山爆发，造成9.2万人死亡，成为最致命的火山喷发事件。1883年8月末，发生在印度尼西亚喀拉喀托的另一次火山喷发夺去了3.6万人的生命。

1902年8月30日，位于西印度群岛法属马提尼克岛上的培雷火山爆发，造成至少2.9万人死亡。较近的一次致命火山喷发是1985年11月13日发生在哥伦比亚的内瓦多德尔鲁伊兹的火山喷发，共造成2.3万人死亡。

1783年，冰岛的拉基火山喷发。但从死亡人数看，也许不能把它列入"最致命"的火山名单，但是死亡人数的确很惊人：20%的冰岛人因此丧命。

因为人口的增长，现如今越来越多的人居住在离火山很近的地方——活火山有，休眠火山也有。与火山相关的死亡人数也因此有所增加：1600年—1900年间，据估计平均每年有315人死于火山爆发。进入20世纪以来，这一数字增加到了845人。

▶ 历史上最强的地震是哪次？

最强烈的地震发生在1960年5月22日的智利，震级为里氏9.5级。共造成

2 000人死亡，3 000人受伤，200万人无家可归。损失高达5.5亿美元。地震引发的海啸（地震波）导致夏威夷61人死亡，日本138人死亡，还有菲律宾32人死亡或失踪。

▶ 近代历史中最具破坏力的地震是哪次？

1976年7月28日凌晨4点，中国唐山发生了四百多年以来，世界地震史上破坏力最强的一次地震——7.8级地震。据官方报道，在不到1分钟的时间里，89%的家庭和78%的工业建筑被摧毁，共造成25万人死亡，16万人重伤，直接经济损失在100亿元以上，有百万人口的城市顷刻间被夷为平地。

唐山在近6个世纪里都没有发生过地震，曾被认为是地震风险极小的地区。结果唐山地区的建筑规范没有完全达到防震要求。

▶ 发生在市区的最强地震是哪次？

1755年11月1日，发生在葡萄牙里斯本的地震被认为是发生在市区的最强地震。这次地震最少有里氏9.0级，持续了6~7分钟。整个海港城市被摧毁，6万多人丧生。遥远的瑞典都有强烈的震感，地震引发了的大浪（海啸）袭击了加勒比海的西印度群岛。里斯本大灾难在欧洲思想家中间引发了一场激烈辩论，他们试图去解释为什么上帝要在万圣节大弥撒曲进行的时候摧毁这座城市——当时里斯本是神圣宗教法庭所在地。

▶ 旧金山的地震的破坏强度究竟有多大？

1906年的旧金山地震发生在4月18日清晨5:12分，震级达到里氏8.3级。20秒轻微抖动后紧接着是45~60秒的剧烈震动。地震破坏了自来水总管和煤气总管，引发了持续3天的大火，城市的2/3毁于一旦。其破坏力极大，人员伤亡惨重：3 000人丧生（美国旧金山共有40万人口）；整个商业区被毁坏；3/5的房屋坍塌或烧毁；25万~30万人无家可归；490个城市街区被摧毁。

这次地震成为美国新闻业的一个里程碑：《旧金山考察者报》（the Examiner；创始人是威廉·兰道尔夫·赫斯特〔William Randolph Hearst, 1863—1951〕），

《召唤》(the Call) 以及《旧金山纪事报》(the Chronicle) 等旧金山报纸的办公室全部被烧毁。但在灾难后的第一天，这3家报纸就联合起来在奥克兰海湾发行了一份合印版报纸：《加州纪事——考察者报》(the California Chronicle-Examiner)。《纽约太阳报》(the New York Sun) 的威尔·欧文（ Will Irwin，1873—1948) 凭借记忆撰写了一篇名为"历史之城"(The City That Was) 的文章，在全美风行。威尔曾于1900年—1904年间任《旧金山纪事报》的记者和编辑。这篇文章被全美多家报纸转载，成为新闻业的一个典范。旧金山的悲剧展示了美国新闻界从未有过的能力，即迅速将一个地方事件向全国报道的能力。

1989年，海湾地区再次遭遇大地震袭击。当时，数百万美国人正在观看在旧金山城外的烛台球场上演的世界联赛，突然电视的镜头开始摇晃。因为当时媒体正在转播棒球比赛，因此地震实际上被直播到了全世界。破坏的煤气管道再次引发大火，造成了巨大损失。这次名为洛克·多拉塔的大地震震级为里氏

1906年大地震过后，美国旧金山萨克拉门托街上，人们看着浓烟从火中升起。

7.1级，有67人在地震中死亡，造成的经济损失高达150亿美元。旧金山海港区遭到了重创——这至少有一部分是因为该区域大都建在垃圾堆上，包括1906年地震的废墟。1906年旧金山大地震至今仍是美国历史上最严重的一次。

▶ 上世纪最糟糕的地震有哪些？

按里氏级别来衡量依次为：智利，1960年，9.5级；美国阿拉斯加威廉王子湾，1964年，9.2级；美国阿拉斯加阿留申群岛，1957年，9.1级；俄罗斯东北部，堪察加半岛，1952年，9.0级；印度尼西亚苏门答腊岛北海岸，2004年，9.0级；厄瓜多尔西海岸，1906年，8.8级；美国阿拉斯加拉特群岛，1965年，8.7级；印度阿萨姆和中国西藏，1950年，8.6级；俄罗斯东北部，堪察加半岛，1923年，8.5级；马来群岛班达海，1938年，8.5级；亚洲东海岸（从俄罗斯北部一直延伸到日本南部），1963年，8.5级。

▶ 海啸在全世界发生的频率如何？

在太平洋上，海啸大概每6年发生一次，发生时间大部分在3月、8月和11月。尽管有时海啸被叫作潮汐，但海啸不是由海潮而是由地震的运动引起的——地震引发的一连串波浪以500千米/每小时的超高速度向前推进就形成了海啸。到达浅水区域后，海浪就开始升高，有时可达100英尺（30.5米）以上。1883年，印度尼西亚的一座海岛遭遇海啸时，海浪达到了130英尺（39.6米）之高，摧毁了一百五十多个村庄，造成3.6万人丧生。

人们认为正是古时候的一次海啸摧毁了古希腊的米诺安文明——居住在克里特岛（在地中海）上的一个民族所拥有的文明。在大约公元前1450年，克里特岛遭遇高达200英尺（61米）的海啸袭击，此次海啸要么摧毁了这座海岛，要么卷走了大批居民，以至于克里特岛最终被来自希腊大陆的迈锡尼人征服。

众所周知海啸总是发生在环太平洋沿岸，因此借助高端复杂的工具，气象学家们可以监测并预报恶劣天气，警告公众撤离潜在的危险区域，从而把损失降到最低。然而，2004年12月26日，里氏9.0级的地震在印度尼西亚苏门答腊岛海岸发生的时候，这个系统还没有在印度洋地区建立起来。

▶ 在所有自然灾害中，2004年的东南亚海啸破坏性如何？

2004年12月26日的东南亚海啸是有记录以来死亡人数最多的一次。一系列的地震波肆无忌惮地穿越印度洋，造成了如同《圣经》中所述的大洪水，也就出现了史无前例的大规模人道主义救济与援助。那天清晨，里氏9.0级的大地震袭击了印度尼西亚苏门答腊岛西北部。海啸目击者称，地震发生后，海水突然从海岸线上回撤，数小时后，巨浪呼啸而来，冲过海岛，席卷了包括印度尼西亚、缅甸、印度和斯里兰卡在内的12个国家的海边村落。海浪一路向西冲到了非洲海岸。

此次灾难造成超过15万人丧生；仅印度尼西亚就有超过8.5万人死亡。国际社会立即做出反应，救灾款额达到了数十亿美元。尽管如此，由于位置偏僻，基础设施被毁坏和一些地区正在进行的冲突，救援行动大大受阻。海啸过后的几个星期里，官方承认真实的死亡人数还有待确定，因为还需要对幸存者进行调查，看看他们是否还有失踪的朋友和亲属。估计有不少人被海水冲走，因此最初统计的死亡人数没能包括这些人。从世界银行出具的最初报告来看，仅印度尼西亚的损失就达到45亿美元。但官方承认具体的损失需要数月时间才能计算出来。2004年12月26日发生的地震是过去100年中的第三大地震（1964年以来最大的一次，那年在美国阿拉斯加发生了里氏9.2级地震）。科学家认为东南亚地震发生在海底6.2英里（9.9千米）以下，它造成海底变形，产生的海浪在清晨几个小时内穿越了大洋。尽管这些海浪在海上的时候可能没有那么巨大，但接近海岸的时候却变得越来越高，因为大量的水被挤到了海面上。

▶ 美国遭遇过海啸袭击吗？

答案是肯定的。事实上，有记载以来海浪最高的海啸在1964年3月28日袭击了美国阿拉斯加；浪高达到220英尺（67米）。引发此次海啸的是一次地震——阿拉斯加威廉王子湾大地震，里氏9.2级。地震波（海啸）袭击了该州西南海岸，导致107人死亡。

夏威夷也时常发生海啸，或叫巨浪，尽管最著名的一次发生在夏威夷成为州之前。1946年4月1日，3英里（4.8千米）宽的希洛港突然干涸了，紧跟着便发生了海啸，巨浪冲上了海岸，摧毁了码头。这个过程重复了2次，导致夏威夷一百五十多人死亡。

2004年12月末,地震引发的海啸横扫东南亚,摧毁了印度尼西亚班达亚齐。幸存者们徘徊在灾后的瓦砾中。

▶ 世界上最致命的热带风暴有哪些？

最致命的热带风暴不是飓风，而是没有命名的几次"超旋风"，它横扫孟加拉湾（位于印度洋），袭击了人口稠密的印度次大陆地区。这些风暴造成10万多人死亡。1970年，一场超旋风袭击了东巴基斯坦（孟加拉国），据统计有30万人死于此次灾难。那次风暴至今仍是该区域最致命的旋风。但是，近来更多的印度旋风有时也达到了"超级旋风"的状态；它们通常发生在4—6月和9—11月。1991年4月，一场风暴夹着时速160英里（256千米）的大风和20英尺（6.096米）高的海浪席卷了孟加拉国低海岸平原。面对持续上升的海平面，当地居民无处藏身。大概有14万人丧生，1 000万人无家可归，财产损失高达二十多亿美元。1999年10月，另一次毁灭性的旋风袭击了孟加拉湾地区；它是1991年大灾难以来最强最致命的一次：1万人丧生，上百万人失去了家园。

▶ 美国历史上最恶劣的飓风是哪次？

2005年8月末，卡特里娜飓风袭击了墨西哥湾。虽然它不是美国历史上最具破坏力的飓风，却是美国最恶劣的单一天气灾难。尽管登陆时不是最强的飓风（卡特里娜飓风在袭击墨西哥湾前从5级风暴减弱到了4级），但是卡特里娜是只怪兽：风暴直径大概为200英里（320千米），风速为145英里/小时（232 km/h），所到之处，暴雨倾盆，巨浪滔天，还在当地引发了龙卷风，风暴潮高达28英尺（8.5米）——风暴潮一般只发生在5级飓风中。

8月29日星期一，卡特里娜飓风在墨西哥湾上岸。由于预测到了飓风，位于海平面以下的新奥尔良立即疏散了当地居民。但仍有数以千计的人们留了下来（如执法人员和医务工作者），因为他们不能撤离或是选择留了下来，其中大概有2.3万人躲在超级穹顶体育场内——这里被用作了紧急避难所。这座老旧的建筑无法承受卡特里娜飓风的猛烈吹打，部分穹顶被吹掉。卡特里娜飓风在路易斯安那州、密西西比州以及亚拉巴马州肆虐之后，随着进入内陆地区逐渐开始减弱。星期二早上，官方和新闻媒体都认为沿海地区经受了不可思议的惨重损失，但新奥尔良却"躲过了一劫"，因为这个"大快活"没有遭受到最严重的损失。密西西比州的格尔夫波特与拜洛希遭到了重创。其受损程度令人震惊。随着受损报告浮出水面，人们了解到墨西哥湾沿线大概90%的建筑物都被损坏，数千人被卡特里娜飓风夺去了生命。具体的死亡人数还不知道,官方承认还需时间才能查清楚。暴风雨的破坏力如此巨大——有人说简直就如《圣经》里所述的洪灾一样——以至于拯救和重建工作需要花上数周乃至数月时间。后来,整个破坏程度知晓以后,重建所需的大致时间被修改成了数年。

星期二晚些时候,新奥尔良的命运发生了转变。保护这个城市的岸堤没能承受住膨胀的庞恰特雷恩湖,新奥尔良80%的地区充满了积水,水深达25英尺(8米)。救援人员和志愿者无法及时将洪水中的受害者救出,通常都是从房顶把他们救走或在阁楼里发现他们——水面上涨的时候,他们躲在那里避难。城市陷入一片混乱与无序之中,伤心绝望的表情充斥着媒体报道,令整个美国为之动容。美国人开始捐钱、捐物。美国红十字会发起了有史以来最大的一次动员活动。美国联邦紧急事务管理局(FEMA,美国国土安全部〔DHS〕的一部分)、海岸警卫队(也是DHS的组成部分)和美国军方都参与到了卡特里娜飓风的灾后沿海营救工作当中。

尽管展开了各种营救工作,但是普遍认为美国政府对于灾难的反应不足而且滞后。9月2日星期五,美国总统乔治·W.布什发表讲话时说到结果让人无法接受。他还进一步承诺说要"做出合理解释"。当政界和民众大肆谈论这一主题的时候,一些专家表示,灾难摧毁了应急体系。国家应急体系主要靠地方和州政府的反应,联邦政府作后备支持。卡特里娜灾难中,超强的破坏威力使地区和州政府根本无法应对或无法提供足够的援助;联邦政府就需要尽快提供大规模援助以减轻人们的痛苦并保卫生命安全。不过,政府官员似乎达成了一致:真相可以以后再查,但拯救受害者却不能以后再做。全美各城市、各州都开始往墨西哥湾地区派送物资,并开始建立应急中心来接待难民。他们需要立即的(水、食物、衣物、住处、药品、医疗以及心理辅导)和长期的帮助(工作、学校和长久的住处)。

9月7日星期三,在卡特里娜袭击后的第九天,局势进一步明朗化。这场灾难的强度和受灾范围还有待于进一步调查。新奥尔良市强制疏散所有滞留人员;城里依然充斥着有毒的洪水;与此同时,防洪堤坝正在维修,有毒洪水也开始往外抽排。人们努力在寻找混乱中失散的亲人。多少天来,负责营救的工作人员沿着墨西哥湾挨家挨户地寻找生还者,如今又开始了辨认死者和确定死亡人数的工作。死亡人数预计有上千人,受灾面积达9万平方英里(14.4万平方千米),大概相当于明尼苏达州的大小,保险财产损失至少有260亿美元,意外损

失大概是这一数字的2倍。(卡特里娜在8月26日袭击佛罗里达的时候是1级飓风,也造成了损失;之后它移到了墨西哥海湾的暖水区,在袭击墨西哥湾前强度增加。)

卡特里娜飓风造成的后果影响了全美各州:志愿者们竭尽所能地帮助那些因为要减轻受灾地区的重负而被转移的幸存者;全美的学校都敞开大门接纳受灾学生;随着近海钻塔和墨西哥湾炼油厂地区受到飓风的破坏,燃料价格急剧上涨,天然气和油料价格跟着也要上涨;许多美国人都很担心政府对于灾难的应对能力。此次灾难也在世界范围内产生了影响,有95个国家提供了各式各样的援助。

在卡特里娜飓风之前,美国遭受的最致命的一次飓风是1900年发生在美国加尔维斯敦和得克萨斯的4级无名飓风,此次发生在9月8日的暴风雨共造成至少8 000人丧命(有人估计死亡人数多达1.2万人)。

飓风强度按照萨非尔–辛普森量级测量,1级最弱(持续风速至少在74英里〔120千米/小时〕,风暴潮高出正常高度4~5英尺〔1.2米~1.5米〕),5级最强(持续风速至少在155英里/小时〔250千米/小时〕,风暴潮高达18英尺〔5.5米〕以上)。自有记载以来,美国共遭受过3次5级飓风的袭击。第一次发生在1935年劳动节那天,飓风袭击了佛罗里达珊瑚群岛;408人死亡。第二次发生在1969年,飓风卡米尔袭击了密西西比和路易斯安那东南部地区,共造成256人死亡。1992年8月末,飓风安德鲁袭击了佛罗里达迈阿密达德南部地区,当时测定风力为4级,但后来在2002年,美国国家海洋大气局(NOAA)重新定级为5级。安德鲁飓风共造成一百多人死亡,破坏了大片地区,主要在佛罗里达的霍姆斯特德小镇周围。

▶ 飓风命名始于何时?

为飓风命名有着悠久的历史。按照美国国家飓风中心的解释,几百年前,加勒比风暴是根据圣人的礼拜日来命名的。但当飓风袭击发生在不同年份的同一天时,命名就会变得很麻烦,结果就会出现像"圣·费利佩第二飓风"这样的名字。在第二次世界大战期间,美国军方开始给飓风用女人的名字来命名。1951年,美国气象服务部门开始按照语音字母表的顺序(艾博、贝克、查理等等)来命名大西洋飓风。但仅仅几年后,预报者又重新采用了以女人名字命名的方法,每个大西洋飓风季节(6月1日—11月30日)都有一组新名字出炉。从1959年开始，太平洋一些地区的暴风雨也被命名，到1964年，所有太平洋地区都采用了这种惯例为飓风命名。世界上热带气旋发生的地区（大西洋、太平洋东北部、太平洋中北部、太平洋西北部等等），每年都会有一个名单，这些名单得到了国际气象学家会议的认可。为飓风命名有助于气象学家在给定的时间里跟踪更多的飓风，弄清警告信息交流，协助研究，因为主要飓风的名字后来都会被撤销以防混淆。1979年，命名过程引入了平等原则：每季名单开始采用男人的名字以及不同文化地区的名字。

因为每一个季节的飓风都按字母的顺序来命名，因此以A，B，C字母开头的飓风就占了绝大多数。但1995年，飓风欧宝（Opel）袭击了佛罗里达州潘汉德尔：自从预报人员为飓风命名以来还从没用过O开头的名字。字母Q，U，X，Y和Z用得很少，因为以它们开头的名字太少。

▶ 什么是约翰斯顿水灾？

约翰斯顿市，位于宾夕法尼亚州西南（匹兹堡以东），曾经发生过多次洪灾，但是最大的一次发生在1889年5月31日，当时科纳芒河上的南佛克大坝决堤，洪水汹涌而出。因为大坝位于阿勒格尼山脉大约14英里（22.4千米）的地方，决堤洪水以每小时50英里（80千米）的速度冲进约翰斯顿；其超强的撞击力将一辆48吨重的机车抛出了1英里远。洪水造成两千多人丧生；也有消息说死亡人数多达5 000人，发生洪水的时候，约翰斯顿拥有3万人，也就是说有6%~16%的人口葬身此次灾难。1977年，约翰斯顿再次遭受洪水袭击，只不过这次因为预警系统发挥作用，死亡人数被控制在了77人。

▶ 与其他洪灾相比，1993年的洪灾如何？

发生在1993年夏天的洪灾规模巨大：爱荷华州大部分地区都被洪水淹没，以致卫星（监视地球湿度）图片显示受灾地区看起来有密歇根湖或苏必利尔湖那么大，被水淹没的区域粗略看起来有2个马萨诸塞州大小。即便是这样，此次大洪水覆盖的区域也比不上世纪早期（1926年和1973年）的洪灾面积。

由于1993年春夏降雨量过大，密西西比河一些地方的河面宽度达到了7英里（11千米），密苏里河水也溢出了河堤——尽管联邦政府很早就布置了堤坝防

护体系，但洪水还是夺走了50人的生命，致使8.5万人背井离乡，破坏了8 000座房屋，另有2万多个房间里的东西被毁，两千多艘满载货物的驳船搁浅，四百多个乡镇被纳入洪灾区。财产和农作物损失共计150亿美元。

1889年5月，一场巨大洪水袭击了宾夕法尼亚州约翰斯顿小镇，造成至少两千多人丧命。洪水过后，人们站在小镇的房顶上。

▶ 历史上最严重的洪水是哪次？

1887年，中国发生了史上最严重的一次洪灾，黄河泛滥致使超过90万人丧失了生命。中国经常遭受严重水患，黄河每3年就会泛滥一次。因为黄河流域人口密集，每次都造成大批人员死亡。1939年，华北地区的一次洪水夺走了五十多万人的生命。

▶ 美国遭遇的最恶劣的暴风雪有哪些？

美国各地区——尤其是大平原、中西部和新英格兰地区——都经历过典型的极端冬季天气，但是有些暴风雪极为突出。1888年3月，美国东北部突遭暴风雪袭击，此次暴风雪被称为"太白飓风"。一段时间的温暖天气让美国纽约中央公园里百树萌芽；3月12日，城市的温度骤降到10°F（－12℃），大西洋海面吹起的大风以每小时48英里（77千米）的速度袭来，带来了一场意想不到的大雪，断断续续地一直下到3月14日凌晨。3天的累计降雪量达到了20.9英寸（0.5米），深达15~20英尺（4.6~6米）的雪堆严重阻塞了交通。有的地方雪下得更大，在纽约东部和新英格兰南部的部分地区，平均降雪量达到了40英寸（1米）。暴风雪一直吹进了切萨皮克湾，把国家首府同外界隔绝了一天多的时间。有二百多艘船在暴风雪中丢失或搁浅，一百多人死在了海上。雪灾共造成至少400人死亡，半数在纽约城里。就在此次暴风雪发生前2个月，另外一场大雪席卷了大平原，而后向东袭击了明尼苏达州。那里风雪交加，温度骤降，肆虐的暴风雪夺去了很多人的生命，导致上千家畜死亡。

1993年大暴风雪导致从缅因州到佛罗里达的东海岸地区大量人员伤亡，损失惨重。三百多人死亡，其中近50人死于海上，经济损失总计达到30亿~60亿美元。仅在20世纪90年代就有几次"百年不遇"的暴风雪袭击了东海岸地区，1993年3月的暴风雪让人刻骨铭心，其统计数据也许足以让它成为世纪之最。东海岸地区的风速超过了每小时75英里（125千米），包括北卡罗来纳州弗莱托普在内的其他地方风速超过了每小时100英里（160千米）。田纳西州降雪量最大，其勒康特山区的降雪高达56英寸（1.4米）。东北地区的雪也很大，但积雪一直向南延伸到了佛罗里达州的潘汉德尔。专家估计此次降水量（以雪的形式）相当于密西西比河流经新奥尔良40天的水流量。从低温记录来看，这次暴风雪超过了雨果飓风（1989）和黑兹尔飓风（1954）。

即便这样，中西部居民和大平原北部的居民还争论说1993年的大暴风雪在他们那个地区是相当常见的。也就是说，1975年1月10—11日发生在中西部地区的另一场暴风雪很轻松地就能获得世纪暴风雪的头衔。暴风雪伴随着时速90英里（144千米）的大风，温度低至－80°F（－62.2℃）。火车陷在了雪堆中，至少80人死亡。农场和牧场遭到了沉重打击，损失牲畜达到5.5万头。

▶ 什么是沙旋？

沙旋指的是美国历史上最严重的旱灾。1934年春天，全美都处在大萧条之中。美国大平原的农民们目睹了两次巨大的沙尘暴。第一次是在4月中旬：在经历了多日的炎热、干燥和无云天气之后，刮起了时速40~50英里（64~80千米）的大风，风卷起干土形成了浓重的沙尘云。在美国得克萨斯州和俄克拉荷马州，这些沙尘云吞没了大地。在接下来的一个月里，天气出奇的炎热；5月10日，大风返回刮起了第二次沙尘暴，这次形成了棕色的轻雾。

5月11日，专家们估计从大平原吹来的沙尘暴会将1 200万吨沙土带到芝加哥，同样的沙尘暴遮挡了克利夫兰的天空。5月12日，沙尘暴抵达东海岸地区。2次沙尘暴共从大平原带走了6.5亿吨地表土。

沙旋横跨新墨西哥、东科罗拉多、得克萨斯、西俄克拉荷马以及堪萨斯，覆盖面积达到30万平方英里（48万平方千米）。损失巨大：农作物，主要是小麦被平地折断或连根拔起；牛群吃了有沙尘的草后，最终死于"泥球"；沙尘流动，在谷仓和房屋前堆起了土垒；为了不让沙尘渗入房屋，各家用湿毯子、油布及胶带塞上了房子的裂缝，但屋里还是到处都覆上了沙粒。车辆和机器也被沙土堵塞。除了因为窒息而死在田地的农民外，成百上千的人还承受着"沙尘肺炎"的煎熬。

▶ 沙旋的影响有哪些？

1934年春天的沙尘暴尘埃落定后，许多大平原农牧家庭决定逃离这片荒原：有35万多人收拾行李向西迁移，灾难永远地改变了他们的生活。美国作家、诺贝尔奖得主约翰·斯坦贝克（John Steinbeck, 1902—1968）在他的小说《愤怒的葡萄》（*The Grapes of Wrath*）一书中记载了一个来自俄克拉荷马州的家庭悲惨而艰辛的西行之旅。这些所谓的"俄克拉荷马州农民移民"放弃了大平原上被摧毁的土地，到其他地方去寻求更好的生活。

造成沙旋的不仅仅是大自然：19世纪末，农民们利用大型拖拉机和收割机在大平原上耕耘，把原来保持水分不致被风吹走的野牛草连根除掉了。在有草地覆盖的时候，即使再强的风和干旱也没能扰乱这片土地。第一次世界大战后，对小麦的需求激增，农民们因此新种植超过2 700万英亩（1 092.4万公顷）。

1930年的小麦产量几乎是10年前的3倍：大部分防尘的野牛草都被除掉了。下一个旱季（1934年春）来临的时候，大风刮起了沙旋。

政府介入弥补这个问题：土地保护成为联邦机构关注的核心，美国林务局在100英里（160千米）宽的区域内展开了一项"防护林"工程，覆盖了从加拿大到得克萨斯的潘汉德尔的广大区域。雨季来临，重建工程进展顺利，野牛草很快布满土地，避免了沙旋的再次发生。

火

▶ 伦敦大火造成的损失有多大？

1666年9月2日，星期天早上，伦敦突发大火。大火烧了4天4夜，吞没了城内4/5的地区（当时还围着城墙），还有城外63英亩（25.5公顷）的土地。大火从伦敦桥附近的布丁巷开始，迅速烧过拥挤的木屋区一直烧到了泰晤士码头仓库。毁坏的地方包括伦敦市政厅、海关、伦敦交易所及圣·保罗大教堂。此外还烧毁了44个伦敦车马行、86间教堂和13万多间房屋。

尽管此次大火无可置疑地带来了灾难，但伦敦还是很快重建了起来并成为欧洲最现代的城市之一。火灾破坏了成千上万座老建筑，这些地方以前都是长满了虱子的老鼠——造成英国鼠疫传播的一部分原因就是它们。

▶ 美国拉斯维加斯米高梅大酒店发生的火灾造成了什么影响？

这场大火发生于1980年11月21日，共造成85人死亡，六百多人受伤，引发了全美范围内关于地区防火规范的修改，使得这次悲剧事件极具政治意义。米高梅大酒店事实上通过了防火检查，但这个世界上最大的赌博娱乐场所，用了8年时间才装修好。从设计（包括防火系统）到竣工，酒店没能与持续改进的高层建筑安全标准保持同步。一次短路导致了火灾的发生，黑色的浓烟穿过通气管道和楼梯间进到了这座21层楼的每间客房里。很多人因为吸入浓烟而死亡或受伤，美国公众因此开始意识到烟的危害——它甚至比火还

危险。

这一事件成为变革的催化剂：在11月火灾之前，大多数社区都没有要求现有的建筑随着每次防火安全规范的修订而对自身建筑进行改造。这次大火之后，许多社区都要求建筑商遵守最新的防护措施要求。

▷ 2003年加利福尼亚山火的破坏性究竟有多大？

2003年末，肆虐美国南加州的大火是加州历史上最具破坏力的一次火灾：15起大火摧毁了3 000座房屋，烧毁了75万英亩（30万公顷）的土地，导致二百多人受伤，24人死亡。这是加州历史上所遭遇过的最严重灾难之一。山火始于10月21日，在圣塔安娜风的推动下，大火席卷了森林密布的峡谷以及洛杉矶山上的社区、河畔、圣贝纳迪诺、圣迭戈和文图拉等县镇。10月27日，美国总统布什公布了受灾区域，为联邦政府的援助指明了方向。消防人员一直工作到11月初才把火势控制住。大火迫使人员疏散并造成了大面积的空气污染。造成的经济损失大约有25亿~30亿美元。

 ▸ 芝加哥大火真的是因为一头牛引发的吗？

据传，1871年10月8—9日发生在芝加哥的大火是由一头牛引起的（通常认为属于一位奥利里女士）。这头牛踢翻了迪科文大街上的一盏煤油灯而引发了这场火灾。但真正的原因还不知晓，关于火灾发生的原因，有多种说法——从奥利里家的一头牛（她所有的牛都葬身于火海）到有关流星的猜测：有人认为一颗流星在天空裂开，致使大量燃烧着的火粒落在这片区域引发了这次大火。

芝加哥历史社团记载了这次火灾的破坏程度："所谓的'火灾地区'长4英里（6.4千米），宽平均3/4英里（1.2千米）——两千多英亩（809公顷）——包括超过28英里（44.8千米）长的街道，120英里（192千米）

长的人行道和两千多个路灯,还有数不清的树木,灌木林以及这座"西部花园"里的众多开花植物。1.8万座建筑倒塌,损失的财产高达2亿美元,大概占整个城市资产的1/3。其中大概有一半是保险财产,但是由于许多保险公司倒闭,因此得到的实际赔偿额只有保险额的一半。有10万芝加哥人失去了家园,无以计数的人失去了工作场所。

在10月17日的日记中(1933年由W.W.诺顿发表),芝加哥居民朱莉娅·纽伯利(Julia Newberry)这样描述火灾的惨相:"10月的一个星期日晚上,大火从12号街(原文如此)爆发,迅速席卷了2条主干道,并将12号街南侧的所有建筑都烧掉到河里。存放着原版《上帝的意旨》(*Father's Will*)和数不清的无价资料、法律文件、法庭的记录、美丽的克罗斯比歌剧院——院中的明珠(原文如此)、所有的银行、保险机构、铁路车站、教堂、满街区的商店——绝无仅有。紧接着,天啊,太惨了,大火,鲜红的肆虐的大火窜过(芝加哥)河流,烧啊烧啊,烧得只剩下玛伦·奥格登先生(Mahlon Ogden)的房子挺立在林肯公园旁边。是的,整个河流北岸都化成了灰烬……"

尽管美国还遭受过其他火灾,包括破坏了大概500座建筑物的1835年纽约大火,但芝加哥大火是整个北美地区有史以来最严重的一次火灾。受灾地区不仅仅局限在芝加哥城区,火星引发的森林大火,从10月8日一直烧到10月14日,焚毁了密歇根州和威斯康星州上百万英亩的林地。这些火灾又造成威斯康星州贝西第格镇以及周围16个社区一千多人失去了生命。

与200年前英国伦敦的大火一样,灾后人们开始了如火如荼的重建,使芝加哥成为美国最具建筑风格的城市之一。事实上,大火推动了芝加哥建筑学派的发展,也被称为商业风格(因为其大多数建筑是办公楼,仓库和百货大楼)。芝加哥建筑学派推动了美国现代建筑运动的开展。

2003年，一场山火沿着美国加利福尼亚州阿罗黑德湖的高速公路燃烧。这场肆虐南加州的大火是加州历史上最具破坏力的一次火灾。

尽管南加州惨遭这次突发事故破坏,西部山火也成了国家的头条新闻,但总体上来说,2003年的火灾没有超出平均水平。美国国家火灾中心(NIFC)的数据显示,2003年共发生山火8.6万起;过去10年(1993—2002)中,平均每年发生火灾10万起。2003年烧毁土地面积为492万英亩(199万公顷),10年内平均每年的烧毁面积为466万英亩(189万公顷)。(2004年火灾烧毁面积比2003年多了近200万英亩〔81万公顷〕)。但是美国国家火灾中心承认2003年因火灾损坏的建筑数量要高于平均数:总共有5 781个建筑被烧毁,包括4 090个普通住宅,导致很多人无家可归。2003年,仅联邦政府就花费了13亿美元来控制全美的山火——这个数目比过去10年的平均数要高得多。

意外及科学事故

▶ 塔科马海峡吊桥发生了什么?

1940年,大风袭击了2 800英尺(853米)长的一座新建吊桥——它承载着穿越华盛顿皮吉特湾的交通任务——导致桥体变形,随风波动。简单地说,就是一个工程上的错误导致一根悬索无法承受大风,以致桥体变成了带状,如波浪一样晃动。10年后,第二个横跨河体的大桥才通车运营。1940年的事故促使工程师和桥梁设计者们在设计吊桥的时候提高了警惕。1842年,美国修建了第一座悬索吊桥:358英尺(109米)长,25英尺(7.6米)宽的吊桥横跨在费城和宾夕法尼亚附近的斯库基尔河上。这座桥每边由5条悬索支撑,由美国民间工程师小查尔斯·意雷特(Charles Ellet Jr, 1810—1862)建造。美国历史上第一座锁链吊桥是在1800年建造的。

▶ 关于"泰坦尼克号"的一些事实

作为洛尔·威廉·詹姆斯·皮埃里(Lord William James Pirrie)和J. 布鲁斯·伊斯梅(J. Bruce Ismay)的创意产物,"泰坦尼克号"游轮是英国技术和美国金钱相结合的产物:皮埃里是哈兰·沃尔夫船厂的老板,该厂在大不列颠群

岛以建造最坚固、性能最好的船只而闻名。伊斯梅是白星航运公司的主席，这家公司附属于美国金融家约翰·皮尔庞特·摩根（J. Pierpont Morgan, 1837—1913）的国际商用船队。

图中所描述的场面是幸存者正在努力逃离即将沉没的泰坦尼克号。在这场发生在1912年的灾难中，2 224名乘客中只有711名幸存了下来。

1907年，皮埃里和伊斯梅计划与当时顶尖的丘纳德船队竞争，建造一艘在大小和豪华程度上都超过他们的轮船。"泰坦尼克号"游轮在贝尔法斯特建造，同时建造的还有她的姐妹船"奥林匹克号"，在总吨位上，"泰坦尼克号"要超过"奥林匹克号"，但在长度上却不及后者。"泰坦尼克号"长882英尺（269米），宽92英尺（28米），总吨位达46 328吨；9层钢制甲板有11层楼那么高。"泰坦尼克号"在英国注册，船员全都是英国人。"泰坦尼克号"在1911年5月31日正式下水。

"泰坦尼克号"与皮埃里和伊斯梅的设计完全一样,它不仅有足够的空间容纳越来越多乘坐最廉价舱位往美国移民的乘客,也为头等舱和二等舱的旅客提供了奢华的设施和服务。物质享受包括世界上第一个船载泳池、土耳其浴、健身馆和壁球场。头等舱更是豪华至极,包括起居室的炭火壁炉和卧室里超大的四柱卧床。此外,还有一台装料吊车和一个汽车隔间。船上的医院甚至还配备了现代化手术室。

1912年4月10日,"泰坦尼克号"在英格兰南安普敦正式起航;船上经济舱满员,还有当时一些显赫的社会名流;纽约是这次航行的目的地。4月14日,轮船在靠近纽芬兰岛的北大西洋上行驶,海面异常平静,海水冰冷。夜里11点40分,船体刮到冰山,导致右侧船头到船体中部连续受损,海水立即进入船体。4月15日凌晨,在经过2小时40分后,"泰坦尼克号"沉入了大海。

"泰坦尼克号"船上2 224人,仅存活了711人;1 513名遇难人员当中有美国工业家和商人约翰·约伯·奥斯塔四世(John Jacob Astor Ⅳ)、西多·施特劳斯(Isidor Straus,来自梅西百货公司)、本杰明·古根海姆(Benjamin Guggenheim)以及哈里·埃尔金斯·怀德纳(Harry Elkins Widener)。幸存者大都是头等舱的妇女和孩子,她们被"喀尔巴阡号"轮船救起。这艘船在50英里(80千米)外的海域收到了"泰坦尼克号"的遇险信号,花了3个半小时的时间才到达出事地点,这个时候,"泰坦尼克号"早已沉入了海底。

▶ 为什么人们认为"泰坦尼克号"是不沉之船?

"泰坦尼克号"是现代技术的顶级之作,这艘豪华远洋巨轮配备着最先进、最优质的设备。庞大的船体使之具备了良好的稳定性;其结构采用了比以前任何船只都要多的钢板;它拥有双底结构——两层底板无论在厚度和重量上都比其他船要好。整个船体被15个防水壁(直立分隔)分开,前后隔板分别高达第五层甲板,中间到第四层。这些横向的舱壁把船体分成了16个隔间——"不透水的"舱室——任意2个进水都不会导致轮船沉没。这一现代技术的杰作是白星航运公司皇冠上的一颗宝石,它有一个相称的名字泰坦尼克(titanic):在希腊语中,titanic的意思是"拥有伟大的力量"。它被称为"不沉之船"。

然而,轮船的设计者没有——也不可能——为发生在1912年4月14日的事

故做任何准备。快半夜的时候，轮船还在高速——21海里/小时（38.9千米/小时）——穿过北大西洋，尽管其他轮船曾警告说平静的水面往往充满冰块。当"泰坦尼克号"的2名值班船员（没有用望远镜）发现航线上出现冰山的时候，距离冰山已经只有1/4英里（400米）的距离了。尽管轮船已经向左转向，但为时已晚。水下的冰架撕裂了右舷上的镀层。船体接缝处裂开了缝隙，海水肆虐而入。就像往冰盘里注水一样：一旦一个"不透水的"舱室被填满，冲进来的海水就会溢出而灌入下一个房间。

"泰坦尼克号"象征了人类的傲慢：船主和驾驶员都认为"泰坦尼克号"是无敌的。因此，船上没有配备足够的救生船，"泰坦尼克号"的救生船仅够救一半乘客。由于缺乏实战安全演习，许多救生船都是半空状态。显赫的社会名流和许多移民美国的普通民众都葬身大海；大量的人员伤亡使此次海难成为航运史上的一大悲剧。

▶ "泰坦尼克号"沉船事件给海航造成了什么影响？

"泰坦尼克号"沉船事件引出了新的规定，旨在提高海航的安全度。首先，也许是最简单的，就是所有轮船都要配备足够的救生艇，以便船上每个人都能有一席之地。（"泰坦尼克号"航行的时候，救生艇的数量是根据轮船的吨位来确定的，而不是乘客和船员的人数。）同时，新规定还要求救生演习在轮船起航后不久就要进行。

航线也被南移了很多，以远离冰山地带，同时还要有巡逻艇进行巡视。轮船在接近冰山地带的时候需要减速或更改航线。

直到1912年，大部分轮船还都只雇佣一个无线电报员。"加利福尼亚号"轮船就是这样："泰坦尼克号"无线电报员杰克·菲利普斯（Jack Phillips）发出求救信号时，"加利福尼亚号"就在离它不到20英里（32千米）的地方。但"加利福尼亚号"的电报员那时正在休息。菲利普斯监守在自己的岗位，拼命寻找附近的船只，但最终还是同"泰坦尼克号"一起沉入了海底。在这次灾难后，美国国会迅速通过了《1912年无线电法案》（the Radio Act of 1912），规定无线电要昼夜有人监守，还要配备一台备用的能源装置（除了轮船的发动机），此外，无线电要能达到100英里（160千米）的范围。而且，电报员要持证上岗，坚持一个固定的频率段，在接收求救信号方面要遵循一个严格的规范。这些措施旨在清除那些业余电报员的电波,他们发的电波曾经在1912年4月15日的晚上迷惑了政府电报员。一个业余电报员传递的错误信息说"泰坦尼克号"正安全地朝着加拿大新斯科舍省的哈利法克斯前进。

▶ "泰坦尼克号"事件是史上最大的沉船灾难吗?

尽管"泰坦尼克号"事件最著名,但它并不是最大的沉船事故。根据航运记载,有3次沉船事件比"泰坦尼克号"更惨。1865年4月,明轮蒸汽船"苏坦娜号"在密西西比河上爆炸,船上大约2 300人,其中1 653人丧生。这艘汽轮定期在圣·路易斯和新奥尔良之间运送乘客和货物。1917年,在加拿大新斯科舍省哈利法克斯港口,"万宝龙号"轮船发生大爆炸,造成1 635人死亡,一千多人受伤。这艘法国的弹药运输船(当时第一次世界大战正酣),在途中与一艘名为"爱莫"的挪威救援船相撞。当时"万宝龙号"装载着上千吨的炸药、硫酸以及其他爆炸物,这些都在碰撞时被点燃。巨大的爆炸损毁了哈利法克斯港的大片区域,并引发了一次海啸,席卷了哈利法克斯城。最近的一次灾难发生在1987年,当时"多纳帕兹号"与另一艘船在菲律宾海域相撞,造成1 840人死亡。

▶ "兴登堡号"飞艇发生了什么?

许多人都很熟悉这样一个场面:巨大的飞艇燃起熊熊大火。1937年5月6日下午7点25分,德国最大的飞艇"兴登堡号"在试图降落在美国新泽西莱克赫斯特海军基地时发生了大爆炸。"兴登堡号"刚刚结束横渡大西洋的飞行,将系泊缆绳抛给地勤人员,这时,使飞艇漂浮的氢气起火了。仅仅32秒钟,兴登堡就只剩下了在地面暗燃的碎片。飞艇上97人当中有62名幸存了下来。除了船上丧生的35名乘客和船员外,美国一名地勤人员也在这次事故中死亡。尽管导致这次事故的真正原因一直没有确定,但有人认为是大气中的电火花——不是人为破坏——点燃了飞行中泄漏的氢气所致。爆炸前几秒钟,有人发现飞船尾部的外罩在颤动,这一事实证实了燃气泄漏问题的存在。

这次坠毁事故被完全记录了下来。尽管乘飞艇旅行已经有25年多的历史,输送了5万名乘客,而且没有一人伤亡,但是"兴登堡号"登陆新泽西仍是一件大事,这一点,许多旁观者都可以证明。飞艇是科技创造的奇迹,而"兴

1937年，德国兴登堡飞艇在美国新泽西莱克赫斯特海军基地上空爆炸落地。

登堡号"尤其值得一看，因为它是最大的飞行物。尽管"兴登堡号"比原定计划晚了12个小时（由于大西洋的天气原因），但大家还是热切地期盼它的到来。整个事件都被拍了下来，记录内容在新闻节目当中被广泛地传播。报纸和广播也把"兴登堡"——总体上说是飞艇旅行——与恐怖的科技灾难连在了一起。

对此次事故的大肆宣传使飞艇旅行戛然而止。"兴登堡号"的姐妹船"格拉夫·齐柏林号"得知"兴登堡号"发生爆炸事故时，正在从里约热内卢返回德国的途中。它一到德国便被搁置下来，直到查明了"兴登堡号"事故的原因。从此，飞艇再也没有运送过乘客。年后，一架飞机载着第一个付费的乘客穿越了大西洋。

今天，诸如固特异之类的大公司利用飞艇（或"软式飞船"）参与国家大事——主要是体育运动。有些飞艇还被用来勘察和巡逻。

▶ 为什么"兴登堡号"要用氢气来飞行?

事实上,"兴登堡号"使用氢气一事也许是飞艇唯一的缺陷;但是在当时的政治气候下必须这么做。"兴登堡号"是德国飞艇设计者雨果·埃克纳(Hugo Eckener, 1868—1954)的杰作。他的齐柏林公司有着多年的成功经验因为其他飞艇公司都倒闭了。1934年,埃克纳觉得他的成名之作"格拉夫·齐柏林号"虽然已经成功穿越了几次大西洋,但还是不太适合进行这么长距离的飞行。埃克纳盼望着一艘体积更大,速度更快的飞船问世。1936年3月4日,"兴登堡号"完成了它的首次飞行,埃克纳的梦想变成了现实。它的名字源于德国战争英雄保罗·冯·兴登堡(Paul von Hindenburg, 1847—1934)。这艘巨艇长803英尺(244.7米),直径达135英尺(41米),可以承载的气体是其他飞船的2倍。这艘船采用了最先进的科技,包括4个戴姆勒-奔驰柴油发动机,时速可达85英里(136千米)。

"兴登堡号"也是一个奢华的飞艇:上面有私人的船舱,有淋浴、餐厅、散步的甲板、落地窗,甚至还有一个密封的吸烟室。(香烟、烟斗和雪茄必须用电子打火机点燃;火柴严禁携带上船。)但是有一个问题:"兴登堡号"最初设计是用氢气来升空。但是当时氢气很稀缺,美国又拒绝销售任何氢气给德国,因为当时德国已经处在极端民主主义分子阿道夫·希特勒(Aldof Hitler, 1889—1945)的管辖下。美国政府怀疑德国可能不久就会把飞船用于军事上。因此,"兴登堡号"不得不采用了氢气——700万立方英尺(198 170立方米)的可燃气体。

▶ 在"兴登堡号"之前还有其他飞艇事故吗?

有。1934年,在雨果·埃克纳和他的齐柏林公司计划建造这艘豪华巨艇"兴登堡号"的时候,大多数有飞船项目的国家或是放弃,或是着手研发,因为所有的公司都经历过灾难性的致命碰撞。其中之一就是英国飞艇R-101号:1930年10月5日,R-101号首航飞往澳大利亚时在巴黎西北部上空发生了爆炸,造成54人死亡。

▶ 史上最严重的一次飞机事故是哪次?

自有航空业以来,发生过成千上万次事故。记录表明情况各不相同,有的

是地面碰撞,有的是空中撞击,有的则是单架飞机事故(一些记录则表明了不同的事故起因,包括飞行员失误、天气,以及燃油不足)。最严重的地面碰撞——也是史上最致命的一次飞机事故——是发生在1977年3月27日的西班牙特内里费空难,造成583人死亡。两架波音747飞机在大西洋加那利群岛的特内里费机场相撞。一架是泛美航空公司的"维克多快帆号",它由美国洛杉矶国际机场启程飞往加那利群岛,经停纽约肯尼迪机场;就在降落前1分钟,目的地拉斯帕尔玛斯的机场传来炸弹威胁的消息,"维克多快帆号"因而转飞邻近的特内里费岛。另一架波音747来自荷兰航空公司(KLM),叫"飞翔的荷兰人",它从阿姆斯特丹出发,飞往拉斯帕尔玛斯的罗度士机场。因为同样的原因转场。起飞的时候,这架荷兰航空客机撞到了正在滑行的泛美航空公司客机。跑道上的大雾是造成灾难发生的一个原因,但也有通信问题:根据塔楼的记录,当时还没有为KLM航班起飞做好准备。碰撞后,这两架大型喷气式客机发出熊熊火光;仅存的61名幸存者(54名乘客和7名机组人员)都来自泛美航空公司的飞机。

1996年11月12日,在印度查尔基达德里(Charkhi Dadri)上空发生了最严重的空中撞机事故:一架沙特阿拉伯航空公司的波音747飞机与一架塔吉克斯坦的伊尔Il-76飞机在空中发生碰撞,机上349人全部遇难。最严重的单架飞机事故发生在1985年8月12日:一架日本航空公司的波音747飞机在国内飞行时撞到了山上,造成机上520人遇难;仅4人生还,全部为乘客。

▶ "阿波罗13号"发生了什么?

1970年4月13日,一个损坏的线圈导致美国登月航天飞机的一个氧气罐发生了爆炸,置航天员吉姆·洛威尔(Jim Lovell)、杰克·斯威格特(Jack Swigert)和弗莱德·海斯(Fred Haise)于极端危险的形势之中。爆炸破坏了燃料箱和隔热板——航天飞机返回地球大气层时,需要隔热板来保护船舱。美国国家航空航天局(NASA)曾经历了一次大灾难——1967年,因发射台失火导致3名宇航员死亡——飞行控制台以前还从来没有碰到过这种情况。还从没有过一个美国人死在太空中。

一声巨响后,"阿波罗13号"宇航员发现氧气罐空了,他们马上向约翰逊航天中心的飞行控制台做了汇报,"喂,休斯敦,我们遇到了麻烦。"接下来发生的真实场面证实此次事件没那么简单。航天员转移到了飞行器窄小的登月舱中,它可以让2个人存活2天。航天员此时已经离开地面4天了，美国国家航空航天局的工程师们放下了手头所有工作来营救他们。除了其他方法，为了保存氧气和电力，登月舱的温度降到了38°F（3.3℃）。整个世界都在期待着，关注着。登月舱掉入南太平洋时，氧气刚好要用尽。3名航天员都幸存了下来，这就是人们所熟知的"成功的失败"。"阿波罗13号"没能到达目的地，但是排除万难后，它安全地返回了地球。

▶ "挑战者号"发生了什么？

1986年1月28日，美国国家航空航天局在佛罗里达州卡纳维尔角启动了第二十五次航天计划。"挑战者号"载着7名成员，包括克里斯塔·麦考利夫（Christa McAuliffe，1948—1986），她将成为第一位上太空的老师，按计划她将在太空向全美国的小学生授课；机长弗朗西斯·斯科比（Francis Scobee，1939—1986），曾经引领了1984年的一次飞行任务；驾驶员迈克尔·史密斯（Michael Smith，1945—1986），第一次往太空飞行；宇航员埃利森·鬼冢（鬼冢承二；Ellison Onizuka，1946—1986），罗纳德·麦克奈尔（Ronald McNair，1950—1986）及朱迪恩·雷斯尼克（Juith Resnik，1949—1986），他们都是经验丰富的太空宇航员；有效荷载专家格里高利·杰维斯（Gregory Jarvis，1944—1986）是第一次进行太空飞行。

那是1月份的一个早上，天气寒冷而晴朗，"挑战者号"的发射被推迟了2个小时。整夜的严寒让飞行器和发射台上结满了冰，美国国家航空航天局立即对它进行了检查以评估其飞行条件。上午11点38分，"挑战者号"发射升空。但仅仅73秒后，在4.8万英尺（1.5万米）的高空——地面上的人依然看得见航天飞机——"挑战者号"变成了一团火球。航空航天局的控制人员已经知道出了什么事（他们听到了很多声响，在爆炸前1秒钟时，听到史密斯发出"呃哦"的不祥声音），而观众过了一会儿才弄明白发生了什么。随着火球越来越大，残片四散飘飞，包括航天员家人和朋友在内的观众陷入了沉寂。

爆炸的时候，航天员都待在与航天飞机分离的登月舱里，很显然他们躲过了爆炸，却因为随后自由降落到大西洋的9英里（14.4千米）过程所带来的冲击而丧生。灾难发生6个星期后，航天员所乘坐的舱室从海底打捞上来；7位宇航员带着应得的荣誉下葬了。

1986年1月28日，"挑战者号"航天飞机在升空73秒后发生爆炸。其中一个火箭推进器向右弹出，它的一个O形圈出了故障造成此次事故的发生。

事故调查报告称，一个位于航天飞机固体火箭推进器上的O形环（密封圈）失效了；由于气温太低，O形环变硬，从而失去了密封圈的作用。政府委员会建议对固体火箭推进器的连接处进行重新设计，对航天员的逃生系统进行重新检查（以提高安全系数），规范飞行比率以达到安全最大化，对航天项目的管理层进行大规模改革。航天机构也缩减了经费。近3年后，1988年12月29日，美国才又发射了另一架航天飞机。

▶ "挑战者号" O形环的工程师真的警告过美国国家航空航天局这一装置会失效吗？

是真的。但不幸的是，工程师的警告没有引起美国国家航空航天局注意。O形环的生产商——莫顿聚硫橡胶公司在"挑战者号"发射前几个小时告诉美国国家航空航天局可以继续发射。1986年1月27日，就在预定发射升空的前一天晚上，佛罗里达州卡纳维尔角的气温降到了零度以下。因为从没有在－53°F（－47℃）以下进行过航天发射，美国国家航空航天局连夜进行了大检查以确定发射安全。作为"挑战者号"的一个合作者，莫顿聚硫橡胶公司参与了这一检查，其工程师表达了对固体火箭推进器上的O形环的担心。他们害怕O形环会在低温下失效从而失去密封的作用。面对如期发射的压力，航天局的负责人把发射还是不发射的决定推给了生产商，莫顿聚硫橡胶公司的经理很清楚O形环从没在如此低的温度下进行过测试，但还是签下了一份声明书，说固体火箭推进器在寒冷温度下是安全的，可以进行发射。

第二天上午11点38分"挑战者号"发射升空，大概1分钟后，出现了明显的火光，几秒钟后，就发生了大爆炸。机上7名宇航员全部遇难。后来的调查证实这起悲剧的发生正是O形环失效导致的。

▶ "哥伦比亚号"航天飞机空难发生了什么？

2003年2月1日清晨，美国"哥伦比亚号"航天飞机在返回地球大气层时失踪，机上7名宇航员全部遇难。

距离在美国佛罗里达州肯尼迪航空中心着陆的预定时间还有15分钟，"哥伦比亚号"此时正在得克萨斯上空。上午9点前（美国东部标准时间），地面控制器上失去了飞行器上温度控制器的数据。在接下来的几分钟里，美国国家航空航天局地面控制中心失去了所有飞行数据。几乎与此同时，得克萨斯州的目击者报告说听到了轰隆隆的雷声，并看见了天空掉下了残骸。探热气象雷达显示一个明亮的红色条纹划过了得克萨斯上空。飞行器解体的时候，离地面40英里（64千米），飞行速度达到声速的18倍。掉下的残骸从东得克萨斯州一直蔓延到西路易斯安那州。随后的调查显示，执行任务期间航天飞机的一处损伤未被发现，结果导致"哥伦比亚号"在返回地面的时候发生了解体。

这次飞行的指挥官是里克·赫斯本德（Rick Husband），飞行员是威廉姆·麦库尔（William McCool）。任务专家是大卫·布朗（David Brown），卡尔帕娜·乔拉（Kalpana Chawla）、劳雷尔·克拉克（Laurel Clark）和迈克尔·安德森（Michael P. Anderson）；有效载荷专家是以色列宇航员伊兰·拉蒙（Ilan Ramon）。当天，美国总统布什在对全国的讲话中说："他们承受着巨大的危险

坚持为全人类服务。在这样一个太空飞行似乎已经司空见惯的年代里，人们很容易忽视乘火箭飞行的危险……这些人很清楚有多危险，可是他们却心甘情愿去面对。"

"哥伦比亚号"的悲剧和前两次航天灾难的纪念日发生在同一个星期：1986年1月28日，"挑战者号"爆炸；1967年1月27日，发射台失火导致"阿波罗号"3名宇航员死亡。在查明"哥伦比亚号"事故原因后，美国国家航空航天局把主要工作放在了完成一个新的感应器系统来检测在轨飞行器可能遇到的致命故障。2005年7月末，美国国家航空航天局发射了"发现者号"，重新启动了航天项目。

▶ 2003年大停电发生了什么？

历时3个月的调查发现，电线故障和系统问题导致了2003年8月14日的大停电，影响了美国大湖地区和东北部地区以及加拿大以东部分地区，波及5 000万人的生活，其中美国4 000万人。

一个由美国和加拿大能源部牵头的专家组深入考察了导致大面积停电的事件原因。调查人员得出结论：俄亥俄州阿卡隆的第一能源股份公司出了问题，此外，严重的电力负荷使州际电网吃紧，由此引发的一系列连锁反应最终导致大面积停电。8月14日星期五下午4点刚过，停电事故从美国底特律开始，经过加拿大多伦多一直蔓延到美国纽约市。

大面积的停电立刻影响到了供水、空运，并使地铁系统全部瘫痪，地面交通也一片混乱，停电事故导致大多数配送线路中断——直接影响到食物和其他供应品的流通。尽管有个别报道说有抢劫发生，但违法事件很少，纽约市报告说8月14日晚的犯罪率比平时要低。与大停电相关的死亡事件有8起。

当晚，一些地区恢复了供电，但是直到8月16日受影响地区才都恢复了正常供电。

两星期后，也就是8月28日傍晚下班高峰时期，伦敦也经历了一次大停电，英国首都因此陷入瘫痪，50万人被搁置在了路上。电力供应在1个小时内得到了恢复。一名公共设施官员说，此次"奇怪事件"是接连发生的两起故障导致的。

2003年9月末，在丹麦、瑞典和意大利同样发生了大范围的停电事故，波及了意大利全国（除了撒丁岛）共5 700万人。因为发生在晚上，而且是周末，所以造成的影响不大。大停电使人们认识到有必要进行系统更新、加强维护并建立更多复杂的警示系统，以避免这种影响经济和百姓生活的电网故障。

工 业 事 故

▶ 什么是拉夫运河事件？

拉夫运河是位于美国纽约尼亚加拉瀑布以东的一个住宅小区。1978年8月它成为国际头条新闻，而自从1976年以来，这个社区就已经成为当地报纸关注的一个主题。令人不安的是，1980年，有更多的媒体开始关注这里。这些年弄清楚的一件事就是拉夫运河小区有毒。小区居民患癌症、流产、婴儿畸形及其他疾病的发病率出奇的高。也有报告说从地面散发出一股恶臭，有污泥渗出，还有多色物质从地下冒出；从外面玩耍的孩子和动物回来后皮肤上都起了疹子或烫伤。

居民们不知道的是，所有的这些问题都归因于小区所在地的一段历史。从1947年开始，胡克电化公司把拉夫运河（以及它的黏土墙）当作垃圾仓库倾倒了2.2万吨的工业废弃物。1953年，公司以1美元的价格把这条运河卖给了尼亚加拉学校董事会。契约上承认这里掩埋了化学物质，虽然没有揭示这些物质的种类与毒性。一项免责声明使公司免于承担未来的赔偿责任。后来，运河坑被黏土封盖上以防止雨水浇到这些化学物质，上面还种上了草坪。拉夫运河很快占到15英亩（6公顷）的土地。第二年，这里建起了学校。1955年，400名小学生开始在那里上课，在周围地区玩耍。发展迅速：公路，下水管道，公共管线交叉分布在这片土地上，破坏了土壤。

居民们早在1958年就开始意识到有问题，当时他们抱怨有令人作呕的气味和各种各样的皮肤问题。可是，直到20世纪70年代中期，其危险程度才显现出来。那年，一场瓢泼大雨导致化学物质露出地表。校园的一个地方坍塌了下去，奇怪的东西渗入了地下室，树木死亡，花园毁灭。1976年10月，《尼亚加拉公报》（ *Niagara Gazette* ）开始调查这些问题，但政府的调查直到第二年4月才开始。

这时，拉夫运河已经成了一场灾难：人们在下水管道和地下室里发现了生化毒素，暴露的化学包向外泄漏，空气测试显示居室的化学含量达到了非常危险的水平。进一步测试还发现这里有二百多种不同的化合物，包括12种致癌物（致癌药剂）和14种能够影响到大脑和中枢神经系统的化合物。

居民们组织起来，成立了包括拉夫运河业主协会在内的居民组织。这些组织成功地吸引了媒体的目光，给政府施压并采取了措施。终于，1978年8月2日，纽约州卫生部门专员宣布拉夫运河不安全。6天后，总统吉米·卡特（Jimmy Carter, 1924——   ）同意提供紧急援助，纽约州州长休·凯里（Hugh Carey）也宣布，政府将动用资金来购买运河附近的房屋。

二百多个被认为身处险境的家庭得到转移，然而，1980年，问题再次浮现：研究者发现血液化验结果显示居民的染色体受到了严重损伤。州政府建议将孕妇与婴儿转移出房屋——甚至那些确定安全的房屋。1980年5月，300名拉夫运河的房主与环保局（EPA）官员产生了摩擦。5月21日，卡特总统宣布对拉夫运河采取第二次紧急行动。这次行动更全面：近800个家庭被疏散，他们的家不是被毁掉就是被定为危房等待进一步清理。4年后，运河上被封上了一层新的黏土罩。还是在1984年，美国西方石油公司——在拉夫运河倾倒化学物质的总公司——与居民们达成了2 000万美元的赔偿协议。

▶ 拉夫运河有什么影响？

许多层面都感受到了此次危机的影响：当地居民——他们的生活因为这些危险而被永远改变了；拉夫运河附近的居民——他们为自己的安全感到担忧；所有生活在其他化学物质废弃场附近的美国人；以及那些把拉夫运河等同于危险废弃物所引发的问题的美国人。

在政府层面，拉夫运河悲剧事件加速了1980年《美国综合环境责任赔偿和义务法》（ the Comprehensive Environmental Response ）的通过。立法会创立了一个数十亿美元的基金会（也叫超级基金）来处理全美最严重的毒素灾难。环保局（EPA）将优先清理大约1 200个被废弃但尚存潜在污染的废弃场所。

拉夫运河事件与1984年印度博帕尔化学工厂爆炸事件促成了"社区知情权"条款——它是《1985年超级基金修正案及再授权法案》（ 1985 Superfund Amendments and Reauthorization Act ）的一部分。新法赋予所有公民一项权利去了解自己居住的地方生产、储存或埋藏着什么化学物质。

▶ 三里岛发生了什么?

1979年3月,美国宾夕法尼亚州米德尔顿城外三里岛的核电站(在哈利斯堡附近)发生了一次事故——几乎熔毁。此次事故最终得到了控制,否则,其毁坏程度将不亚于大约发生在7年后的切尔诺贝利灾难(乌克兰)。相反,三里岛事件给人们敲响了警钟,提醒美国公众以及公用事业机构利用核能所具有的潜在危险。

核电站(坐落在萨斯奎汉纳河畔的一个小岛上)事件发生的经过是这样的:3月28日周三早上4点,核电站第二组反应堆因为过热而自动关闭(正常);大都会爱迪生公司操作员按照指示器显示——显示器表明水压越来越大(因此很快就会发生爆炸)——关闭了那些仍在运作的水泵;关闭所有的水泵导致反应堆温度进一步上升;于是,成吨的水顶开阀门冲了出去;这些水溢出后,通过另一个本不该打开的阀门流进了一幢辅助建筑。发生在早上4:38的最后这一程序泄漏了放射物。

由于冷却系统没有工作,第二组反应堆被损毁。但是这还没有结束。建筑物里的放射物释放到了大气中,早上6:50,紧急警报拉响。当天下午早些时候,未封盖的中央反应堆释放出的氢气在安全壳厂房内不断积累,最终发生了爆炸。由于不断有氢气释放出来,官员们担心再次发生——灾难性——爆炸事故。更糟糕的是,他们担心反应堆太热以致熔化。熔化的结果就是,过热的材料渗入厂房地面,穿过土层直达地下水,将水变成高压蒸汽,最终蒸汽喷发,将放射物喷到空气中。

技师们努力控制这场危机的时候,从周三—周四,放射物仍在断断续续地泄露到大气中。周五,宾夕法尼亚州州长下令疏散群众:大约14.4万人从米德尔顿地区转移了出去。电厂局势依然紧张:一个氢气泡逐渐形成并且越来越大,再次增加了爆炸的可能。与此同时,由于媒体对危机持续报道,公众的恐慌越来越严重。最后,4月1日周末,总统吉米·卡特(1924—)来到电厂视察。几乎同时,氢气泡开始缩小,危机解除。

▶ 三里岛事件的影响是什么?

在1979年3月三里岛事件发生之前,人们认为核融化事故几乎不可能。实际

上虽然有安全体系，但是根本无法阻止大灾难的发生。事故发生后，美国原子能管理委员会（NRC）和公共事业公司联合起来一同应对出现的问题。采取的措施和要求包括：严格的操作员上岗审批程序；对电厂操作员进行更好的应急培训；更多突发事件管理系统信息共享；新电厂选址应远离人口密集区；所有电厂都要实行更严格的质量保证标准；这些标准要提交NRC审核并严格执行；紧急疏散计划必须得到联邦应急管理局（FEMA）的批准。即便对安全计划进行了这样的改进，1986年发生的切尔诺贝利灾难依然引起了全世界对核电危险的关注。

▶ 最严重的工业事故是哪次？

1984年12月3日，印度博帕尔联合碳化物公司发生了最严重的一次漏气事件。大约中午12点半，这家杀虫剂工厂开始外泄一种致命毒气异氰酸甲酯（MIC）。毒气向南蔓延，最终覆盖了大约15平方英里（38.7平方千米）的面积。数小时之内，几千名博帕尔居民受到这种令人窒息的气体影响，表现出的一般症状包括：严重的胸闷、呕吐、瘫痪、喉咙疼痛、打冷战、昏迷、发热、腿部肿胀、视觉受损以及心慌。政府从医疗人员所述情况估计，大致的死亡人数在3 000~1万间。总共有20万人直接或间接受到了毒气的影响。

事件发生数小时内，博帕尔警方便采取行动，关闭了工厂并逮捕了经理和他的4名助手。这5个人被控告犯了"疏忽大意致命罪"。联合碳化物公司总部从美国康涅狄格州丹伯里派去一队技术专家，但是到工厂后，却被当地政府打发走了。与此同时，印度中央调查局得到了工厂的记录和值班日记，要求对此事进行调查。联合碳化物公司的首席执行官沃伦·W.安德森（Warren W. Anderson）飞到博帕尔，但是立即遭到了逮捕，一起被捕的还有印度子公司的2名官员。公司官员被控犯了7项罪，包括阴谋罪、非谋杀的致命罪、污染大气罪以及疏忽致死罪。安德森后来被保释。

得知这一恐怖事故后，美国总统罗纳德·里根（Ronald Reagan, 1911—2004）立即发信表达了自己以及美国人民的沉痛心情。包括联合碳化物公司在内的跨国公司受到媒体的抨击。苏联通讯社说这些公司"向发展中国家销售低劣产品以及落后的技术"。印度总理拉吉夫·甘地（Rajiv Gandhi, 1944—1991）视察了事故地点，并宣布立即向灾民发放400万美元救济金；他还发誓要阻止跨国公司再在印度建立"危险工厂"。

此次工业事故引发了许多思考。它引起了公众对全球化学厂安全系统的密切关注。从生产和储存有毒化学品的工厂数量来看，一些观察家认为化学事故的发生率可以达到每10年一次。当然，联合碳化物公司经济上受到了损失：股价下跌了12点多，在大约一周的时间内，其市值的27%，即10亿美元消失殆尽。受害者们提出了损害索赔，其中一笔由美国著名刑事律师麦尔文·贝里（Melvin Belli）提交的索赔申请达到了150亿美元。

除了上千人死在博帕尔外，还有一些人承受着长期的病痛折磨，包括慢性眼疾，顽固的肺部伤疤，以及肝、大脑、心脏和免疫系统受到的损伤。研究表明，事故发生后的数年内，博帕尔自然流产和新生儿死亡率是整个地区的3~4倍。

乌克兰切尔诺贝利核电站被损坏的反应堆；1986年大爆炸和这座陈旧设备燃起的大火向大气中释放了大量放射性物质。

▶ 什么原因造成了切尔诺贝利核电站事件？

发生在1986年4月的切尔诺贝利事件是世界上最严重的核电站灾难，它是由苏联核电厂的爆炸引起的。灾难释放的放射云蔓延了北欧大部分地区。世界原子能协会认为，此次事故是因为"反应堆设计有瑕疵，操作员不够熟练，而且缺乏相应的安全措施"。

事故发生在4月26日星期天凌晨1:24，当时位于乌克兰首都基辅郊外70英里（112千米）的切尔诺贝利核电站四号机组因为2次巨大的爆炸而剧烈摇晃起来。核电站厂房的屋顶被炸掉，放射性气体和物质释放到大气中，有半英

里（800米）多高。尽管有2名工人当场死亡，但是关于这次危险的爆炸事件却没有官方报道。还是瑞典人在检测中发现大气中辐射量激增。于是，4月28日——事故发生2天后——苏联通讯社塔斯社对此进行了简短报道。

两周后，5月14日，苏共中央第一书记戈尔巴乔夫（1931—　）通过国家电视台向公众解释了官方掌握的事实。接下来的数月中，更多的细节被披露出来。电厂操作员违章测试引起了爆炸，他们想看看如果停电会发生什么事。测试期间，工人们犯了6个严重错误，最终导致灾难的发生。这些错误当中最严重的一个或许就是关闭了紧急冷却系统：一旦进行测试，更多的错误就会导致核心温度上升到9 000°F（4 982℃）以上，由此造成的熔铁会与剩下的冷却水发生反应生成氢气和蒸汽，最终导致剧烈爆炸。导致第二次爆炸的原因尚不清楚，专家们对有可能发生的事意见不一。有人推理说，那只是一次纯粹的核反应。

▶ 切尔诺贝利核电站事件造成了什么影响？

作为史上最严重的核电站灾难，发生于1986年的切尔诺贝利事故有着深远的影响。此次事故产生的辐射性微尘总量最终达到第二次世界大战末，1945年8月6日投放在广岛的原子弹所产生的微尘总量的20倍。事故造成大约30名消防人员和核电站工人死亡。事发地点的动植物和核电站下风地带都受到了放射性微尘的严重污染。事发十多年后，该地区仍旧无法种植粮食作物。

欧洲也受到了事故直接后果的影响：意大利的部分蔬菜受到了污染；拉普兰地区（北极圈以内地区，包括挪威北部、瑞典北部、芬兰北部以及俄罗斯北部）的驯鹿肉被确定不适于人类食用，原因仍是放射性污染；一段时间内，欧盟（EC）禁止从东欧进口鲜肉。

事故发生后，一些专家预言此次灾难将会造成长期影响，估计有6 500~4.5万人会因为暴露在核辐射当中而患癌症死亡。但是世界卫生组织（WHO）在2000年发布的一份报告称，"灾难发生14年后，没有发现核辐射造成重大公众健康问题。没有科学证据表明癌症、死亡或身体机能良性失调等患病率的上升与核辐射相关"。

由于苏联使用的核电站（RMBK）类型在其他地方都没有，所以其他国家的科学家无法从此次事件中吸取多少教训。美国的一位核专家曾经说，"美国已经吸取了切尔诺贝利事件的主要教训并已经付诸实践"。然而，对于核电总体的相对安全性问题，各家观点仍有分歧。

四
医学与疾病

◉ 人患病的历史有多久？

自几百万年前人类出现在地球上开始，他们就遭受着疾病之苦。但是，由于缺乏医学知识——直到5 000年前才出现，人们认为疾病是愤怒的神明或邪灵所造成的。即使现在，一些原始部落还认为只有通过上供和祭祀来安抚神明或神灵，才能祛除身上的病症；这一活动是由巫医来实施的。在史前时期，这种迷信活动产生了第一个"医学"过程，那就是把病人的颅骨钻一个洞——人们认为这样邪灵就可以逃出体外从而祛除疾患。考古发现证明这种治疗方法可以追溯到1万年前。古代治疗疾病的方法流传至今的一个就是使用植物以及种植药材。

◉ 史上第一位医师是谁？

第一位有据可查的医师是生活在公元前2600年的埃及人——伊姆霍特普（Imhotep）。伊姆霍特普被认为是一位圣人，他生活的时代适逢埃及在医学方面取得进步的时代。这些进步包括一本关于治疗伤口、碎骨和肿瘤的书籍。后来，埃及人把伊姆霍特普奉为神明。

◉ 什么是希波克拉底誓言？

希波克拉底誓言是许多学医的学生在即将毕业或步入医学

行业时所做的誓言。尽管誓言的翻译版本不尽相同，但重要的一句是，"我愿尽能力与判断力所及，为病人谋福，决不伤害任何人"。此誓言是希腊医生及导师希波克拉底（Hippocrates，公元前466—377）所制定的医德规范，他在小亚细亚的科斯岛行医。和他的前辈不同——那些人依赖迷信来治疗病人，希波克拉底认为疾病不是超自然的原因而是自然原因导致的。而且，他相信疾病是可以研究并且能够治愈的。这种观点构成了现代医学的基础，这也是为什么希波克拉底被称为"医学之父"的原因。

誓言得以流传下来主要归功于另一位著名的希腊医生：盖伦（Galen，公元129—199）。他从161年起任罗马帝王马可·奥勒留（Marcus Aurelius，121—180）的宫廷医师；从168年起任罗马帝王鲁奇乌斯·柯莫杜斯（Lucius Commodus，161—192）的宫廷医师。他证明了动脉是传送血液，而不是传送空气的（以前是这样以为的），而且和希波克拉底一样，盖伦相信四大体液说。几个世纪以来他所留下的医学著作一直被看做是医学实践的权威学说。从盖伦的著作中，可以看出他非常尊敬生活和工作在几世纪之前的希波克拉底。

▶ 四大体液是什么？

人体内有四大体液：血液、黏汁、黄胆和黑胆。它们分别产生于心脏、脑、肝脏和脾。希腊医师希波克拉底编写的《论人类的自然性》主张疾病是由于体内四大体液不平衡引起的。这些体液的存在决定了人的健康和性格。这种说法流行了几个世纪，直至现代科学界才对此提出质疑。

中世纪时代，每种体液都被配上了一种特征。人们认为面色红润的人，体内气血旺盛，性格就有血质（高兴、乐观）。（"有血质"一词来自拉丁文sanguiss，意思是"血液"。）体液不平衡就会产生更多的黏液，人们认为这样的人具有黏液质气质，性格迟钝、冷漠。黄胆过剩的人性格急躁易怒；黑胆过多的人，生理系统则凸显抑郁。

▶ 生物战始于何时？

生物战或细菌战有着较长的历史。例如，1343年，鞑靼人（原是亚洲中东地区的一个游牧民族）曾患过淋巴腺鼠疫。这种由跳蚤和老鼠传播的疾病被称为黑死病,因为几乎所有感染此病的人都会被折磨至死。侵略克里米亚时,鞑靼掠夺者在商栈遇到了一支热那亚（意大利）商队,于是包围了他们,并把鞑靼病人的尸体扔向了敌人,有好多人受到感染,并把瘟疫传播到了君士坦丁堡（现在土耳其的伊斯坦布尔）,以及他们到过的西欧码头。

20世纪通过的《1925年日内瓦气体协议》(Geneva Gas Protocol of 1925)规定使用任何致人或动物生病或毁灭庄稼的微生物或毒素都是违法行为。1972年,超过162个国家在莫斯科、华盛顿和伦敦同时签署了《生物和毒素武器公约》(Biological and Toxin Weapons Convention)。该协议于1975年3月26日生效,旨在禁止发展、生产、储存、保留和持有不同类型和数量的微生物及其他生物制剂或毒素,除用于预防、保护或其他和平目的。然而,还是有一些国家对生物防御战做了进一步研究,包括开发适用于军事报复的微生物。包括炭疽热和天花在内的生物武器至今仍然受到人们关注。2003年,以美国为首的国家入侵伊拉克的主要原因就是伊拉克可能拥有大规模的生化杀伤武器。

▶ 炭疽热是一种新生疾病吗?

不是,这种疾病可以追溯到几千年以前,至少到《圣经》时代。但是把它应用于生物恐怖武器则时间不久。

炭疽热是由炭疽杆菌孢子引起的,炭疽杆菌孢子可以在土壤中存活好多年。炭疽热主要是食草牲畜易患的一种疾病,但是与这些食草牲畜一起工作的人通过接触也可能传染。人类食用受炭疽杆菌污染的肉类之后,会表现为皮肤病、肺病或肠道疾病。正如《出埃及记》中第九章（瘟疫）和第十章（疖子）所描述的那样,埃及爆发的第五场和第六场瘟疫与牲畜和人身上的炭疽热是一致的。19世纪末期,在有关炭疽热方面,科学家获得了一些重要发现:炭疽热菌,也叫炭疽杆菌,是首例与特殊疾病相关联的病菌。1881年,法国科学家路易斯·巴斯德（Louis Pasteur）发明了一种可以使动物免受炭疽热侵害的疫苗接种。炭疽热作为一种潜在的生物恐怖武器出现于20世纪。包括美国、英国、德国、日本、伊拉克及苏联在内的一些国家都曾做过细菌实验。20世纪90年代初,进驻波斯湾的美国部队接受了炭疽热疫苗接种。

现代医学和外科的发展

▶ 中世纪的医学取得了哪些进步？

中世纪时期（500—1350），医学成为专门学科；还开设了第一家公立医院，建立了第一所正式医学院，这使得更多人能够得到医疗保健服务（以前只在家里进行），并改进了医生培训工作。正是需求促成了这些发展：中世纪的欧洲经历了一连串的瘟疫。6世纪爆发了麻风病，13世纪达到了顶峰；黑死病（淋巴腺鼠疫）夺走了近1/4的欧洲人口；成千上万人承受着天花和其他疾病的折磨。因此，建立了许多医院——其初衷是要服务穷人的；还建立了第一批医学院——其中一些与当时正在组建的大学联系在一起，如博洛尼亚大学（意大利）和巴黎大学（法国）。900年，第一所医学院在意大利的萨勒诺成立。

这一时期的欧洲医师深受波斯医学家和哲学家雷泽斯（Rhazes或Razi，约865—约930）的影响。雷泽斯被认为是伊斯兰世界最伟大的医生，他的著作精确地描述了麻疹和天花并被译成了拉丁文，还成为基督教世界具有重大影响的书籍。另一位卓越的伊斯兰科学家阿维森纳（Avicenna或Ibn Sina，980—1037）创作了哲学科学百科全书，并收录了当时的医学知识。西方称这部著作为《医药圣典》（*Canon of Medicine*），它记述了很多疾病，包括破伤风和脑膜炎，对欧洲医学教育的影响长达600年之久。

▶ 在中世纪之前有医院吗？

在基督教传播和宗教教义设立机构为穷人服务之时，中世纪时期（500—1350）出现了公立医院。然而，大多数人仍然在自己家中接受医生的治疗。公共医疗保健设施的观念较早起源于公元前3世纪的印度，当时佛教徒创办了像医院一样的设施。

中世纪时期建立的设施更像现代医院，包括巴黎的迪尤旅馆（成立于7世纪）；今天它是仍在运营的最古老的医院。970年，巴格达（在现在的伊拉克）的一所医院把医生进行了分类，相当于今天的内科医生和外科医生。它的药房销售来自世界各地的药品（以及有医学价值的香料）。

▷ 北美第一家医院创立于何时？

1503年，西班牙人在多米尼加共和国（当时叫伊斯帕尼奥拉岛）的圣多明各建立了一所医院；现已不存在，但仍有遗迹。

北美大陆的第一家医院于1639年在加拿大的魁北克成立。在政治家本杰明·富兰克林（Benjamin Franklin，1706—1790）的支持下，1751年，美国在费城批准成立了第一家股份制医院——宾夕法尼亚医院。

▷ 文艺复兴时期医学界取得了哪些进步？

文艺复兴时期（1350—1600）的主要进步就是提高了对人类解剖学的认识。这种认识直接来源于解剖，而在中世纪（500—1350）解剖是被禁止的。在文艺复兴的科学精神之下，法律有所放宽，研究者被允许自由解剖尸体以供研究之用。

从事解剖者当中有一位就是列奥纳多·达·芬奇（1452—1519）。这位意大利画家虽因蒙娜丽莎而出名，但他也为人类认识解剖学作出了杰出贡献，作为解剖研究的成果，他创作了七百五十多张解剖图。

▷ 人类解剖学的第一本科学 教材是什么？

比利时医师安德里亚斯·维萨里（Andreas Vesalius，1514—1564）

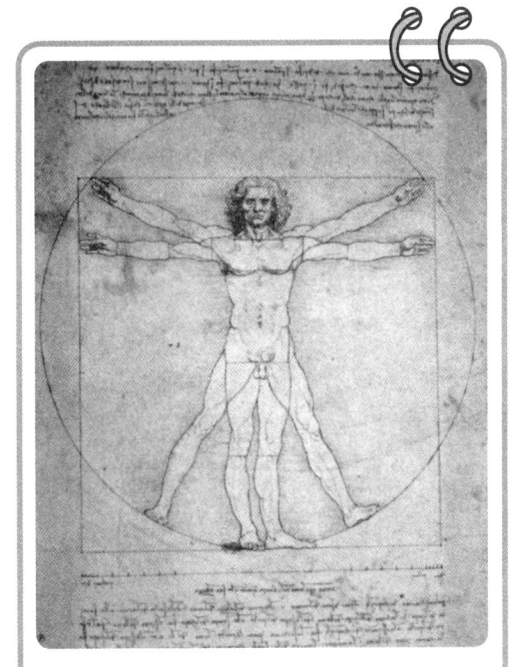

列奥纳多·达·芬奇对人体的研究为解剖学作出了极大贡献。他画了七百五十多幅解剖图，这是一幅关于人体比例的解剖图。

教授在他快30岁的时候编写了这本名为《人体结构》（*On the Structure of the Human Body*）的解剖学教材，于1543年出版。和其他文艺复兴时期（1530—1600）的解剖学家一样，维萨里解剖了多具人类尸体，出版了自己的研究结果和图画。他的教科书很快成为权威的参考书，推翻了希腊医师盖仑（Galen，129—199）的著作理论。

▶ 什么是格雷氏解剖学？

它的原名是《格雷氏解剖学：描述与外科》（*Anatomy of the Human Body, Descriptive and Surgical*），由英国医师亨利·格雷（Henry Gray，1825或1827—1861）撰写。这部巨著于1858年首次出版，至今仍被认为是解剖学的典范，它有几种不同版本，包括《简明格雷氏解剖学》（*The Concise Gray's Anatomy*）。格雷是伦敦圣乔治医院的解剖学讲师，又是英国皇家外科医学院的委员。此书在他33岁时出版，1个多世纪以来一直为医学院学生沿用。

▶ 现代医学始于何时？

现代医学起源于17世纪。17世纪初期，英国医师威廉·哈维（William Harvey）向医学界表明，只有认清身体结构才能产生高效率的医学。1597年—1602年期间，哈维在帕多瓦大学（意大利）学医，导师是意大利外科医生法布雷修斯（Fabricius或Fabrici，1537—1619）。他继续做了大量实验研究全身的血液流动。在他的研究中，哈维摒弃了只研究问题一部分，然后用理论填补差距的老方法。相反，他力求了解全身的循环系统，研究脉搏和心跳，对尸体进行解剖。他精确地得出结论：心脏通过动脉将血液输送到全身各处，然后血液通过静脉流回到心脏。哈维把他的发现形成文字，于1628年出版了《心脏运动与动物血液解剖学研究》（*An Anatomical Study of the Motion of the Heart and of the Blood in Animals*）。

17世纪，另一个医学发现不是出自医师或外科医生之手，而是一位自然学家——安东尼·雷汶胡克（Antoni van Leeuwenhoek，1632—1723）。作为一名荷兰政府事务员，雷汶胡克开始制作自己的显微镜并用它们研究肉眼看不见的生物——他发现了微生物。雷汶胡克还观察到了细菌（但没有命名），而且他精确地描述了红血球、纹状纤维和晶状体。

这位业余的科学家也反驳了自然发生理论——该理论认为有生命的生物

是由无生命的物质产生的。

⊚ 自然发生理论有多久历史？

自然发生理论认为有生命的物质是从无生命的物质演变而来的,该理论起源于史前时期,停滞于中世纪时期(500—1350)。意大利医师雷迪(Francesco Redi, 1626—1697)是实践这一理论的首批科学家之一。1668年,雷迪指出只要把肉盖上,蛆就不会在上面形成(不盖的话,苍蝇就会落在肉上,产卵,然后生蛆)。尽管有了雷迪的研究发现,但是几个世纪以来,自然发生理论仍然持续影响着科学家和医师。荷兰自然学家安东尼·雷汶胡克(1632—1723)、法国化学家和微生物学家路易斯·巴斯德以及德国医师和细菌学家的先驱罗伯特·科赫(Robert Koch)所进行的一系列实验,证明细菌导致传染病,并最终瓦解了自然发生理论。

⊚ 什么是细菌理论？

细菌理论建立于19世纪中期。它认为某些细菌能引起疾病,反驳了自然发生的古老观念。法国化学家和微生物学家路易斯·巴斯德(1822—1895)在1861年出版的论文中首次提出了这一理论。他和德国医师罗伯特·科赫(1843—1910)的研究最终证实细菌理论的真实性:他们证明细菌是一种有生命的微生物,能产生疾病。科赫甚至能够分辨出哪些细菌产生了哪种疾病,包括炭疽热(他发表了一种预防接种的方法)、肺结核、霍乱和牛瘟(一种牛的疾病)。炭疽热细菌是人们发现的第一种与特殊疾病联系起来的细菌——这是1876年科赫发现的。18世纪末,研究者发现正是各种细菌和其他微生物造成了瘟疫、白喉、痢疾、淋病、麻风病、疟疾、肺炎、破伤风和其他传染病。

⊚ 谁发明了疫苗？

疫苗的发明归功于英国医师爱德华·金纳(Edward Jenner, 1749—1823),然而,有证据表明古时候,接种疫苗(把物质接种到身体内以产生自动免疫性)曾在中国、印度和波斯(现在的伊朗)使用过。

在现代，金纳发明了一种天花疫苗，由此开拓了免疫科学领域。1796年，这位英国医师在格鲁斯特乡下行医时，发现患牛痘的乳牛场女工没有感染天花，这表明她们对这一频繁发生的致命疾病产生了免疫力。金纳一定是十分确定他的理论：他决定在一个叫詹姆斯·菲普斯（James Phipps）的8岁男生身上做一次试验。金纳从挤奶女工莎拉·内尔姆斯（Sarah Nelmes）手上的牛痘脓胞中提取出物质，然后接种到男孩的身上，由此在他的身体系统里产生了先前在乳牛场女工身上发现的免疫性。几周后，金纳给菲普斯接种了天花，结果男孩一点也没有生病。试验取得了成功。金纳继续做了2年试验，然后出版了他的研究成果，并于1798年，正式公布了接种疫苗的发现。

正如金纳所想，疫苗提供的免疫力让身体产生了一种叫抗体的物质，这种物质可以消除疾病。在20世纪的进程中，接种疫苗大大减少了疾病，特别是在发达国家，儿童免疫非常有效。到1977年，接种疫苗彻底消灭了天花。

▶ 现代外科始于何时？

现代外科技术在文艺复兴晚期得到了发展，这主要归功于一个人的努力——法国外科医生巴雷（Ambroise Paré，1510—1590），他被人们称为现代外科医生之父。在巴雷以前，医师们认为外科医师职位低下，并把这肮脏的工作留给了庸医。巴雷是法国乡下的一个小伙子，他就在这样的庸医手下当学徒。19岁时，他就到巴黎迪尤旅馆医院学习外科。1536年，他成为一名外科医师，后来到军队任职，接着又给16世纪的4位法国国王当医生——他们是亨利二世、法兰西二世、查理九世和亨利三世。巴雷还进行了诸多外科实践，并编写了有关解剖学、手术、瘟疫、妇产科和伤口治疗方面的著作。他反对用滚烫的油为伤口消毒以防止感染的传统做法，而采用敷抹温和药膏，让伤口自然愈合的方法。巴雷擅长病人护理，对此，他有自己的信条："我包扎伤口，上帝使其愈合。"

▶ 麻醉剂首次使用是什么时候？

什么时候第一次使用麻醉剂曾是一个极具争议的话题，后来确定在了1842年。当时，美国佐治亚州医师克劳福德·威廉逊·朗（Crawford Williamson Long）第一次将乙醚用作麻醉剂。1846年以前，他又在7例手术中使用了乙醚，并于当年公开展示了麻醉剂。1849年12月,朗发表了他的麻醉剂使用经历。

但是波士顿牙医威廉・T.G.摩吞（William T. G. Morton, 1819—1868）不认为是朗首次使用了麻醉剂。他们几乎是同时采用麻醉剂做实验的。1846年10月16日,摩吞首次在手术当中使用乙醚做麻醉剂:在波士顿马萨诸塞州综合医院,一个病人需要切除脖子上的肿瘤。尽管如此,人们还是确定是克劳福德・威廉逊・朗在手术中首次使用了乙醚。

▶ 外科什么时候引入了消毒剂?

消毒剂可以防止疾病传染,于19世纪中期引入,末期时得到了广泛应用。1846年,诸如乙醚、氯仿等麻醉剂的引入解决了手术带来的疼痛问题。即使手术成功,病人也会在医院里受到传染以致奄奄一息或造成永久残疾。这些传染病,包括破伤风、坏疽和败血病是医疗机构常见的流行病。1846年,匈牙利产科医师塞麦尔维斯（Ignaz Philipp Semmelweis, 1818—1865）在维也纳医院行医时,得出结论:传染——这里指产褥热——来自医院内部病房。他的分析遭到了强烈反对。尽管他开始实施消毒（减少传染的清洁方法）并且他的数据表明死亡率在下降,但这种方法没能得到医学界的认可。

大概20年后的1864年,法国化学家和微生物学家路易斯・巴斯德（Louis Pasteur, 1822—1895）关于细菌的研究引起了英国外科医生李斯特（Joseph L. Lister, 1827—1912）的兴趣。在格拉斯哥做外科医生时,李斯特重复了巴斯德的实验并得出结论,细菌原理适用于临床治疗。为了消除病人的炎症和感染,李斯特采用了一种含酚（酚可以杀死病菌）的溶剂,收到了良好的效果。1867年,他在医学杂志《柳叶刀》（Lancet）上发表了自己的研究成果。李斯特认为消毒剂可以减少传染的危险;对于这一点,很多医师不予认可。尽管如此,医学界开始采用这些方法。世纪之交时,这些原理不仅挽救了许多生命,还改变了医生的从医方式:既然医生不能保证病人家里必要的清洁,那么医院就成了所有病人——不仅仅是穷人或危重病人的首选之处。

▶ 关于疾病,巴斯德有哪些发现?

关于路易斯・巴斯德,最为人所知也许就是他所发明的巴氏杀菌法,但是

这位法国化学家和微生物学家对于公众健康还作出了其他重要贡献,包括在动物身上发现了防止疾病的疫苗以及在巴黎建立了一所专门研究致命感染疾病的学院。

19世纪60年代,法国酿酒商们请求辛勤的巴斯德调查他们在发酵过程中遇到的问题:葡萄酒和啤酒发酵失败导致法国蒙受了巨大的经济损失。巴斯德在显微镜下观察葡萄酒后,发现变质的葡萄酒中含有大量制造乳酸的细菌细胞。这位化学家建议对葡萄酒稍稍加热以去除有害的细菌,然后让酒自然地变陈。1866年,巴斯德在书里发表了他的发现和建议。加热可食性物质以破坏致病微生物的做法后来被应用到了其他易腐流体——其中主要是牛奶。

巴斯德后来研究动物疾病,发明了一种防止牛羊炭疽热的疫苗。这种致命的动物疾病是通过孢子的接触或吸入传播给人类的。1876年,德国医师罗伯特·科赫(Robert Koch, 1843—1910)找到了引发炭疽热的细菌。巴斯德在他的实验室里将这种细菌削弱后,注射到动物体内,这些动物随之便对这种疾病产生了免疫力。他还证明了接种疫苗可以预防鸡霍乱。

1881年,巴斯德开始研究狂犬病——这是一种令人痛苦的致命疾病,由被感染的动物咬伤后传播。巴斯德和他的助手罗克斯(Pierre-Pauk-Emile Roux, 1853—1933)在实验室里工作了很长时间,终于得到了回报:巴斯德开发了一种疫苗可以防止实验动物患上狂犬病。1885年7月6日,人们希望科学家为一个被狂犬咬伤的小男孩注射疫苗。巴斯德不愿提供治疗,但是男孩势必会因狂犬病而痛苦地死去,于是他行动了起来。接连几周对小男孩胃部进行痛苦的注射后,男孩没有感染狂犬病,巴斯德的治疗获得了成功。我们今天知道的有治疗和预防狂犬病作用的治愈方法都是基于巴斯德的接种疫苗,政府因而得以控制这种疾病的传播。

1888年,巴斯德学院在巴黎成立,这是一个针对传染病的教学和研究中心;巴斯德任该院的理事长,直到1895年逝世。

▶ 抗生素发明于何时?

抗生素是一种破坏或抑制某种微生物生长的物质;这一概念可以追溯到19世纪晚期,但是首批抗生素直到20世纪后期才生产出来。

伟大的法国化学家路易斯·巴斯德奠定了认识抗生素的基础——19世纪

晚期,他证实了一种微生物可以杀死另一种。德国细菌学家保罗·奥利克(Paul Ehrlich,1854—1915)又提出了选择毒性的观点,即某种物质可能对某些生物有毒,但对其他的却无害。根据这项研究,科学家开始努力开发可以破坏传播疾病的微生物,并在1928年取得了突破:苏格兰细菌学家亚历山大·弗莱明(Alexander Fleming,1881—1955)发现了青霉素。弗莱明发现在青霉菌结晶器周围没有细菌,而青霉菌则是意外落入实验室的细菌培养里的。

但是青霉素很难分离。直到十多年后(1941),这种物质才由英国科学家霍德华·弗洛里(Howard Florey,1898—1968)精炼出来并进行了试验。另一位英国科学家厄恩斯特·鲍里斯·钱恩(Ernest Boris Chain,1909—1979)发明了一种提取青霉素的方法;在他的监督下完成了第一个大批量提取青霉素的设备,并在1945年使抗生素进入了商业领域。同年,由于发现和生产了强大的抗生素,弗莱明、弗洛里和钱恩分享了生理学或医学诺贝尔奖。这些抗生素现在仍是治疗细菌疾病——包括肺炎、链球菌性喉炎和淋病的有效方法。

美国细菌学家赛尔曼·A.瓦克斯曼(Selman A Waksman,1888—1973)创造了"抗生素"一词。他测验了大约1万多种土壤细菌的抗生能力。1943年,瓦克斯曼发现有一种菌能产生一种他称之为链霉素的强大抗生物质。第二年,这种抗生素被用来治疗肺结核、伤寒症、黑死病和脑膜炎。虽然后来人们发现链霉素有毒,但它挽救了无数生命并且通过它发现了很多其他既安全又有疗效的抗生素。

▶ 谁是弗洛伦斯·南丁格尔?

这位英国护士、医院改革家和慈善家被认为是现代护理行业的奠基人。弗洛伦斯·南丁格尔(Florence Nightingale,1820—1910)出生在意大利佛罗伦萨一个小康之家,父母都是英国人。虽然南丁格尔从小就有权拥有家族在英格兰的房产,但她却天生就喜欢照顾他人。南丁格尔不顾父母的愿望——根据她的背景和当时的社会标准,南丁格尔已经受到王后的接见——参加了德国杜塞尔多夫附近的护士培训计划。她又到巴黎继续学习。1853年,南丁格尔成为伦敦一家伤病妇女医院的负责人。

1854年,南丁格尔带领38个护士来到土耳其伊斯坦布尔附近的斯库塔里。尽管遇到很多麻烦,她还是在那里建立了一所野战医院,治疗在克里米亚战争中受伤的士兵。克里米亚战争发生在俄军和英国、法国、土耳其帝国(现在的土耳

1860年，弗洛伦斯·南丁格尔（未注明拍摄日期）创建了一家护士培训学院，这标志着护理职业教育的开始。

其）及撒丁岛（今天意大利的一部分）联盟军之间。南丁格尔着手清洗污秽的医院设施；为全体人员制定了严格的计划；引入卫生方法来减少诸如霍乱、斑疹伤寒症和痢疾等传染病的传播。她的方法最初颇受争议（最初，医生觉得南丁格尔过于严厉又热心过头），但的确有成效。不久，克里米亚战争所有的联盟医院都交由南丁格尔负责管理。

战争期间，南丁格尔到前线慰问时得了克里米亚热病，生命受到威胁。当时，她已经颇有名气以至于维多利亚女王（1819—1901）得知她的病情后非常担心。战争即将结束时，南丁格尔对病人和伤者的照顾成了传奇佳话：由于经常晚上走入医院病房照顾病人，她被称为"提灯女神"。

战争结束后，南丁格尔返回英国。1860年，她花费5万英镑在伦敦创办了一所护理培训学院。1873年，美国波士顿的马萨诸塞州综合医院，纽约市的贝尔维尤医院和康涅狄克州的纽黑文医院相继开办了美国的第一批护士学校；所有学校模式都效仿了南丁格尔创立的伦敦学院。

南丁格尔的坚定决心虽与父母的愿望相背，与当时的社会标准也不一致，却使她成了一个传奇人物。的确如此：由于她对患者的关心，所有病人的护理标准也得到了提高。

▶ 红十字会创立于何时?

红十字会于1863年10月在瑞士成立，当时来自16个国家的代表在日内瓦会晤，商讨"在所有文明国家建立一个永久性的志愿者团体，不分国别地为战争中的伤员提供帮助。"这一设想被记录在小册子里，并于1862年由瑞士慈善家杜南（Jean Henri Dunant，1828—1910）出版。1859年，杜南在意大利时，正逢拿破仑三世领导下的法国和意大利联军与弗兰西斯·约瑟夫（Francis Joseph）大帝率领的奥地利部队在伦巴底（意大利北部）展开一场生死决战。在索尔费里诺，杜南目睹了伤员的病痛，于是立刻组织了一批志愿者帮助他们。

1916年，红十字会的工作人员为日本洪灾受害者提供帮助。该组织建于1863年，旨在为战时伤病人士提供照顾，后来又把服务对象扩展到了自然灾害的受害者。

在1863年的日内瓦会议上，代表们决定了这一组织的标志和名字：它的旗帜是衬在白底上一个红十字——与瑞士国旗颜色正相反，而组织的名字就来自这面旗帜。瑞士是该组织的创立地。第二年（1864）8月，欧洲代表再次会晤，这次多了2个美国观察员。此次会议促成了第一次"日内瓦公约"，该公约决定保护战争期间的伤病士兵和医疗人员及设备。红十字会采用这一旗帜以示中立

援助。在穆斯林国家,该组织则叫红新月会。

▶ 谁是克莱拉·巴顿?

　　这位美国人道主义者因其在内战时期(1861—1865)的贡献而被称为"沙场天使"。克莱拉·巴顿(Clara Barton, 1821—1912)是一位工作在军营和战场上的护士,她在那里照顾伤员。战争结束后,巴顿成立了一个组织寻找失踪人员,这一辛苦的工作让她精疲力竭。1869年,巴顿在瑞士疗养时得知了新成立的国际红十字会(成立于1863)。她打起精神为这个志愿组织提供帮助,照料在普法战争(1870—1871)中受伤的士兵——德国总理奥托·冯·俾斯麦(Otto von Bismarck, 1815—1898)发起这场战争试图建立一个统一的德意志帝国。

　　1877年,巴顿开始着手成立美国红十字会。她的努力终见成效:1881年,国际红十字会第一个美国分支机构成立。1882年—1904年间,巴顿出任了该组织的第一任会长。1889年,宾夕法尼亚州约翰斯敦遭受一场特大洪水,巴顿前去负责那里的救援工作。随后,她主张红十字会增加一项事业,即为战争以外的灾难提供救援。她取得了成功。由于巴顿的努力,红十字会已经成为灾难时期广为人知、备受欢迎的组织。

▶ 何时发现了胰岛素?

　　1889年,德国医师奥斯卡·明科夫斯基(Oskar Minkowski, 1858—1931)和约瑟夫·冯·梅林(Joseph von Mering, 1849—1908)首次发现了胰岛素——一种调节体内血糖含量的激素。他们发现切除胰腺的狗会患糖尿病。研究人员开始提取这种激素,但是直到1922年胰岛素才被用于治疗糖尿病人。1978年,美国科学家首次通过基因工程合成了人工胰岛素。

▶ 谁发明了X光?

　　德国物理学家威尔姆·康拉德·伦琴(Wilhelm Conrad Roentgen, 1845—1923)在1895年发明了X光——但是因为刚开始不知道是什么,所以起了这个名字:在科学和数学上,X指的是未知数。10年后,医院开始使用X光拍摄(X光照片）骨头和内部器官与组织，以此来诊断病情和伤痛。通过新技术，医生可以看到病人的体内。1901年，因为发现短波光线，伦琴获得第一届诺贝尔物理奖。

▶ 居里一家对医学作出了哪些贡献？

1898年，法国物理学家与化学家的夫妻组合皮埃尔（Pierre，1859—1906）和玛丽·居里（Marie Curie，1867—1934）发现了镭——第一个放射性元素，事实证明它是治疗癌症的有效武器。他们进一步进行放射性（玛丽·居里发明了该词）实验，区分了阿尔法射线、贝它射线和伽马射线。1906年，皮埃尔去世后，居里接替他成为索邦神学院的物理教授。第一次世界大战期间，她为医院组织了放射线服务。1918年—1934年，她

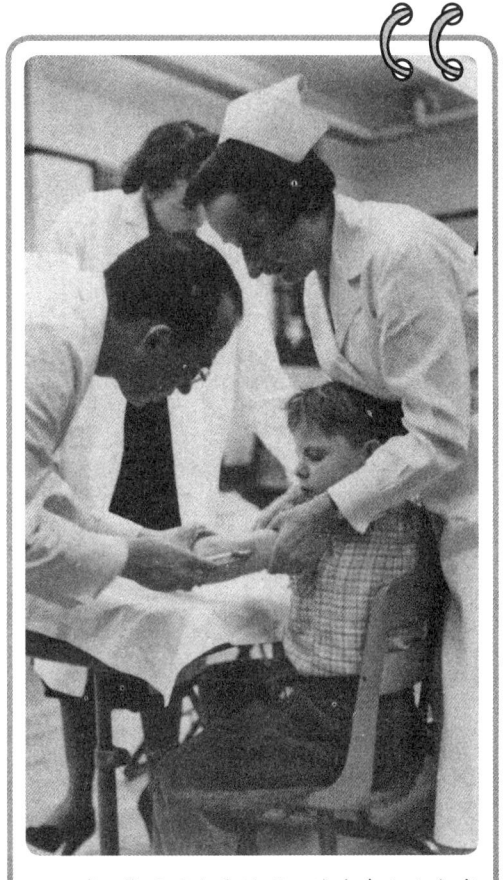

1954年，美国医生乔纳斯·沙克在小儿麻痹疫苗实地试验期间为一名小学生接种疫苗。

又担任了巴黎大学镭学院研究部门的主任。居里夫妇的女儿——伊伦（Irene，1897—1956）沿着父母的足迹，成为一名物理学家，并嫁给另外一名科学家——伊里奥（Frederic Joliot，1900—1958）——他从1946年起在镭学院担任了10年主任。人们把这对夫妻称作伊里奥-居里（Joliot-Curies），他们对核反应堆的发现和发展作出了巨大贡献。居里夫妻和伊里奥-居里都是诺贝尔奖得主。

▶ 乔纳斯·沙克因何而闻名？

美国医师乔纳斯·沙克（Jonas Edward Salk，1914—1995）为很多人所熟

知，他发明了脊髓灰质炎疫苗。据报道，1952年，美国有2.1万多小儿麻痹病例，这是最严重的脊髓灰质炎。小儿麻痹症（也叫脊髓灰质炎或小儿麻痹）是一种急性滤过性毒菌感染病，它直接侵害中枢神经系统，世界各地都有发病记录，感染者主要是孩子。

1953年，经过多年研究之后（包括19世纪中期以来对免疫学研究所做的分类），沙克宣布了一个疫苗配方，可以治疗当时已知的3种小儿麻痹症。沙克首先在自己身上做试验，然后是他的妻子和3个孩子。由于没有发现副作用而且有疗效，于是，沙克又在180万学童身上进行了测试——这项计划由出生缺陷基金会（当时叫国家小儿麻痹研究基金）资助。1955年4月，该疫苗被确认安全而有疗效。沙克获得了应有的荣誉，包括国会金质勋章和德怀特·戴维·艾森豪威尔（Dwight D. Eisenhower, 1890—1969）总统的嘉奖。4年后，美国内科医生阿尔伯特·B.萨宾（Albert B. Sabin, 1906—1993）发明了一种可以口服（而不是注射）的有效脊髓灰质炎疫苗——这是一种全世界都熟知的方糖，包含着活病毒（沙克的疫苗所含的是死病毒）。两种疫苗彻底根除了发达国家的脊髓灰质炎。

▶ 首例人类器官移植是什么时候？

1950年6月17日，伊利诺伊州的长青公园玛丽教会医院实施了人类首例器官移植手术。医学史上这样的里程碑事件不太可能发生在这家位于芝加哥市郊的医院，它更以"婴儿医院"闻名，因为那里每年的婴儿出生率都很高。参加器官移植的医生们试图低调处理这次高实验性的手术。接受手术的是一位患多囊肾病的44岁妇女。她获得了一个从尸体上移植下来的肾脏，这使得此次手术在这家天主教医院里引起了更大争议（当时，有种观点认为从死人身上提取的组织，植入活人体内后可以复活。这一观点遭到了教会的反对）。但是3位实施这次手术的医生取得了管理这家医院修女们的信任。医生詹姆斯·W.维斯特（James W. West）、里查德·H.劳勒（Richard H. Lawler）和雷蒙德·P.墨菲（Raymond P. Murphy）是洛约拉医学院和库克国家医院的外科医生，也是玛丽教会医院医生。手术是病人最后的希望，她目睹了自己的妈妈、妹妹和叔叔死于同样的疾病。几天后，病人状况好转，手术的消息传了出去，医院和医生这才正式公开了这一重大突破，并立即成了全世界的头条新闻。移植的肾脏在病人体内活动了大约6个星期，足以让她的另一个肾脏重新开始工作；5年之后，病人告别了人世。

1954年12月23日，外科医生约瑟夫·E.默里（Joseph E. Murray，1919—　）领导美国哈佛大学的医生们首次成功地从活体捐赠者身上移植了器官，捐赠者是病人的同卵双生兄弟。手术在彼得·班·布莱根医院（现在的布里格姆妇女医院）进行。因为病人和捐赠者有相同的基因结构，因此不存在器官排斥问题。这次手术挽救了病人的生命，而且此次广受宣传的医学突破立刻显示了相同器官移植（在同卵双胞胎之间）和其他器官移植的可能性。默里医生和其他哈佛研究人员继续研究排斥问题，最终发明了一种新药，可以减少接受者对非亲属器官排斥的可能性。1990年，默里因他的开拓性事业而获得了诺贝尔奖。他与他的朋友兼同事E.唐纳·托马斯（E. Donnall Thomas，1920—　）——骨髓移植的革新者分享了这个奖项。

如今，美国每年有成千上万个器官被移植。2004年10月，医生们首次通过网络组织和安排了一次器官移植手术。

▶ 首例心脏移植是什么时候？

1967年12月3日，世界首例心脏移植手术在南非开普敦进行。外科医生克里斯蒂安·伯纳德（Christian Barnard，1922—2001）执刀；患者存活了18天。接下来的2年多时间里，还组织了一百多个心脏移植手术，但是存活率并不让人满意。外科医生继续着这项研究，每次都能有些许进步：尽管一些心脏移植手术患者手术后活了6年之久，但是20%的手术患者只活了1年多。

▶ 动物实验有多久历史？

用动物——如老鼠、白鼠、兔子和狗——进行科学实验可以追溯到古代，但是这种做法直到19世纪末期才广泛运用。包括活体解剖（对活的动物做手术）在内的临床实验给人们的健康带来了好处，但是由于经常给动物带来痛苦，或导致死亡，很多人都反对这种做法。今天，美国用于做实验的动物达到上千万只；官方估计老鼠和白鼠占了大约90%。这种做法仍然备受争议，因为人们正在努力解决有关动物权利的问题，并认为这一问题要比提高对疾病的科学认知

更重要。

▶ 第一个试管婴儿是什么时候诞生的？

试管（人工）授精（IVF）的过程是这样的：医生从母亲体内取出卵子与父亲的精子相结合，放到培养皿或试管里完成授精。1978年7月25日，通过这一方法，路易斯·布朗降生了。她出生在英格兰的布里斯托尔，是世界上第一个试管婴儿。随着试管授精在科学和医学上的进步，无法怀孕的父母得到了一次生育的机会。自第一例以来，已经有无数试管婴儿成功出生了：路易斯·布朗出生10年后，不孕夫妇采用试管授精有1/10的机会生育后代；20年后这一概率提高到了1/5。1998年，当路易斯·布朗和她的父母亲为她庆祝20岁生日的时候，多家报纸论述了试管授精的伦理道德问题。科学家如今能够克隆绵羊和老鼠，因此大众的观点常带有恐惧感。科学家很快就能克隆人类吗？随着科技的不断进步，世界各国领导人都在设法解决一个问题：如何规范使用诸如IVF这种能够赋予生命的新技术。

▶ 干细胞的研究为何会引发争议？

干细胞的研究引起了重要的生物伦理问题。干细胞可以发展成身体的任何组织，还可以取代有病的或有缺陷的人体组织。这些细胞群最好的来源是人体胚胎——干细胞被抽出来后，胚胎就会遭到破坏。这项研究的反对者们（包括反对堕胎的宗教右翼势力）认为胚胎是孕育人类生命的，因此不应该为了科学而遭到破坏。然而支持者们则认为干细胞研究所带来的科学上的进步可以治愈多种疾病；他们补充说，胚胎不会自己发育，因而应该把它用作良药，以帮助那些患不同疾病的人，包括糖尿病、老年痴呆症和帕金森氏症，进而提高和延长人类的寿命。（需要注意的是由于生殖科学所取得的进步，胚胎可以存在实验室内。）

2001年8月，在这一议题上，乔治·W.布什（George W. Bush）政府谨慎地向前迈进，宣布只要局限于现存的细胞，而且胚胎已经损坏，那么就可以进行干细胞研究。换句话说，绝不允许为了实验而创造新的干细胞。布什说他认为，联邦基金应该支持这种研究——关于60条基因不同的现存干细胞系，他们有无限再生能力。总统承认该议题的复杂性，他在广播中说道："议题的核心是，这一问题迫使我们面对一个基本问题：生命的开始和科学的结束。它位于艰难的道德交叉点，一方面，每个阶段都有保护生命的需要；另一方面，要在所有阶段挽救和延长生命。"但是，他补充说，至于现存的干细胞系，"我们已经做出了这一生死决定"。随后几年里，政府立法机构开始研究这一议题，到2005年，在全国各地形成了一揽子的政策方针。

传 染 病

▶ 公共卫生概念是什么时候提出的？

公共卫生是一个古老的概念，可以追溯到人们首次开始社区生活。多年来，政府对公共卫生表现出了不同程度的关心。为了保障市民的健康，古希腊和古罗马，通过沟渠和管道向居民供应纯净水，处理垃圾，并且通过聘用公共医生治疗病人以控制疾病。这些措施有助于防止某些疾病的传播，但是仍有传染病存在。罗马帝国沦陷后（约476），欧洲文明大都不重视公共卫生的问题。一旦疾病流入社区，传染病就会迅速传播，由此引发了麻风病、瘟疫、霍乱和黄热病等传染病。

19世纪末期，欧洲政府开始把他们的注意力转向公共卫生问题，努力控制疾病的传播。自1866年起，霍乱传染病连续18年侵袭了美国，官方由此开始关注公共健康。当时，传染病在全球范围内肆虐了12年之久，美国霍乱事件是此次传染病流行的一部分。虽然政府建立了健康设施，包括研究传染性疾病的实验室，但是1893年，又一场霍乱袭击了美国。联邦政府加强了措施以保护市民远离健康危险，这些措施包括建立地方区域实验室，公共教育项目以及大学和其他机构进行的研究。在各国的共同努力下，诸如白喉、痢疾、伤寒和猩红热的发病率在发达国家日益下降。在发展中国家，公共健康官员继续和国际组织（如世界卫生组织和其他联合国组织）合作以减少传染病的发生和蔓延。

▶ 首例麻风病确诊于何时？

麻风病是一种古老的疾病，很多历史书中都有记载。圣经中曾提到，公元前

400年,波斯统治者薛西斯(Xerxes)率领大军西行,麻风病可能就是由他们传入欧洲的。到20世纪,麻风病在西欧已经够得上传染病的水平,甚至夺走了统治者的性命(1223年,葡萄牙的阿方索二世死于该病,1329年,苏格兰国王罗伯特一世也因此丧命)。后来,来自欧洲大陆的探险者和殖民者又把麻风病带到了新大陆,这里以前从来没有过这种传染病。

麻风病的起因无人知晓。一些人推论它有传染性,而其他人则认为它具有遗传性或者是由某种食物引起的(甚至一度怀疑是土豆造成了这种疾病)。此病逐渐从欧洲消失,这得益于生活环境的改善、更好的营养和疗效显著的药物。

直到1874年才有了关于麻风病的临床描述。当时,挪威内科医生哈德·亨利克·汉森(Gerhard Henrik Hansen, 1841—1912)发现了麻风病菌。从那以后,这种病又被称作汉森病。今天,全世界的麻风病患者多达500万人。麻风病在热带和亚热带地区传播(源自这些地区),包括非洲、中南美洲、印度和东南亚。美国感染麻风病的病人大都来自麻风病流行地区。自20世纪50年代中期开始,印度加尔各答的罗马天主教修女德蕾莎(Mother Teresa, 1910—1997)开始为这些感染麻风病的病人提供帮助,并设立了专门的治疗区域。

▶ 什么是瘟疫?

瘟疫是一个通用名词,指任何传染性流行病,但通常具体指淋巴腺鼠疫(因淋巴结或腹股沟淋巴结肿胀而得名)。淋巴腺鼠疫曾在14世纪中期传遍整个欧洲和亚洲,20年间夺去了近70%的人口;这种传染病又叫黑死病。

黑死病是急性传染病,由叮咬老鼠和其他啮齿动物的跳蚤传播给人类,发病症状包括高烧、寒战、淋巴结肿胀和出血。一旦细菌进入肺部,就会迅速致命。(这种疾病被称作肺部瘟疫,可以通过飞沫在人与人之间传播。)

卫生条件的改善(主要是发达国家)减少了疾病的发生率。黑死病仍有发生,但是20世纪抗生素的发明大大降低了死亡率。

▶ 黄热病仍然存在吗?

黄热病是一种急性传染病,的确在世界某些地区仍然存在,在丛林地带时有发生。黄热病曾广为传播，使处于热带气候（如美国中部和南部、非洲和亚洲）的人们备受折磨。但是，随着16、17世纪探险活动的开展和18世纪贸易路线的开放，1699年该病传到了北美洲，当时，美国克莱斯顿、南卡罗来纳、费城和宾夕法尼亚州都爆发了黄热病；3年后，纽约也爆发了该病。1723年，欧洲发现了第一例黄热病患者。1793年，发生在费城的一场流行性传染病是由来自西印度群岛的船只引发的，几乎所有费城人都受到了热病的折磨，从来没有哪座美国城市遭受过如此严重的灾难，有四千多人在这场灾难中丧生。

19世纪末—20世纪初，在控制黄热病方面取得了突破。1881年，古巴医生卡洛斯·芬莱（Carlos Finlay，1833—1915）在一篇论文中指出，黄热病是通过蚊子传播的。美军的外科医生沃尔特·里德（Walter Reed，1851—1902）也证实了这一点，他曾在1900年率领调查团去古巴调查黄热病传播的起因和模式。得知这一消息，美国军官兼医生威廉·戈格斯（William Gorgas，1854—1920）采取了严厉的措施以消灭哈瓦那的蚊子，并最终根除了这座古巴港口城市的黄热病。1904年—1913年，戈格斯出任巴拿马运河委员会的卫生长官，在巴拿马运河区采取了相似的措施——黄热病曾对这里造成了极大威胁。事实再次证明，这一做法十分有效，它大大减少了黄热病病例，使运河工程得以最终竣工。

1937年，美国医生、细菌学家马科斯·泰勒（Max Theiler，1899—1972）发明了17-D疫苗，该疫苗能够有效对抗黄热病。1951年，由于他在传染病方面的发现，泰勒获得了诺贝尔生理或医学奖。战胜黄热病是现代医学所取得的伟大成就之一。

▶ 人类战胜的第一种疾病是什么？

天花是第一种用药物根除的疾病。天花病毒通过空气在人与人之间传播，因此天花是最恐怖的疾病之一，而且没有办法治疗。在发现新大陆之前，天花席卷了非洲、亚洲和欧洲，给受害者留下了疤痕而且（或）致其失明，并夺走了数百万人的生命。探险者在探求新的贸易路线并最终登陆南北美洲后，疾病也随之而来，感染了当地的土著人。

然而，一旦患过这种病，一个人就不会再次感染。通过这一发现和其他发现，英国医生爱德华·金纳（Edward Jenner，1749—1823）发明了一种治愈该病

的疫苗。在这种疫苗问世之前，唯一的预防方法就是接种这种疾病，而这有时候会导致疾病的进一步扩散。例如，1777年，美国乔治·华盛顿将军（George Washington，1732—1799）获得国会的同意，为整个大陆军接种预防天花，但是结果却喜忧参半。

1798年，金纳发明天花疫苗之后，很快被广泛使用。美国获得的第一个天花疫苗是1799年由美国哈佛大学的一位医生带回去的。19世纪，很多国家通过法律要求公民接种疫苗。20世纪50年代，疫苗的改良最终消除了欧洲和北美的天花。1946年，联合国成立世界卫生组织（WHO）时，其目标之一就是要减少世界范围内的天花病例。免疫规划最终收到这样的效果：1977年非洲索马里报道了最后一例天花疫情。随后2年里，没有新的发病记录，因此，人们认为天花已被彻底消除。

▶ 谁是伤寒玛丽？

伤寒玛丽（Typhoid Mary）本名叫玛莉·马龙（Mary Mallon，约1870—1938），她是美国首例伤寒症携带者。虽然马龙恢复了健康，但因为她是美国纽约地区的餐馆厨师，所以她又把伤寒病菌传染给了别人。从1900年—1915年间，传染了五十多人。纽约州卫生部门把她与在那里爆发的至少6例伤寒病联系在了一起。1914年，官方最终——永久地——把她送到了专门的治疗机构，以防止这种急性传染病的进一步蔓延。

▶ 首例艾滋病确诊是什么时候？

1981年，美国洛杉矶和纽约的医生确诊了首例艾滋病（获得性免疫缺损综合征）。从那时起，研究人员判断这一疾病最早可能出现在1969年。人体免疫缺损病毒（HIV）严重破坏了身体抵抗疾病的能力，其传播途径包括性接触、共用注射针头以及输送感染血液。尽管有人认为这种疾病是以某种方式从猴子传给人类的（因为研究表明人体免疫缺损病毒与猿免疫缺损病毒相似），但艾滋病毒从未从任何野生动物身上分离出来过。虽然这种致命病毒的来源没有最终确定，但是科学家认为该传染病是在20世纪60—70年代从非洲传出去的，当时相当数量的人从农村迁移到了城市。过度拥挤和失业造成了性传播疾病的蔓延。

很多发展中国家都发现了艾滋病病例。在这些地方,艾滋病主要通过异性恋者传播。发达国家通过教育节目宣传艾滋病的传播途径,并帮助人们控制艾滋病毒的蔓延。对抗艾滋病毒或艾滋病的药物依然在研发当中;还没有发现能够治愈这种病症的方法。联合国在2004年公布的一项报告表明,世界上有3 800万人携带艾滋病毒,其中近70%的人生活在南非的撒哈拉沙漠以南地区。同样的报告表明自从1981年确诊首例艾滋病以来,已有超过2 000万人死于该病。

▶ 流感算得上传染病吗?

是的。流感(也称作流行性感冒)是一种传染性病毒,仅20世纪就有3次世界范围内的大流感。1918年爆发的一场流感一直持续到第二年,造成全球2 000万人丧生,其中有50万美国人。大多数人死于2次感染——流感已经削弱了他们的免疫系统。抗生素——1945年投入商业生产——阻止了这一致命流感的再次爆发。1957年—1958年,亚洲流感引发了世界范围内的流行病;1968年—1969年间的香港流感迅速传播造成了一次流行病。这些年,由于抗生素的应用控制了2次感染,所以流感造成的死亡人数大大减少了。

行为主义、心理学和心理健康

▶ 为何巴甫洛夫的狗如此著名?

俄国心理学家伊凡·巴甫洛夫(Ivan Pavlov, 1849—1936)用狗做了许多著名的实验,试图证明条件反射。他注意到,有时只要喂狗的实验室助手一靠近,实验室的狗就会流口水,于是决定看看是否能够把通常的"非条件"反射或中枢神经的反应转化成条件反射。巴甫洛夫曾因为在消化方面的研究获得过诺贝尔奖。他向人们证明,如果每次喂狗时都响铃,那么最终即使没有食物,一听到铃声狗也会流口水。通过这种方法,巴甫洛夫用人工刺激(铃声)替代了自然或环

境的刺激（食物）从而激起了心理反应（流口水）。基于这些试验，巴甫洛夫得出结论：所有后天养成的习惯都有赖于一系列的条件反射。这个结论推动了行为主义的发展。

▶ 什么是行为主义？

行为主义是心理学的一个学派，它试图以人们对环境刺激所做出的反应来阐释人的行为。受俄国心理学家伊凡·巴甫洛夫所证明的条件反射的影响，约翰·霍普金斯大学的约翰·华生（John Broadus Watson, 1878—1958） 整理和推广了这一理论，摒弃了自省和意识对人类行为的影响。美国

弗洛伊德（摄于1920年）认为，人的行为和心理状态都受被压抑和被遗忘的印象所影响，这些印象大多来自孩童时期。

心理学家、哈佛大学教授B.F.斯金纳（B. F. Skinner, 1904—1990）对行为主义做了进一步研究。斯金纳关注的焦点是：对于可观察到的刺激（相对于如自省和良心等观测不到的刺激）和外部奖赏，人们做出反应的模式。在人类学习方面，斯金纳的行为主义影响了教育方法，从而实实在在地回报了良好的品性。

▶ 弗洛伊德相信什么？

这位奥地利神经学家认为，人类行为和所有的心理状态都受被压抑和被遗忘的印象所影响，而这些印象大多来自孩童时期。西格蒙德·弗洛伊德（Sigmund Freud, 1856—1939）进一步认为，通过挖掘这些印象（统称为情结），他可以治愈他的病人。弗洛伊德认为婴儿的心理过程——包括婴儿的性征，对无意识行为特别重要，因此影响着人类的行为。

弗洛伊德最初采用催眠术（一种让病人敞开思想的类睡眠状态）揭示无意

识行为,后来又转向一种叫自由联想的新方式。用这种方法,病人可以谈论脑海里的任何东西,从一种想法跳到另一种想法。然后,医疗师们再对自由联想透露出的记忆和感觉进行分析,找到病人心理和情绪问题的根源。弗洛伊德还对病人的梦进行了解释,他认为这是被压抑的欲望无意识的反映。自由联想和梦的解析是精神分析学的奠基石。

在分析人类行为方面,弗洛伊德得出一个结论,精神(或心智)可以分成三部分:本我、自我和超我。本我是本能的来源;自我是本能和实体之间的媒介;超我则是良知。超我通过道德态度和羞耻心实现奖励或惩罚的作用。精神分析理论坚持认为,如果部分心智彼此冲突,就会出现精神或心智紊乱(即神经病)。

弗洛伊德的理论彻底改革了精神病学和心理学领域,同时也影响了养育儿童和教育的方法和理念。尽管精神分析帮助了数以百万计的精神病患者,但是弗洛伊德的理论也遭到很多人的反对和挑战。

▶ "荣格"是什么意思?

"荣格"指的是瑞士精神病学家卡尔·古斯塔夫·荣格(Carl Gustav Jung,1875—1961)创立的心理分析法。事业早期,荣格进行的是心智联想实验,并通过这一工作,在1907年与著名的心理分析家西格蒙德·弗洛伊德取得了联系。尽管最初彼此相处融洽,但后来荣格与弗洛伊德的理论发生了决裂,创立了自己的人类行为学说。

与弗洛伊德一样,荣格相信无意识(人没有意识到的部分心理)会影响人类的行为。然而,与他的奥地利同事不同,荣格否认精神病人有任何性基础。相反,荣格认为很多因素都会影响到人类行为,包括父母的性格。他还相信他所描述的某种"集体无意识":1912年,荣格出版了一部有革命意义的著作——《无意识心理学》(*Psychology of Unconscious*);在这本书中,他提出无意识有两个层面:个人的和集体的。依照荣格的观点,集体无意识由同种文化成员甚至全人类共同分享的行为和心理模式组成。他推理说:集体无意识反映在原型当中——在梦境、幻想、神话、宗教和文学中出现的意象、模式和象征。荣格认为集体无意识可以指导人性,所以,他教导说,治疗应该让人们意识到这一点。荣格的原型理论或共同符号理论影响了诸如人类学、艺术、电影摄制和历史等多个领域。

后来,荣格发明了一套体系,可以划分性格(内向型和外向型)和区分不同的心理功能(把它们分成认知、情感、知觉和直觉)。荣格指出,治疗师们应该帮助他们的病人平衡内向性(只依赖自己达到个人满足)和外向性(只依赖其他人达到个人满足)。荣格的分类系统或类型学已被用于发展有关人格类型和它们对人类行为影响的理论。

▶ 谁是多罗西娅·迪克斯?

多罗西娅·林德·迪克斯(Dorothea Lynde Dix,1802—1887)是一位慈善家,也是第一批积极投身社会改革的美国妇女之一。从1821年—1836年,迪克斯一直担任自己创办的女子学校校长;1841年,她参观了马萨诸塞州教养院,并为精神病人所接受的糟糕治疗感到震惊。从那以后,迪克斯非常关心精神病人的情况。为了让那些饱受精神病折磨的人们得到特殊照顾,迪克斯呼吁立法人员和慈善家们唤醒良知。她成功地在美国、加拿大和欧洲建立了精神病医院,有好多家医院还以她的名字命名。迪克斯倡议对精神病人实行仁慈的治疗,并在内战(1861—1865)前的20年间改变了美国人以及一些社会机构的态度。内战期间,她主管美国军队的护士。此外,有生之年,她还为改善监狱条件而努力奔走。

五

哲学

▶ **什么是哲学?**

哲学的英文"philosophy"源于希腊语中的"philo"和"sophia"。"philo"在希腊语中意思为"爱",而"sophia"的意思是"智慧"。哲学的字面上的意思是"爱智慧"。在实践中,哲学是一种对人类自身状况的理解和反思——即对人类存在的意义、形式等问题的思考。哲学家们一般使用观察和争论的方法来洞悉真相。传统上的哲学大体上分为东方哲学和西方哲学两类。西方的哲学又主要包括5大哲学类别:形而上学(研究现实和宇宙的本质)、逻辑学(研究推理的规律)、认识论(研究知识的本质以及知识获取的过程)、伦理学(研究人所决定的道德选择和道德普遍本质)和美学(研究美的本质和艺术的标准)。

▶ **研究哲学持续多长时间了?**

公元前600年左右,在从宗教中脱离出来后,哲学研究几乎同时在西方和东方出现。那时,希腊的思想家们开始争论存在的本质。公元前500年左右,中国已经形成了整套的儒家学说。长时间以来,哲学一直和宗教纠结缠绕在一起,比如说在公元前1500年左右形成的印度教。但是,哲学作为一种独立的探究智慧本身的学问却只有2 600年的历史。

西方哲学可以划分为三个主要的发展时期:古代哲学(公元前7世纪—5世纪);中世纪哲学,又叫经院哲学,同时也包括东

方思想家（5—17世纪）；现代哲学（始于17世纪）。

▶ 道家学说产生多长时间了？

　　道家学说可以追溯到公元前6世纪，由中国哲学家老子（Lao-tzu，公元前6世纪50年代—？）所创。老子坚持无为和简朴，他在结合了一些宗教思想的基础上形成了一种带有神秘性质的哲学思想——"道"。"道"是一种道德的行为准则。老子认为当人类面对"不可知"的世界时，他就应该坚持无为。老子将整个世界比喻为一个钟摆，而"道"就是钟摆上的铰链，任何抗争生活的行为就像附着在钟摆底端的昆虫一样，只能随着钟摆无奈地来回摆动。但是，如果沿着铰链（"道"）爬上钟摆顶部，就会发现一个完全停顿和静止的世界。老子建议人们去除欲望，行为要避免走极端，不要过度。老子的很多思想都收录在他的著作《道德经》（*Tao-te Ching*）中，现在有一些学者认为，《道德经》是老子的后继者编写的。

孔子是中国最受尊崇的哲学家之一。他认为所有的人类关系都是可以看作家庭模式。

　　道家的学说对现代人依然产生着影响。在两千六百余年前，道家学说的产生弥补了当时的儒家学说所没有解决的人类精神的空虚问题。当时曾经有一段传奇性的故事讲的是老子对年轻的孔子的责难，道家的学说在某种程度上也促进了佛教思想的发展，特别是道家对冥想和顿悟的推崇。

　　中国另一个伟大的道家的思想家是庄子（Chuang-tzu）。庄子创建了一种无关政治的，先验的哲学思想，他的哲学思想极大地推崇人的精神自由。以他的名字为书名的著作《庄子》是另一本经典的道家学说著作。

▶ 为何苏格拉底被判处死刑？

希腊哲学家苏格拉底（Socrates，公元前470—公元前399）与其他两位哲学家柏拉图（Plato）和亚里士多德（Aristotle）一起被认为是西方哲学思想的奠基者。在当时，苏格拉底有很多的追随者，然而，苏格拉底的观点和方法之间由于存在着矛盾，最终导致了他面临了日后的审判，他被控告蔑视雅典的众神，腐蚀雅典的青年，并且被判处了死刑，苏格拉底被迫服毒身亡。

除了服兵役的时间外，苏格拉底几乎终生居住在雅典，在雅典，苏格拉底衣冠不整的外表和他的正直、自律，以及对智慧的追求同样出名。在他生活的时代，人们的注意力开始从外部的物理世界（天空）转向人自身（人的内心、社会和法律），苏格拉底穿行于雅典的街道，用交谈来启发别人——包括那些本来应该比他聪明的统治者，在这些交谈中，他采用了一种后来被称为"苏格拉底问答法"或辩证法的方法，这是一种使用看似简单的问题引出合理性回答的方法。通过常常是围绕一个道德概念展开的一系列追问，被追问的人最终发现他原以为了解的东西实际上并不了解，苏格拉底的想法是一旦一个人认识到他自己认识上的不足，他就会抛弃原来错误的信念，而开始投入探索知识的自由之中。这种哲学的"争论"给苏格拉底也带来了很多敌人。

▶ 孔子是谁？为什么现在仍然在引用他的思想？

孔子（Confucius，公元前551—公元前479）是中国的一位思想家。孔子的真正名字是孔丘（K'ung Ch'iu），他出生于当时中国鲁国一个低等的贵族家庭。孔子的父亲在孔子3岁时亡故，孔子由他的母亲抚养长大。孔子生活的年代正是奴隶社会末期，当时的中国正经历着饥荒和贫困等严重的社会问题，奴隶社会末期，王权的削弱引发了诸侯国之间常年的战争。由于生长环境的原因，孔子深刻同情普通人的命运，他认为，诸侯只注重自己获得的利益，因而是造成人民困苦的主要原因。孔子认为，一个

好的国家必须由一个有道德的人领导,因而他开始致力于教育事业,他开设私学,教授文学、音乐(对人的性格的形成很重要)、体育和道德。孔子被认为是中国第一个开设私学的教育家,并且他的学生大都是普通的平民。他也同时被认为是中国历史上一位伟大的思想家,他认为家的模式是人类所有社会关系的基本模式。孔子认为生活中最重要的社会关系有5种:君臣、父子、兄弟、夫妻和朋友。更重要的是,孔子认为一个国家的领导人并不一定必须是专家,而应该是一位仁慈、诚实,不为自己私利所动的有道德的人。他的一些弟子后来出任过城市的行政官。

几千年来,孔子成为中国历史上最受尊崇的人。他的思想已经超越了文化的界限,这也就是人们为什么经常应用他的话作为自己行为的准则,特别是"己所不欲,勿施于人"经常被引用。他的大部分思想被收录在《论语》(Lun-yu)中,这是一本由他的弟子记录其言行的书。

尽管苏格拉底没有留下著述,但是他的学生柏拉图记录了自己和老师的对话。苏格拉底注重自省和自知,"对人而言,未经审视的人生是不值得过的(The unexamined life is not worth living)"是他的名言(也有人认为是柏拉图说的),苏格拉底同时相信人的灵魂(或"内在的自己")能够给予人生活的方向,而不是欲望和激情。苏格拉底的思想开创了希腊(和西方)的哲学渊源,是一个重要的里程碑。那些他之前的哲学思想时期被称为"前苏格拉底时期"。

▶ 柏拉图和苏格拉底、亚里士多德是什么关系?

出生于雅典的柏拉图是苏格拉底的弟子,也是亚里士多德的老师。他们3个人一起奠定了西方哲学的基础。

公元前399年,柏拉图在自己的精神导师苏格拉底被判处死刑后,对雅典政府的不满达到了顶峰。在周游了地中海沿岸的国家后,他于公元前387年回到了雅典,他在距离雅典1英里远的地方建立了学园(Academy),学园是一所完全由慈善家捐助支持的讲授哲学的学校,这里的学生完全不用付费,亚里士多德就是学园中的一个学生,他在学园中学习了20年。

柏拉图写了一系列的对话录,其中大部分是同苏格拉底的对话,他最受尊崇的一本书是《理想国》(*Republic*)。在《理想国》中,柏拉图探讨了公正和国家。他相信只有哲学家担任国家的管理者,社会才有可能消除不公正的现象:"除非哲学家成为我们这些国家的国王,或者我们目前称之为国王和统治者的那些人物,能严肃认真地追求智慧,使政治权力与聪明才智合而为一;那些得此失彼,不能兼有的庸庸碌碌之徒,必须排除出去。否则的话,对国家甚至对全人类都将祸害无穷,永无宁日。"柏拉图的另一本书《法律篇》(*Laws*)同样是关于理想国家的著述,但是这本书并没有完成。柏拉图的其他著述包括:《会饮篇》(*Symposium*)探讨了理想的爱;《斐德罗》(*Phaedrus*)批驳了当时流行的辩论术;《申辩篇》(*Apology*)呈现了公元前399年那场审判中苏格拉底自己所作的演讲;《斐多篇》(*Phaedo*)探讨了灵魂的不朽,据说这本书是苏格拉底在服毒之前最后的记录。

▶ 柏拉图的理念论是什么?

柏拉图的理论发源于苏格拉底的思想,苏格拉底认为人的灵魂可以直接地发现规律和真相,这些规律和真相可以通过对话的方式得出。事实上,由柏拉图撰写的苏格拉底的对话录只是表明苏格拉底正在致力于找出希腊传统道德中的本质。

▶ 亚里士多德发展出自己的哲学思想了吗?

亚里士多德当了柏拉图20年的学生,他的思想无疑会受到柏拉图极大的影响。但是,亚里士多德还是发展了自己的思想,并且应用于许多方面。

亚里士多德抵制柏拉图的理念论。亚里士多德认为世界是由各种本身的形式与质料和谐一致的事物所组成的。"质料"是事物组成的材料,"形式"则是每一件事物的个别特征。亚里士多德认为哲学的主要工作是解释事物为什么是现在这样,它们是怎么成为现在这样的,也正是因为这样,亚里士多德无论是对哲学,还是对科学都产生了深远和持续的影响。

 ▶ 为什么亚里士多德被认为是西方历史中最伟大的思想家之一？

亚里士多德（公元前384—公元前322）发展出的哲学系统后来成为了欧洲哲学、神学、科学和文学的基础。亚里士多德的哲学思想是西方文化的核心，唯一能够有效描述其哲学思想的方法就是举例子。

亚里士多德的《工具论》（*Organon*）论述的是逻辑。"Organon"的意思是"工具"和"手段"。在这本书里，亚里士多德为辩论提供了基本规则。尽管其他思想家在亚里士多德之前也研究过辩论的逻辑，但是没有一个人像他的研究这样系统。在《工具论》中，亚里士多德提出了一种依靠环境条件而得出结论的逻辑方法，而这种方法并不依靠直接的观察，他的这种演绎的方法叫做三段论。三段论由一个大前提、一个小前提和结论组成。例如：所有美德都是值得称赞的（大前提）；勇敢是美德（小前提）；所以，勇敢是值得称赞的（结论）。也有人认为这种理论没有价值。1620年英国哲学家弗朗西斯·培根（Francis Bacon, 1561—1626）否定了这种演绎的逻辑，进而转向归纳的逻辑。

在《诗论》（*Poetics*）中，亚里士多德扩展了他关于文学的观点。亚里士多德认为史诗和悲剧要比人类本身的实际状况更加崇高，而喜剧则不如事物的实际状况崇高，为了解释悲剧是如何带动观众的情绪的，亚里士多德引入了宣泄这一概念。亚里士多德区分了史诗和悲剧，他认为悲剧有统一的情节结构（后来被翻译为统一的情节、时间和地点），但是史诗没有。

除了逻辑学和修辞学之外，亚里士多德还写了许多关于自然科学〔《物理学》（*Physics*）、《论天》（*On the Heavens*）、《动物的部分》（*Parts of Animals*）和《论植物》（*On Plants*）〕、伦理学和政治学（《政治学》〔*Politics*〕）的著述。他的哲学著作叫做《形而上学》（*Metaphysics*）。在希腊语中,"meta-"的意思是"在之后"的意思,这本书由于是亚里士多德在写完《物理学》一书之后写的,所以名字叫做"Metaphysics",《形而上学》是一本研究物质或者现实的本质与结构的书。形而上学是西方哲学的五大分支之一,在现代哲学思想中,形而上学包含多种学科的知识,比如宇宙学(宇宙的起源和结构)和神学(关于宗教的学问)。世界上大部分的哲学著作都引用过亚里士多德的著述,以及他在雅典学园中对弟子授课时的言语。亚里士多德的学生中有许多希腊的执政者,其中包括亚历山大大帝(Alexander the Great,公元前356—公元前323)。

▶ "伊壁鸠鲁"是什么意思?

当"伊壁鸠鲁"(epicurean)被用来形容贪图享乐的人,它原来的意思已经被过度简化了。"伊壁鸠鲁"这个名词来源于希腊的哲学家伊壁鸠鲁(Epicurus,公元前341—公元前270)。虽然伊壁鸠鲁认为愉悦是一个好东西,而且也应该成为人们追求的目标,但是后来的学者错误地认为这种哲学就是感官享乐的通行证,实际上,伊壁鸠鲁所定义的愉悦并不是不受节制的纵欲,而是对痛苦的解脱和头脑的平静。这种愉悦必须通过简朴的生活方式才能获得。

大约公元前306年,伊壁鸠鲁在雅典建立了学派,就是后来闻名的花园学派。学派名字来源于学派的学生依靠园艺来维持生活,在那里,伊壁鸠鲁和他的学生过着一种朴素、节俭、公正和诚实的生活,依靠这种方式,他们获得平静——伊壁鸠鲁学派所推崇的生活的终极目标。伊壁鸠鲁进一步认为理性层次的愉悦要高于感性层次的愉悦,感性层次的愉悦是短暂的,事实上,他认为最伟大的,也是持续时间最长的愉悦是友谊,希腊哲学家和作家卢克莱修(Lucretius,公元前99—公元前55)在他的长诗《论量物的本性》(On the Nature of Things)中也表达了相同的观点。

伊壁鸠鲁学派持续了几个世纪,直到这种哲学最后被基督教批评为是异教徒的信条。然而,也有一些批评者认为《圣经》(Bible)旧约中的传道书就含有伊壁鸠鲁学派的思想,也有人甚至指出新约中的圣保罗(Saint Paul)所写

的书信当中的内容就明显受到伊壁鸠鲁学派思想的影响。更近一些年代中，作为美国作家和美国《独立宣言》(*the Declaration of Independence*)的签署者之一的托马斯·杰斐逊(Thomas Jefferson)就曾经宣布自己是一名伊壁鸠鲁主义者。

▶ 什么是中世纪哲学？

在中世纪(500—1350)，哲学家们开始将古代希腊思想家，诸如亚里士多德和柏拉图的思想应用于宣传基督教思想。这场运动几乎跨越了整个中世纪，并在13世纪达到高峰，这种哲学叫做经院哲学，因为经院哲学的思想家们大都与大学有着某种联系。经院哲学家的英文"scholastic"源于希腊文中的"Scholastikos"，意思是"维持学校"，简短来说，经院哲学的目标可以描述为"将亚里士多德基督教化"。现实中，中世纪的哲学家们致力于使用推理来论证信仰，因而，经院哲学既有理性的成分，又具有宗教的成分。经院哲学也为东西方哲学思想的碰撞提供了机会：一些重要的伊斯兰哲学家，包括法拉比(Farabī, 878—950)、阿维罗伊(Averroes, 980—1037)和阿维森纳(Avicenna, 1126—1198)的论述都是经院哲学的思想。神学家们，包括圣安塞姆(St. Anselm)和托马斯·阿奎那(Thomas Aquinas)，也开始使用一些非基督教哲学——包括古代希腊的哲学思想和穆斯林哲学家的思想——去论证基督教神学。

▶ 中世纪伟大的伊斯兰哲学家都是谁？

三位伊斯兰思想家将希腊的哲学思想介绍进入伊斯兰世界，他们同时也是中世纪古代哲学思想和经院哲学思想的桥梁，他们的名字是法拉比(Farabī, 878—950)、阿维罗伊(Averroes, 980—1037)和阿维森纳(Avicenna, 1126—1198)。

法拉比在伊拉克的巴格达学习过经院哲学，他将亚里士多德的思想应用于解释穆斯林的教义，被穆斯林世界尊称为"亚里士多德第二"，或者"第二导师"，他认为哲学和宗教是不矛盾的，相反它们是相互平行的。阿维森纳的著作也介绍了大量亚里士多德的思想，他被穆斯林世界尊称为"第三导师"，他的著作详细论述了本质和存在之间区别，阿维罗伊对亚里士多德和柏拉图(特别是《理想国》）的思想作了注释，他还撰写了有关宗教法、哲学、宗教学和逻辑学的书。

▶ 谁是伟大的经院哲学家？

正如伊斯兰哲学家们将理性用于解释信仰那样，西方的哲学家们也致力于将希腊的哲学思想和基督教神学结合在一起，这场运动的领导者包括：圣奥古斯丁（St. Augustine，354—430）（又称希波的奥古斯丁）、圣安塞姆（St. Anselm）和圣托马斯·阿奎那（St. Thomas Aquinas，1225—1274）。

希波的奥古斯丁生活的年代是异教徒世界正在退让给基督教世界的年代，奥古斯丁的作品包括布道、书籍和田园诗，他的作品明显受到柏拉图主义的影响，预示着600年后那场经院哲学运动的到来。奥古斯丁认为，理解可以增进信仰，信仰也可以增进理解，他同时认为基督徒客体通过审视自己的内心（通过内省）理解三位一体。

作为经院哲学的奠基者之一，圣安塞姆是一名本笃会修士，他于1093年成为坎特伯雷大主教。他以描写神迹（在他的著作《独白》〔Monologion〕中）和论证上帝的存在（在他的著作《对话》〔Proslogion〕中）而出名，他提出了著名的本体论论证：我们只能把上帝设想成一个无限的和最完美的东西，一个具有除"存在"以外的所有完美性（如全知、全能、公正等）的东西不能算是最完美的，因此，最完美的东西必然存在。

经院哲学的杰出代表是圣托马斯·阿奎那，他也是罗马天主教的一位主要的圣徒，他的著作在1879年被教皇利奥十三世（Pope Leo XIII）宣布成为天主教的正式教理。圣托马斯·阿奎那于1248年—1272年在德国科隆和法国巴黎的大学执教期间，完成了他的主要著作：《反异教大全》（Summa contra gentiles，1259—1264）和《神学大全》（Summa theologica，1266—1273），他抛弃了圣奥古斯丁柏拉图式的论证方式（圣奥古斯丁认为真理就是信仰），重新解释了亚里士多德的自然主义哲学：与伊斯兰哲学家法拉比相似，法拉比认为信仰和理性并不冲突，托马斯·阿奎那认为信仰和理性是和谐融洽的。托马斯·阿奎那的著作被认为是中世纪哲学的伟大成就，形成了13世纪经院哲学的黄金时代，托马斯·阿奎那于1323年被追封为圣徒，并于1567年被天主教大教堂尊称为博士。

◉ 弗朗西斯·培根爵士信仰什么?

弗朗西斯·培根爵士（Sir Francis Bacon, 1561—1626）是一位英国哲学家、作家和政治家，也是16—17世纪科学革命的杰出领袖之一。在16—17世纪之间，欧洲人认识自己和世界的方式发生了巨大的转变。培根认为人们以往形成的认识事物的方式必须有一个根本性的改变，青年培根在神学院学习时开始认为亚里士多德的认识方式（或者说是演绎的逻辑）根本没有价值，培根本人比较推崇

英国哲学家弗朗西斯·培根认为观察自然的最佳方式是直接观察。（S.弗里曼绘图）

观察的方法（或者说是归纳的逻辑），他认为盲目地接受诸如亚里士多德和柏拉图等古代哲学家的思想已经严重地阻碍了人们认识真正的世界。作为一名教徒，培根坚持不能质疑神学：他认为理性探询能够打开事物本质的秘密，但是无助于认识人类的精神和灵魂。因此，培根坚持神学和哲学的分离，这种观点是与当时流行的观点相左的，这种观点也使得他成为教育改革和科学改革的坚定支持者。

培根学习过法律，因而出任过英国驻法国的皇家外交官，他被选入过国会，还在公共部门任过职。培根的许多著作都具有开创性，他的《论说文集》（*Essayes*, 1597）包含了许多生活智慧和观察结论；《学习的进步》（*Advancement of learning*, 1605）是对知识现状的调查（试图谋取国王对英国教育和科学的全面支持）；《新工具》（*Novum Organum*, 1620）介绍了培根在直接观察的基础上，所采用的归纳方法（同亚里士多德的演绎方法相对）。

◉ 什么是"谬论的原则"?

"谬论的原则"（doctrine of idols）是英国哲学家弗朗西斯·培根在他的著

作中用以形容那种对古代哲学思想的盲目接受所使用的一个短语,培根所说的那些古代哲学思想包括亚里士多德的思想、柏拉图的思想和现代天文学的奠基者哥白尼(Copernicus,1473—1543)的思想。在他1620年的著作《新工具》(*Novum Organum*)中,培根激进地抨击说人类的进步已经因为对某些固定概念的盲目接收而被阻碍了,纠缠于这些概念,或者说是"谬论",人类认识事物的方向发生了错误,一旦接收了某种理念并将它奉为真理,我们就会排斥其他新的理念,培根将这种排斥其他新的理念的倾向称之为傲慢,与傲慢并生的是怀疑论:怀疑一切同样会排斥其他新的理念。为了同这些阻碍抗争,培根采用了一种追问的方法。培根认为人们能够在工具的帮助下通过仔细地观察而理解事物的本质,他进一步将科学实验描述为一种有组织的努力,即需要许多科学家的共同参与,也需要管理者的支持。培根被认为奠定了现代科学思想的基础。

▶ 为何笛卡儿被认为是"现代哲学之父"?

勒内·笛卡儿(Rene Descartes,1596—1650)是法国的一位数学家和哲学家。1637年,他在荷兰出版了他的第一本著作《方法导论》(*Discourse on Method*),在他的论文中,他将数学方法应用于科学和哲学,并且断言所有的知识都是在自明的前提下理性推理的产物。这种必然性的观点为现代哲学奠定了基础,从17世纪一直持续到现在。

"我思故我在"(I think, therefore I am,拉丁文是Cogito ergo sum)是笛卡儿著名的格言,这句名言的理论基础是他关于唯一能够怀疑的就是怀疑本身的断言,这句话的下一个逻辑结论就是怀疑者(思想者)是存在的。与"我思故我在"相关的还有二元论,即现实包括精神和物质:因为思想者思考,所以他既是精神的(唯心的)也是物质的(唯物的),笛卡儿认为精神和物质之间是相互独立的,但是它们是结合在一起工作的,笛卡儿甚至得出了他们共同工作的原理,现代的哲学家们还时常被二元论的思想所困扰。

笛卡儿的其他主要著作还包括最著名的《第一哲学沉思录》(*Meditations on First Philosophy*)(1641)和《哲学原理》(*Principles of Philosophy*,1644),他的哲学思想被称为笛卡儿主义(Cartesianism)。

什么是经验主义？

经验主义（empiricism）是一个哲学概念，它表示只有建立在观察和实验基础之上的经验才是知识的来源，经验主义认为人们应该依据感官收集到的信息作出决定，而不是凭借推理、信仰或者政治权力。经验主义的发展与18—19世纪科学实验的兴起紧密相关，即使是现在仍然有很多科学家信奉经验主义，经验主义者包括：英国哲学家约翰·洛克（John Locke, 1632—1704），他认为人没有先天的知识——人出生就如同一张白纸，所有的知识都来源于人的经验；爱尔兰牧师乔治·贝克莱（George Berkeley, 1685—1753），他认为存在就是感知或被感知，并且是上帝使得物质可以被感知；苏格兰哲学家戴维·休姆（David Hume, 1711—1776），他将经验主义推向极端怀疑主义，认为人类的知识受到已有观念和经验的限制，因而任何知识都是不真实的。

为何康德哲学仍然如此重要？

伊曼努尔·康德（Immanuel Kant, 1724—1804）是现代伟大的思想家之一，他创建了一套全新的哲学体系，重新对人类的知识进行了解读。1755年开始，他作为德国哥尼斯堡大学的教授承担多门课程的教学，他还是一名多产的作家，体现他学术思想的重要著作多著于他的后半生，也就是在1755年，他开始着手一项"批判哲学的撰写计划"。在这项计划中，他致力于回答他认为困扰所有哲学家的三个问题：我能够知道什么？我应该怎么做？我可以希望什么？

康德对第一个问题（我能够知道什么？）的回答建立在这样一个重要的结论之上：一个人能够知道和了解的知识是他或她对事物的经验，而不是事物本身。他得出这样的结论始于他观察到数学和科学的确定性：他认为现实的人（形而上学）是无法像科学和数学那样得出真正的知识，例如，牛顿（Newton）的惯性定律（law of inertia）——静止的物体总是倾向于保持静止，运动的物体总是倾向于保持运动——依据人类的经验是永远不变的。惯性定律被认为是普遍正确的，是"纯粹"的真理，但是，康德认为人并没有这样的确定性，凡是人没有通过感官体验的都不能被认为是绝对的。因此，康德认为自由是不能被证实和被证伪——上帝是否存在也一样。

尽管人类所能了解的事物受到极大的限制，但是康德并没有因此而变成一个怀疑论者。相反，他认为对待"不可知的事物"需要信仰的飞跃，他认为因为没有人能够证伪上帝的存在,反对宗教当然也是没有意义的。在这样的理论基础上,康德回答了哲学家面临的第三个问题:我可以希望什么?

在得出人是依据其内在的规定体验世界的结论后,康德开始着手回答第二个问题(我应该做什么?),在1788年出版的《实践理性批判》(*Critique of Practical Reason*)一书中,康德指出人内在的有一种道德的规定性,他称之为"绝对律令"(categorical imperative)。康德认为一个人判断自己行为是否符合道德可以依据这样的标准,即行为的动机是否可以成为普遍的准则,是否适用每个人。"要这样做,永远使得你的意志的准则能够同时成为普遍制定法律的原则。"康德认为如果一个人的行为能够符合"绝对律令",他就是在履行自己的责任,这样才能够最终达到善。

康德的思想影响了近2个世纪的哲学发展:现代的思想家们仍在研究他的思想,以及他所反对的观点。有意思的是,在康德的作品中有一篇政治短文叫《永久和平》(*Perpetual Peace*),这篇短文出现于1795年,在这篇短文中,康德描述了一种能够防止国际战争的联盟性组织,就在康德逝世后100年,联盟和联合国出现了。

▶ 什么是黑格尔辩证法?

黑格尔辩证法是由德国哲学家格奥尔格·黑格尔(Georg Hegel,1770—1831)创建的。黑格尔提出世界的中心存在一个绝对精神,是绝对精神引导着现实,依据黑格尔的理论,所有的历史发展都遵循三条基本规律:每件事都有一定的发展路线(换句话说,它不会以其他形式发生);每个历史事件不仅代表着改变,而且表示了进步;每个历史事件,或每个部分,都倾向于被它的对立面所取代,即后来所说的两个极端之间的相互转化。黑格尔辩证法中的第三定律就是后来被历史

德国哲学家格奥尔格·黑格尔(1884年的肖像)认为世界的中心存在一个绝对精神,是绝对精神引导着现实。

学者广泛探讨的"钟摆理论"：事物在两个极端之间相互转化，直到在中间位置停留下来，两个极端分别叫做"正"和"反"，相互转化叫做"合"。依照这种理论，黑格尔认为人能够认识历史的秘密，他还认为人类的经验是绝对的，也是可认识的。

▶ 什么是存在主义？

存在主义不是一个单一的思想流派，而是指明显受到丹麦哲学家瑟伦·克尔恺郭尔（Soren Kierkegaard, 1813—1855）影响的几个思想体系。存在主义者思考一个问题：在怀有敌意或冷漠的世界中的个人存在。然而，在考虑到这种"境遇"的情况下，哲学家们得出了不同的结论。

作为现代存在主义先驱，克尔恺郭尔反对黑格尔的哲学思想，黑格尔将哲学视为科学，认为哲学是客观的，也是确定的。克尔恺郭尔颠倒了这种论点，认为真理不是客观的，相反是主观的；没有普遍的真理；人的存在是不能用科学解释的。他坚持人必须在自己知识的基础上自己作出选择，在写作过程中，克尔恺郭尔经常使用笔名。他这样做的目的是让读者自己决定什么是对的，而不会屈从在自己哲学思想的"权威"下。

20世纪，克尔恺郭尔思想学派的继承者包括德国哲学家马丁·海德格尔（Martin Heidegger, 1889—1976）和法国作家简·保罗·萨特（Jean-Paul Sartre, 1905—1980）。海德格尔拒绝自己被贴上"存在主义者"的标签，萨特却是唯一自我宣称是存在主义者的人。存在主义者面临着一种两难选择，即一方面人必须使用自由意志作出决定，并且为决定承担责任，但是另一方面却不知道什么是真还是假，什么是对还是错，什么是好还是坏。尽管如此，人还是必须不停地作出决定，并且承担责任，萨特称这种状况为"恐怖的自由"。然而，诸如美国神学家保罗·蒂利希（Paul Tillich）的神学家们为人的这种境遇带来了神的福音，他们的结论完全没有萨特所宣称的那样悲观，例如，蒂利希认为存在着"神的回答"。与此类似，犹太哲学家马丁·布伯尔（Martin Buber, 1878—1965）同样受到克尔恺郭尔的影响，提出人与神之间的直接对话能够产生真理。

▶ 尼采哲学中的"权力欲"是什么？

德国哲学家弗里德里希·尼采（Friedrich Nietzsche, 1844—1900）创建了许

多关于人行为的理论,权力欲是其中之一。当其他哲学家们(包括古代希腊的思想家伊壁鸠鲁)还在争论人是否是受欲望的驱使去体验愉悦时,尼采却提出既不是愉悦,也不是对痛的规避,而是力量和权力激发着人的行为。为了获得权力,人甚至可以忍受痛苦,然而,需要指出的是,尼采所说的权力欲不是统治他人的欲望。尼采崇拜"超人",即一个能够控制、操纵自己的人。尼采认为艺术家就是"超人",因为他们能够在创造性活动中成功地控制自己的本能,他认为艺术家们通过这种形式获得的权力形式要远远高于那些控制他人的权力形式。对尼采自尊造成重大伤害的一个例外的艺术家是作曲家理查德·瓦格纳(Richard Wagner, 1813—1883),尼采反对瓦格纳,因为瓦格纳过着一种不道德的生活,尼采认为瓦格纳没有获得能够控制其本能的权力。

1868年—1878年之间,尼采担任瑞士巴塞尔大学的教授,后来因为身体原因而退休,退休之后,尼采转向写作,包括写诗。1889年,他精神崩溃,并于次年死亡,在他死后,他的妹妹伊丽莎白·福斯特·尼采(Elisabeth Forste-Nietzsche, 1846—1935)在修订他哥哥的著作时,更改了原来的意思。1895年,伊丽莎白嫁给了一名反犹太的煽动者本哈德·福斯特(Bernhard Forster),他们两人试图在巴拉圭建立一片纯净的雅利安人(一种非犹太的高加索人)世界。努力失败后,福斯特自杀,对尼采著作的修改直接导致了对尼采哲学的严重误读,最终促成了纳粹主义的兴起。

哲 学 和 政 府

▶ 什么是自然法?

自然法是依据人的本性而立法,正因为如此,自然法只能通过人类的理性被认知,不受人造法的影响。罗马演说家和哲学家西塞罗(Cicero,公元前106—公元前43)认为,自然法是普遍有效的,它约束政府和所有人。

▶ 什么是社会契约?

社会契约形容的是个体与政府之间形成的一种契约关系,在这种关系中,

社会个体和政府分别扮演不同的角色。社会契约理论的基础是基于这样一种观点，社会个体放弃自己的一种自然状态（自由和不受约束）提供给社会以换取秩序、结构和更重要的保护。

几百年来，许多哲学家们都采用过社会契约理论。在英国哲学家约翰·洛克（John Locke，1632—1704）的思想中，社会契约是与自然法紧密相连的，洛克认为，人最初的生活处于一种自然状态，自由没有任何限制。在意识到每个独立的个体在维护自己的权利时会发生矛盾之后，人们同意生活在一个共同的政府之下，以获得保护，虽然这样，但是人们并没有因此而放弃自己的自然权利。相反，洛克认为，政府应当保护人们的权利——特别是生命权、自由权和财产权。洛克将他的思想写成著作出版，他最有影响力的两本书是于1690年出版的《论人类的理解》（*An Essay Concerning Human Understanding*）和《政府论两篇》（*Two Treatises of Government*），他的著作确立了他"自由哲学家"的地位。其思想深刻地影响了美国《独立宣言》（*the Declaration of Independence*，1776）的作者托马斯·杰斐逊（Thomas Jefferson，1743—1826），《独立宣言》宣称"我们认为下面这些真理是不言而喻的：人人生而平等，造物者赋予他们若干不可剥夺的权利，其中包括生命权、自由权和追求幸福的权利。"

法国哲学家让·雅克·卢梭（Jean-Jacques Rousseau，1712—1778）是启蒙时代（17—18世纪的一段文化时期，启蒙时代的人们认为理性是人类最重要的美德）重要的思想家之一，卢梭的著作《社会契约论》（*Social Contract*，1762）中认为人们之间缔结了一个契约，这种契约使得他们有义务去建立政府和政府系统。依据卢梭的理论，人们"有义务要服从法律的权威"，这意味着只有人们自己能够决定是谁统治他们自己。卢梭的思想促进了法国大革命（1789—1799）和美国革命（1775—1783）的爆发，他所定义的社会契约的概念最终在美国的《独立宣言》中得到了具体体现，它宣称"政府之正当权力，是经被治理者的同意而产生的"，"当任何形式的政府对这些目标具破坏作用时，人民便有权力改变或废除它"。1917年，美国马里兰州威廉·泰勒·佩奇（William Tyler Page，1868—1942）写下了那句著名的被奉为"美国信念"的名言："我坚信美国政府是一个民有、民治、民享的政府；政府之正当权力，是经被治理者的同意而产生的。"

⊛ 为何托马斯·佩因的哲学对民主思想十分重要?

英国政治哲学家和作家托马斯·佩因(Thomas Paine，1737—1809)认为，政府只是一种保护自然权利的政府形式。佩因于1774年抵达美国，2年后，他写了一本名为《常识》(Common Sense)的小册子，用以在美国革命期间唤醒民众的支持。在美国独立战争期间，佩因还出版了包括16篇文章的文集，名字叫《危机》(Crisis)，在《危机》中，佩因高度赞扬了美国的独立战争。佩因的文章使用的是日常用语，这使得他的思想能够被美国和其他地方的普通民众广泛接受，在佩因的文章中，他赞扬为自

英国政治哲学家和作家托马斯·佩因认为，政府只是一种保护自然权利的政府形式。(由乔治·罗姆尼〔George Romney〕创作)

由而斗争。1791—1792年间，佩因已经回到英国，在这段时间内，他出版了著作《人的权利》(The Rights of Man，分两部分)，捍卫法国大革命。由于号召英国民众去推翻君主政体，佩因以叛国罪而被审问。在逃到法国巴黎之后，这位哲学家成了革命的国民议会的一员，但是，在法国革命领导人马克西米连·罗伯斯比尔(Maximilien Robespierre，1758—1794)的恐怖统治时期，他由于是英国人而被关进监狱，一位美国大臣为佩因辩护，坚持佩因实际上是美国人。最终，佩因被释放。佩因被释放后一直住在巴黎，直到1802年，他回到美国。尽管他在美国独立战争中曾极大地鼓舞了美国民众，但是他的余生却一直生活在流放者的贫困之中。

⊛ 什么是马克思主义?

马克思主义是有关经济学和政治学的理论，它由德国的经济学家、哲学家和革命者卡尔·马克思(Karl Marx，1818—1883)创建。1844年，马克思与另一

位德国哲学家弗里德里希·恩格斯（Friedrich Engels, 1820—1895）在法国巴黎相遇，于是开始了两人长期的合作，4年后，他们共同出版的《共产党宣言》为社会主义和共产主义奠定了理论基础。马克思最有影响力的著作《资本论》（The Capital，德文为 Das Kapital）共三卷（1867，1885和1894），《资本论》详尽地分析了资本主义制度。

▶ 社会主义与共产主义有什么区别？

实践上，两者之间的差别很小，它们都是要消灭私有财产和实现集体所有制，但是，理论上，两者之间还是有点区别。依据马克思主义理论，社会主义是介于资本主义和共产主义之间的一种过渡形式：在社会主义阶段，国家（政府）依然存在，国家掌握社会财富，并使之集体化。马克思主义认为共产主义是社会发展的最高阶段，在共产主义社会，社会财富将被平均分配。

▶ 什么是法西斯主义？

法西斯主义是一种极端的政治哲学，它将国家和种族凌驾于个人之上，支持独裁政府的建立，在第一次世界大战后，德国和意大利的法西斯主义得到发展。意大利的法西斯主义运动由贝尼托·墨索里尼（Benito Mussolini, 1883—1945）领导，他于1922年取得了政权，开始实施一系列的改革，他的反对者被强制镇压。1936年，意大利与德国（在德国元首阿道夫·希特勒统治下）和日本建立了轴心国联盟，在第二次世界大战中，轴心国被同盟国（主要是英国、美国和苏联）打败，1945年，墨索里尼被处以极刑。战后，意大利的法西斯主义崩溃了。

六
科学与发明

▶ 毕达哥拉斯是何人?

今天学生们都知道的毕达哥拉斯定理(Pythagorean theorem)(直角三角形的两条直角边的平方和等于斜边的平方和)就是毕达哥拉斯(Pythagoras,公元前580—公元前500)证明的。毕达哥拉斯是公元前6世纪生活在希腊的一位哲学家和数学家,他为数学和天文学的发展作出了巨大的贡献。毕达哥拉斯没有留下任何著作,这也使得许多学者质疑他是否真的在历史上存在过,有学者认为归功于他的许多发现都只是某个群体的杰作。不管怎样,毕达哥拉斯留下的东西却是宝贵的,它们包括:单词微积分(微积分的英文单词是"Calculus",毕达哥拉斯使用鹅卵石排列成直线、角和方形,拉丁语中的鹅卵石就是"Calculus")、用数字形式表现的天文和音乐,毕达哥拉斯还在公元前6世纪就预测地球是圆的(不是平的),并且地球和月亮在围绕太阳旋转。

▶ 欧几里得是何人?

希腊数学家欧几里得(Euclid,公元前330—公元前270 ?)被尊称为"几何学之父"。他把逻辑学中的演绎原理应用到几何学中,由定义明确的公理导出语句。

▷ 什么是托勒密体系？

托勒密体系是由古希腊天文学家托勒密（Ptolemy，公元前170—公元前100）设计的，他的天文学建立在所有的天体，包括太阳、月亮和其他星体，都绕地球运转这样一种信仰之上。在他观测到天体的运行并不与他的设计完全一致后，他又在模型中增加了一个圆周（叫做本轮），试图修正，尽管仍然存在错误，托勒密体系还明确为我们指出天体的位置。托勒密体系影响了整整1 400年的时间，罗马天主教教堂将托勒密体系奉为基本的教理，甚至直到1543年波兰天文学家尼古拉斯·哥白尼（Nicholas Copernicus，1473—1543）将托勒密驳倒，罗马天主教教堂的上层仍然坚持地心说。16世纪70年代，丹麦天文学家第谷·布雷赫（Tycho Brahe，1546—1601）的精确观测证明了托勒密体系是不准确的，但是直到1609年德国天文学家约翰尼斯·开普勒（Johannes Kepler，1571—1630）建构出能够更好解释天体运动规律的体系之后，托勒密体系才真正被放弃。

▷ 哥白尼学说是什么？

哥白尼学说于1507年由波兰天文学家尼古拉斯·哥白尼提出，该学说认为地球只是宇宙中围绕太阳公转的天体之一，哥白尼刚刚提出日心说时受到了已经持续1 400年的托勒密体系的反对，托勒密体系认为地球是宇宙的中心，太阳和其他天体是围绕地球转动。

哥白尼学说的提出具有必然性：当哥白尼发现使用托勒密体系对较长一段时间后的星体位置的预测具有偶然性，而当他开始假设太阳，而不是地球，是太阳系的中心时，他发现能够比较容易和精确地计算出星体的位置。

然而，哥白尼并不是第一个提出日心说的人：古希腊天文学家阿里斯塔克斯（Aristarchus，公元前310—公元前230）是第一个提出地球围绕太阳转动的人。哥白尼将日心说又作了发展，他认为地球与宇宙其他星体相比要小，而且并不重要。

哥白尼学说同样存在问题：哥白尼认为星体运行的轨迹是一个完美的圆形。因为这个错误，哥白尼发现必须借用托勒密的本轮（托勒密宇宙论中的一个小的圆周，其中心在以地球为中心的一个更大的圆周上运动，其轨迹为环绕地球运行的行星的轨道）来弥补预测的和实际的星体位置之间的差异。直到17世

纪德国天文学家约翰尼斯·开普勒（Johannes Kepler, 1571—1630）才提出星体运行的轨道是椭圆。

▶ 伽利略对科学和数学的贡献是什么？

伽利略·伽利莱（Galileo Galilei, 1564—1642）被认为建立了现代的实验方法，他是第一位试图通过实验和观察证明或证伪理论的科学家和思想家。在伽利略之前，科学理论主要是建立在假设和推测的基础之上，正是由于精确的实验和观察，伽利略发明了许多东西，包括1586年发明的比重秤和1593年发明的温度计。

人们认为伽利略最重要的发明是望远镜，实际上，他只是在1609年改进了望远镜，伽利略是第一个使用望远镜观测天空的人，使用望远镜使他在1610年有了许

意大利物理学家和天文学家伽利略是第一位试图通过实验和观察证明或证伪理论的科学家和思想家。

多新的发现：月亮光是反射太阳的光；月亮的表面是多山的；银河是由无数的星星组成；木星有4颗比较大的卫星。伽利略称这些卫星为"美第奇星"（纪念他的赞助人科西莫·德·美第奇〔Cosimo de Medici〕），他甚至能够正确的测算出这些卫星的运行周期。伽利略还是第一个观测到金星和太阳黑子的科学家。

在取得这些天文发现之前，伽利略已经在科学领域取得了许多成绩。1589年，当他只有25岁时就发表了一篇关于物体重心的论文，1602年—1609年之间，他研究了钟摆运动和其他沿弧线和斜面运动的物体，通过这些实验和观察，他得出结论，物体下降时加速运动。他这一发现后来帮助了艾萨克·牛顿（Isaac Newton，1642—1727）建立了引力定律，伽利略还证明了抛射体的运动轨迹是抛物线。

 **为什么伽利略会作为异端被宗教法庭审判?**

1613年,伽利略出版的著作《星空信使》(*Letters on the Solar Spots*)给他带来了麻烦。在书中,伽利略认为哥白尼的宇宙学说,即地球围绕太阳运动,是对的,这个观点与当时罗马天主教廷所接受的建立在托勒密体系上的宇宙观相违背。托勒密体系认为地球是宇宙的中心,所有星体(包括太阳)是在围绕地球运动。所以在1616年,教皇发布法令,宣布哥白尼学说是错误的,伽利略被禁止发表这种学说。

1624年,新教皇乌尔班八世(Urban Ⅷ)加冕,伽利略到罗马请求撤销禁令。但是,教皇坚持禁令,但是他允许伽利略研究哥白尼学说,只要他承认哥白尼学说没有托勒密体系完备。然而,1632年,伽利略出版的另一本书《关于托勒密和哥白尼的两大世界体系的对话》(*Dialogue Concerning with the Two Chief World System*)仍然坚持哥白尼的观点,天主教教堂将伽利略召回罗马并让其作为异端接收宗教法庭的审判,伽利略由于违反1616年禁令,被宣布有罪,伽利略曾被命令放弃自己的信仰,这时,他喊出了那句著名的宣言:"可它在转。"

伽利略本来是要被关进监狱,但是教皇允许他在自己佛罗伦萨附近的家中关押。伽利略去世时78岁。

伽利略曾在意大利的比萨(1589—1591)和帕多瓦(1592—1610)担任数学教授,1610年,伽利略被托斯卡纳公爵科西莫·德·美第奇聘为"宫廷哲学家"和"宫廷首席数学家"。

▶ 为何约翰尼斯·开普勒对现代天文学如此重要?

德国天文学家约翰尼斯·开普勒(Johannes Kepler, 1571—1630)提出,包括地球在内的行星是以椭圆形的轨道围绕着太阳公转。他的这个结论的得出是建立在丹麦天文学家第谷·布雷赫（Tycho Brahe, 1546—1601）的研究基础之上的。

1600年，开普勒前往布拉格（捷克共和国），并成为第谷·布雷赫的助手。布雷赫在1576年建立了历史上第一座真正的天文观测台，赞助他建造天文台的是丹麦和挪威的统治者国王弗雷德里克二世（Frederick Ⅱ），在观测台中，布雷赫对天体运行的位置进行了详尽而且准确的记录。尽管他因为宗教原因拒绝接受哥白尼的日心说，但是他同时也意识到托勒密体系不能很好地解释他观测的结果，他很快提出了自己的天体运行理论。布雷赫的理论似乎是介于托勒密和哥白尼两种理论的中间：在他的体系中，有些行星围绕太阳运转，也有些行星围绕地球运转。

1600年，布雷赫雇用了开普勒，他让开普勒负责观测星体并且负责设计星体运行体系。作为一名数学家，开普勒非常胜任这个工作，在接下来的20年内，开普勒全心投入到这个工作当中。有一次，开普勒设计的体系已经几乎完全与布雷赫的观测结果相一致，但还有一些出入，因为相信布雷赫的观测结果是精确的，开普勒放弃了整个设计，然后重新开始。最后，他放弃了圆形轨道和托勒密的本论，改而转向椭圆形轨迹，当开普勒采用椭圆形轨迹时，他的计算完全符合布雷赫的观测结果。1609年，开普勒提出了行星运行的两条定律（在他的著作《新天文学》〔Astronomia nova〕中）：行星以椭圆形的轨道围绕太阳公转；行星在距离太阳较近时运行的速度较快，在距离太阳较远时运行速度较慢。

现在我们使用的"卫星"一词也来源于开普勒。在伽利略发现木星有4颗"月亮"之后，开普勒自己开始使用望远镜观测它们，并给它们起了个名字"卫星"（英文"Satellite"来源于拉丁文"Satelles"，意思是"仆人"）。开普勒还为微积分的发明作了开创性工作。

▶ 哈雷彗星第一次出现于何时？

第一次有记载的时间是公元前239年。1682年，英国天文学家埃德蒙·哈雷（Edmund Halley, 1656—1742）观测到一颗彗星，这颗彗星的运动轨迹几乎与在1531年和1607年观测到的彗星的运动轨迹相同。于是，他断定它们是同一颗彗星，并且预测这个彗星将于1758年再次出现，1758年，这颗彗星果然再次出

现，所以人们将它命名为"哈雷"。哈雷是英国第二位皇家天文学家，由于哈雷，我们在观测天空时可以松一口气：哈雷在自己和前人观测的基础上证实彗星只不过是一种自然现象之前，人们认为彗星的出现是厄运的预兆。自从公元前239年有记录以来，每个时期的人都曾观测到过哈雷彗星，最近一次观测到哈雷彗星是在1985年—1986年，下一次哈雷彗星的出现将在2061年，哈雷彗星的运行周期是76年。

值得一提的是，也正是哈雷鼓励他的朋友艾萨克·牛顿（Isaac Newton，1642—1727）撰写关于他的引力定律的书，即《自然科学的数学原理》（*Principia mathematica*），也是哈雷投资出版了这本现代科学的开创性著作。

▶ 牛顿是因为看到苹果落地而引起万有引力的灵感吗？

尽管这更像是一个传说，但是牛顿坚持它是真的。1665年，当牛顿刚从剑桥大学毕业，为了躲避蔓延伦敦的瘟疫，他回到家里的农场，在那里，他由于看到苹果从树上落下，然后开始思考究竟是什么力量引起苹果落地，他得出的理论是万事万物之间都存在着相互吸引的引力，苹果落地是因为地球对苹果有吸引力，这种引力同样是形成月球围绕地球转动的力量。

但是，很快牛顿就放弃了对引力的研究，转而研究光。在17世纪80年代，牛顿开始重新思考引起苹果落地的引力，这时，他借用了伽利略的研究成果，这位意大利科学家总结出物体下落时存在加速度。1867年，牛顿在好朋友埃德蒙·哈雷的帮助下出版了《自然科学的数学原理》，这本书介绍了引力定律和行星运行的规律。牛顿将伽利略的发现总结为三条定律：1）如果没有遇到外力，一个静止的物体总是倾向于保持静止，一个运动着的物体总是倾向于朝同一个方向保持运动（这就是惯性定律）；2）引起物体运动的力等于物体的质量乘以加速度（$F=MA$，F是力，M是物体的质量，A是加速度）；3）每个运动既会产生作用力，也会产生反作用力。正是这三条定律帮助牛顿计算出了地球和月球之间的引力。

▶ 是牛顿发明了微积分吗？

是，是牛顿发明了微积分，但是，德国哲学家和数学家戈特弗里德·莱布尼兹（Gottfried Leibnitz, 1646—1716）同样也是发明微积分的科学家，两人发明微积分都是为了解释物理规律。牛顿的发明要早于莱布尼兹，但是他没有发表他的成果，莱布尼兹于1684年发表了自己的研究成果，紧接着1693年牛顿也发表了自己的成果。在书中，他们分别使用了不同的数学符号，但是由于莱布尼兹的微积分更高级，随即被广泛采用，这种情形导致了两人之间的矛盾。两人之间的矛盾很快变成了有关国家尊严的摩擦，英国科学家一度拒绝采用莱布尼兹的微积分，无论怎样，由于牛顿微积分系统要早于莱布尼兹的，所以牛顿被认为是微积分的发明者。

▶ 乔治·华盛顿·卡沃尔的农业发明有多少？

美国植物学家、农业化学家乔治·华盛顿·卡沃尔（George Washington Carver, 1864—1943）因其众多的农业发明而闻名世界，他开发出三百余种花生的用途和一百余种甘薯的用途。作为奴隶的儿子，卡沃尔出生于美国密苏里州，他通过自己的努力得到求学机会，并于1894年获学士学位，1896年，他获得爱荷华州立大学农学专业的理学硕士学位。也是在同一年，他受聘于阿拉巴马州塔斯提吉学院（Tuskegee Institute, 现在的塔斯基吉大学），在那里，他主管农业研究，一直到1943年逝世。他的第一项研究的主题是土壤保持和农业实践，卡沃尔为南方的农民，特别是黑人农民上课，他还示范他们如何种田，以帮助他们提高产量。也是在那时，他的注意力开始转向南方两种常规作物的新用途：花生和甘薯。卡沃尔发现花生可以用来作为牛奶的替代品、打印机的墨水和肥皂，他同时也发现了大豆的新用途和使用棉花废料制作产品。他的努力是为了发展美国南方的经济，并且提高美国南方的黑人农民的生活水平。

卡沃尔因为他的成就而广受赞誉：1916年，他成为伦敦皇家艺术协会（Royal Society of Arts of London）的成员；1923年，由于他在农业化学方面的杰出成就而被授予斯平加恩奖（Spingarn Medal）；1939年，他由于在科学方面的杰出贡献而被授予西奥多·罗斯福奖（Theodore Roosevelt Medal）。

▶ 阿尔弗雷德·诺贝尔做了什么？

这位瑞典化学家由于诺贝尔奖和发明炸药（1866）而世界闻名。尽管火

美国植物学家、农业化学家乔治·华盛顿·卡沃尔革命性地促进了农业发展。他开发出花生、大豆和甘薯的几百种用途。

药提高了爆炸物的安全性，但是阿尔弗雷德·诺贝尔（Alfred Nobel, 1833—1896）也开始为自己的发明的用途担忧。诺贝尔是一位和平主义者，他进入炸药行业完全是因为这是家族的事业，按照他的意愿，他将他的财产（920万美元）遗赠建立基金以鼓励在科学、文学和促进世界和平等领域做出杰出贡献的人士。诺贝尔死于1896年，从1901年开始每年（1940年—1942年除外）都会评选出诺贝尔奖获得者，诺贝尔奖获得者主要来自5个领域：物理学、化学、医药学/生理学、文学与和平，诺贝尔奖获得者会被授予金质奖牌、证书和奖金。与之相关的第6个奖项是为了纪念阿尔弗雷德·诺贝尔，由瑞典国家银行于1968年设立的经济学奖，经济学奖于1969年开始颁发，获奖者于每年10月宣布，授奖仪式于每年12月10日举行，12月10日是阿尔弗雷德·诺贝尔的逝世周年纪念日。

▶ 为什么量子论的发展十分重要？

德国物理学家马克斯·普朗克（Max Planck，1858—1947）因为在有关量子理论方面的发现而获1918年诺贝尔奖。量子论的基本原理是能量和一些物理属性能够存在于微小的粒子（夸克）上。在普朗克的研究发现之前，经典物理理论认为能量和物理属性之间能够连续变换。普朗克通过黑体实验（黑体是一种理论上的理想辐射体，它可以吸收所有电磁波长的辐射能）得出辐射能量不连续的观点。普朗克为解决黑体辐射规律问题提出了能量子假设，并得到了黑体辐射的普朗克公式。连同阿尔伯特·爱因斯坦（Albert Einstein，1879—1955）的相对论，量子论构成了现代物理学的基础。自从量子论发明以来，量子论已经应用到了许多领域，甚至在原子或分子层面的研究也都使用到了量子论。1922年诺贝尔奖得主尼尔斯·玻尔（Niels Bohr，1885—1962）就使用了量子论来解释原子结构。量子论现在还被用来解释电子是如何穿过电脑芯片的，以及激光是如何工作的等问题。

▶ 为何等式 $E=mc^2$ 具有历史性意义？

这个著名的公式由德裔物理学家、1921年诺贝尔奖获得者阿尔伯特·爱因斯坦（Albert Einstein，1879—1955）于1905年提出。这个公式之所以具有历史性意义，是因为它和量子论（由马克斯·普朗克〔Max Planck〕在1900年创立）一起为原子能的利用提供了理论基础，它是爱因斯坦相对论（1905，1916）中的内容之一。

公式中的E是能量，m是质量，c的平方是常量，c的平方等于光速的平方，这个等式展示了能

1931年，阿尔伯特·爱因斯坦正在书写关于银河密度的等式。爱因斯坦因提出相对论而世界闻名。

量和物质之间的转换关系。20世纪30年代，当科学家们找到分裂原子的方法时，他们发现分裂后的粒子的质量要小于原子的质量，这表明，在原子分裂后，一部分质量转换成了能量。根据爱因斯坦的等式，科学家可以计算出原子分裂可以产生多大的能量，这种原子分裂产生能量的方法后来成为利用原子能的理论基础，原子能这个概念的本义就是指利用原子核或原子的中心部分产生能量，现在，我们生活在原子能的时代，人们的能源和武器都在使用原子裂变产生的能量。

▶ 为何爱因斯坦要给罗斯福总统写信建议美国发展原子弹？

阿尔伯特·爱因斯坦于1879年出生于德国。他在瑞士接收教育（也取得了瑞士的公民权），是一位热情的和平主义者，他敏锐的观察很快使他察觉到纳粹德国的威胁，1933年，当纳粹没收他的财产并且剥夺了他的德国公民权时，爱因斯坦正在英国访问，这位诺贝尔奖获得者非常幸运——在接下来的一年里，纳粹德国在阿道夫·希特勒的专制统治下逮捕和屠杀了600万犹太人。

爱因斯坦后来去了美国，并在新泽西州普林斯顿的高等研究院工作，他后来定居在那里，也取得了美国国籍（1940）。1939年8月，就在阿道夫·希特勒的军队进攻波兰引发第二次世界大战之前，爱因斯坦致信美国总统富兰克林·德拉诺·罗斯福（Franklin D. Roosevelt, 1882—1945），要求他启动一项政府计划研究原子弹，他警告美国必须开展原子弹研究，因为德国可能已经开始秘密从事了这项研究。

美国最后接受了他的建议，这项计划叫做曼哈顿计划（the Manhattan Project），中心设在田纳西州的橡树岭和华盛顿的汉福德，在那里，科学家们致力于提取足够制造原子弹的钚和铀，原子弹是由新墨西哥州洛斯阿拉莫斯（Los Alamos, New Mexico）的实验室研制，美国政府为这项计划投入了20亿美元。1945年7月16日，第一枚原子弹在新墨西哥州阿拉莫戈多（Alamogordo, New Mexico）爆炸，1个月后，美国分别于8月6日和8月9日在日本的广岛（Hiroshima）和长崎（Nagasaki）投下原子弹，日本最后被迫投降。

战后，爱因斯坦一直致力于人类事业的发展，他对日本所遭受的破坏和死亡感到不安。作为一名拥护犹太人复国运动的犹太人，他于1952年被提名为新以色列国（建立于1947）的主席，但是他拒绝了这一荣誉。1955年，他逝世于美国新泽西州。

▶ 恩里克·费米是谁?

意大利裔物理学家恩里克·费米(Enrico Fermi, 1901—1954)是原子能时代的创建者之一。1934年,费米宣称他发现了一种超过铀的新元素,但是实际上后来证明他所发现的只不过是原子分裂。1938年,就在第二次世界大战开始之前,人们称这一过程为原子裂变,就在一年以后,德裔物理学家阿尔伯特·爱因斯坦致信美国总统富兰克林·德拉诺·罗斯福,要求他启动一项政府计划研究原子弹。也正是在1938年,费米获得了诺贝尔物理奖,并逃离了已经被贝尼托·墨索里尼控制的意大利。1939年,费米成为美国哥伦比亚大学的一名物理学教授,在哥伦比亚,费米教了3年书,1942年,费米加入了研究原子弹的曼哈顿计划,也是他首次进行了核能链式反应的实验。

第二次世界大战后,已经于1944年加入美国国籍的费米在芝加哥大学教书并且继续开展他在原子方面的研究。1953年,一种人工产生的放射性金属元素以他的名字命名为"镄",美国原子能协会还设立了恩里克·费米奖。

▶ 为何奥本海默被调查是否忠于美国?

美国物理学家尤·罗伯特·奥本海默(J. Robert Oppenheimer, 1904—1967)于1942年—1945年间在第一颗原子弹的研究过程中,指导了新墨西哥州的洛斯阿拉莫斯的实验室工作。1953年—1954年,由于他反对美国发展氢弹而被美国政府调查,他被怀疑同共产党有联系,从而引发了安全危机。

第二次世界大战中,奥本海默看到了自己实验室研制的原子弹的巨大破坏力,由此他呼吁国际社会控制原子能的发展。当美国开始研制氢弹(又叫做"热核炸弹",因为为了引起原子反应需要极高的温度),奥本海默无论是在道德上,还是在技术上都不支持:氢弹的破坏力要远远高于原子弹。

1953年,奥本海默被美国原子能协会停止职务,因为他被怀疑严重威胁美国国家安全,在举行听证会后,这位出生纽约的物理学家被宣布无罪。10年后,1963年,美国原子能协会授予了奥本海默最高荣誉——恩里克·费米奖,以奖励他在理论物理方面的成就。事实上,奥本海默一生中做出了许多贡献:作为

加利福尼亚大学伯克利分校的教授，他建立一个理论物理研究中心；他还在加利福尼亚理工学院授课；1947年—1966年，他还主管过新泽西州普林斯顿的高等研究院，在普林斯顿，他结识了爱因斯坦。

▷ 末日时钟是什么？

末日时钟表示的是来自原子毁灭的威胁，它是由美国《原子科学家会刊》（*Bulletin of the Atomic Scientists*）理事会设立的。末日时钟于1947年（第二次世界大战中，美国在日本广岛和长崎投下原子弹2年之后）第一次出现在该杂志的封面上，原子科学家们发明这个时钟是为了告诫人们警惕核武器给人类世界带来的毁灭。时钟上的午夜时分代表毁灭的时间，当末日时钟第一次出现时，科学家们将时间设定为差7分到达午夜。后来的几十年内，由于核武器限制条约的签订，科学家们重新调整了时间设置。

末日时钟上所设定的最接近午夜的时间是差2分钟，这次设定是在1953年，即在美国和前苏联纷纷实验氢弹之后。末日时钟上设定的最远离午夜的时间是于1991年设定的，是在美国和前苏联签订了《削减战略武器条约》，并且宣布减少核武器数量之后。科学家们将时钟的分钟设定为差17分钟到午夜。

20世纪90年代末，末日时钟的时间设定为了差14分钟到达午夜，仅在1998年，由于印度和巴基斯坦争相实验核武器，时间一度被设定为差9分钟。2002年，《原子科学家会刊》宣布时钟的时间调整为差7分钟，因为不仅全世界在核武器控制上所取得的进步不多，而且美国拒绝签署一系列的核武器控制条约，美国还宣称将退出《限制反弹道导弹系统条约》，更重要的是，恐怖分子正试图获得和使用核武器。这一切都为人类带来了严重的威胁。

▷ 大爆炸理论是什么？

大爆炸理论是关于宇宙起源的理论。依据大爆炸理论，宇宙诞生于大约150亿—200亿年前的一场大爆炸，很长时间之后，大爆炸产生的物质逐渐形成了星系、星球和我们所熟知的太阳系。大爆炸理论最初由埃德温·哈勃（Edwin Hubble，1889—1953）提出，他观测到宇宙正在不停地膨胀，并且越远的星体后退的速度越快。20世纪60年代，贝尔实验室的科学家们发现了少量电波，他们认为这些电波是原初宇宙火球的放射残留物,这个发现支持了哈勃的理论,并且将宇宙的寿命设定在大约150亿年—200亿年之间。

天文学家们观测到星系之间移动正越来越远,而且很可能这种运动会永远持续下去,至少在接下来的700亿年之内将持续下去。科学家们相信,如果将星系聚集在一起,很可能还会发生爆炸(换句话说,很可能产生第二次大爆炸),其结果也可能和第一次爆炸一样,产生就像我们现在生活的宇宙。

另一位大爆炸理论的支持者是英国的科学家斯蒂芬·霍金(Stephen Hawking, 1942—   )。霍金因黑洞理论而闻名。1988年,他出版了自己的畅销书《时间简史:从大爆炸到黑洞》(*A Brief History of Time: From the Big Bang to Black Holes*)。

▶ 卡尔·萨根是如何普及科学的?

卡尔·萨根(Carl Sagan, 1934—1996)是美国康奈尔大学天文学和宇宙科学的教授。他为美国公众所熟知是由于他录制的13集电视节目《宇宙》(*Cosmos*),这个节目最初是由美国公共广播公司(Public Broadcasting Service)播出。《宇宙》介绍了许多科学知识,包括人类生命的起源和进化、人类大脑的进化、黑洞、时间旅行、太空探索和宇宙的命运等,节目播出后引起轰动,曾经成为美国最受欢迎的电视节目之一,根据这个节目出版的同名书《宇宙》也成为当年的畅销书。

▶ 多利羊是什么?

多利是一只出生于**1997**年的芬兰多塞特羊,它是第一只由成年母羊的DNA克隆成功的哺乳动物,它的出生标志着克隆技术的突破性进展。苏格兰爱丁堡市郊罗斯林研究所的科学家们采用的是一种体细胞核转移技术,这种技术使得多利同它的细胞捐赠者(细胞来自另一头母羊的乳腺)拥有相同的DNA结构。多利的出生成为全世界瞩目的事件之一,同

时它也引起了公众关于克隆的道德争议。接下来的几年内，全世界的科学家纷纷宣布成功克隆了老鼠、牛、山羊、兔子、猪、马、骡子和狗。

2003年，多利死亡。尽管它的生命只有芬兰多塞特羊10~12年生命的一半，科学家经过解剖发现除了它患有关节炎和肺癌之外，它同其他羊没有任何区别。多利是6只羊的母亲，这6只羊是按照正常方式出生的。

自然的历史

▶ **查尔斯·达尔文是如何创建进化论学说的?**

英国自然学家查尔斯·达尔文以其自然选择学说奠定了现代进化理论的基础。

英国自然学家查尔斯·达尔文（Charles Darwin, 1809—1882）在剑桥学习期间，经朋友介绍，作为一名自然学家登上了英国皇家海军舰艇小猎犬号（Beagle），由此开始了他1831年开始的环球旅行。这次旅行使得达尔文有机会收集和研究了世界大陆南部-南美洲沿岸、加拉帕哥斯群岛、安第斯山脉、澳大利亚和亚洲——的植物种群、动物种群和地质地貌。旅行于1836年结束，次年，达尔文发表了一系列关于自然历史的文章，但是其中还没有一篇提出进化论。（有意思的是，达尔文的爷爷伊拉兹马斯·达尔文是一位物理学家、植物学家和诗人，1803年所做诗篇《自然的圣殿或社会的起源》〔*The Temple of Nature or the Origin of Society*〕中已经预见了他孙子提出的进化论思想。）

达尔文在他的朋友,被誉为"现代地质学之父"的查尔斯·莱尔（Charles Lyell, 1797—1875）的鼓励下写出了自己的理论。巧合的是,此时他收到了一篇由英国自然学家阿尔弗雷德·拉塞尔·华莱士（Alfred Russell Wallace, 1823—1913）撰写的关于自然选择的摘要,华莱士已经在对巴西亚马孙河流域和东印度群岛（马来群岛）研究的基础上提出了进化论。1858年,达尔文出版了他的作品,同时也附上了华莱士写的摘要。次年,他出版了《物种的起源》（*On the Origin of Species by Means of Natural Selection*）以完善自己的学说。《物种的起源》被广泛阅读,以至必须重印出版,《物种的起源》第一次印刷的第一版仅在一天之内就全部售完。后来,达尔文于1871年又出版了《人类的遗产》（*The Descent of Man*）。达尔文认为所有的生命都起源于原生质（一种组成所有生命的基本物质）。在他的理论中,达尔文提出只有那些适应环境的组织可以生存,遗传其特征从而数量增多,传宗接代,而那些不适应的就会被淘汰。

尽管器官进化和自然选择学说极大地影响了世界科学的发展,但是却遭到了来自基督教的反对。创世论者认为《圣经》篇首给出的创造宇宙的叙述是真实无误的学说,进化论者和创世论者之间的争论引起了那场著名的所谓斯科普斯"猴子审判"。约翰·托马斯·斯科普斯（John T. Scopes, 1900—1970）是美国田纳西州代顿市的一名中学教师,他因在中学里讲授进化论而违反了州法。对他的审判（1925年7月）使辩护律师克拉仑斯·达罗（Clarence Darrow, 1857—1938）和原告律师长威廉·詹尼斯·布赖恩（William Jennings Bryan, 1860—1925）之间展开的激烈公开对抗。斯科普斯被确认为有罪而且被罚了一点微不足道的罚金,但对他的判决后果由于技术方面的理由后来得到平反。

尽管科学研究的发展已经证实了达尔文的进化论,但是创世论仍然有很多的信奉者,尤其是有很广泛的宗教基础。

▶ 利基家族做了什么?

这个最著名的英国家族共出现4位科学家,东非很多重要的人类学发现都是他们发现的。路易斯·西摩·巴泽特·利基（Louis S. B. Leakey, 1903—1972）是一位英国传教士最小的儿子,他出生于肯尼亚内罗毕并在那里长大,在

学习英语之前,他已经学会了当地的土著语言基库尤语,利基小时候就在内罗毕发现了许多原始箭头和原始工具。在剑桥大学学习期间,他决定从事考古学的研究,并获得了博士学位。

1936年,路易斯·利基同另一位考古学家玛丽·道格拉斯结婚。在回到利基的故乡后,他们夫妻两人的工作于1948年有了重大发现。在肯尼亚维多利亚湖附近,他们发现了三十余片头盖骨,科学家们认定这些头盖骨属于居住在250亿年—400亿年前的物种,这个物种是现代人和猿的祖先。

20世纪50年代末—20世纪60年代,利基夫妇实现了世界上最著名的发现,它证明了人类进化的中心在非洲。奥杜威峡谷是一个35英里(5.6千米)长的峡谷,在这里,他们发现了存有一百余种已经灭绝的动物形式的地质层,他们还发掘出已经接近人类的东非人化石。东非人已经拥有大脑,但是大脑只有现代人一半的重量,他们能够直立行走,大约有5英尺(1.5米)高,生活在距今175万年前,因为他们依靠坚果和肉类为食,所以他们又称为"吃坚果的人"。接下来,他们还在峡谷里发现了"工具人"(Homo habilis),也叫做"能人"(Able man),因为相信"能人"已经能够使用手边简单的石制工具,路易斯·利基认为"工具人"和"能人"是生活在同一时代、同一地方的两种比较近似于人的生物,这样的结论意味着人类并没有像预想的那样进化。

 ▶ DNA 结构是什么时间被发现的?

　　1953年,美国生物学家詹姆斯·杜威·沃森(James Dewey Watson,1928—)英国生物学家弗朗西斯·克里克(Francis Crick, 1916—)共同提出了脱氧核糖核酸分子结构的双螺旋模型。这种双螺旋结构是由氢键结合在一起。这个成功与英国物理生物学家莫里斯·威尔金斯(Maurice Wilkins, 1916—2004)在数据收集方面的工作密不可分。从沃森-克里克的模型中看到,DNA由两条核苷酸链组成,它们沿着中心轴以相反方向相互缠绕在一起,很像一座螺旋形的楼梯,两侧扶手是两条多核苷酸链的糖—磷基因交替结合的骨架,而踏板就是碱基对。当基因重组

时，不同DNA链会断裂和连接而产生DNA片段的交换和重新组合，形成新DNA分子。双螺旋模型帮助科学家们更好地了解了人类的遗传过程：一个人一般有23对（46条）染色体，同一对染色体同一位置上的一对基因称为等位基因，一般一个来自父亲，一个来自母亲（但是组合不同）。这样，孩子就既有家长的特点，又有些不同。每个人的DNA上都带有几十亿个遗传信息，而这些遗传信息就分布在我们每个人数百亿的身体细胞内。DNA结构的研究极大地促进了其他科学领域的研究，如个体发育、病理学、法医学等。DNA的识别功能异常强大，科学家可以仅仅依靠一根头发就找出它的主人。1962年，沃森、克里克和威尔金斯因推进了脱氧核糖核酸的研究而共同获得诺贝尔奖。

就在路易斯·利基带有矛盾性的发现对科学界提出了挑战之后，他的儿子理查德（1944— ）也有了重要发现。就在路易斯·利基在奥杜威峡谷的重要发现几十年后，理查德在肯尼亚中北部的图尔卡纳湖开始了他的研究计划。在那里，理查德发现了二百余片早期人类化石。1971年，理查德同他父亲助手米芙·埃普斯（Meave Epps，1942— ）结婚。米芙·埃普斯出生于英国，是一位动物学家和古生物学者。1965年，她曾经作为助手参与了路易斯·利基的东非挖掘工作。理查德和他的妻子两人共同发现了许多最古老的人类化石。1994年—1995年，在图尔卡纳湖附近，他们发现了生活在400万年前的南方古猿化石。

发　　明

▶ 发明指南针有多长时间了？

世界上第一个指南针可以追溯到公元前1世纪的中国，是中国人发现当一

片铁矿石放在平面上时总是指向北方。也有证据表明阿拉伯的水手们在600年左右就开始使用指南针,当阿拉伯人的影响逐渐向北扩展至欧洲时,指南针也传入了欧洲。到了14世纪,欧洲的船只开始采用带有指南针标向的地图航行。葡萄牙的王子亨利(Henry,1394—1460),又称为航海的亨利,推进了指南针的使用。他要求和鼓励水手和制图者互相合作以便制作更为准确的航海地图。也是在15世纪,意大利航海家与探险家克里斯托夫·哥伦布(Christopher Columbus,1451—1506)在驶向新大陆时发现他的指南针与北极星的方向之间有所偏差。(这是磁场的北方与真正的北方之间的偏差。)16—17世纪,科学家们对地球的磁场才开始有了更好的了解。

美国工程师及发明家埃尔默·斯佩里(Elmer Sperry,1860—1930)发明了回转罗盘。回转罗盘是一种日夜工作的装置,无论是在地球的什么地方,甚至是在地球两极,它都能够正常运转,准确地指出北方。

在发明指南针之前,航海中的水手们通常是依靠太阳、月亮和行星来确定自己的方位。

▶ 水手何时开始在航海中使用经度和纬度的?

1736年,英国发明家约翰·哈里森(John Harrison,1693—1776)向英国伦敦的经度局(Board of Longitude)展示了他的精密计时器。这个计时器可以精确到每天的1/10秒。因为它是依照格林威治时间设置的,所以,水手可以依据本地时间来确定自己所在的经度。尽管哈里森的发明有65磅(29.25千克)重,而且复杂,但是它的后继者的产生却保证了船只在任何天气情况下能够实现较远的航行。

▶ 日晷是何时发明的?

日晷是通过一个中心突出的指针或棍状枝条类的东西围绕刻有标准刻度的水平面上的阴影来指示时间。公元前6世纪,中国人和埃及人已经开始使用日晷。在一段时间内,日晷一直是一种比较精确的时间指示仪器,但是,它也存在问题:日晷上的刻度必须依据纬度和季节的不同而调整。日晷现在仍然是花园最受欢迎的装饰品之一。

▶ 日历发明有多长时间了？

我们现在通用的日历是格里历，它可以追溯到1582年。1582年，教皇格利高里十三世（Pope Gregory XIII，1502—1585）要求修订以罗马皇帝朱利安·恺撒（Julius Caesar，公元前100—公元前44）命名的儒略历。公元前46年，朱利安·恺撒命令天文学家索西泽尼（Sosigenes of Alexandria）修订了一部通用的太阳历，以便在全罗马范围内使用。（当罗马的军队征服了越来越多的土地，罗马帝国的土地上也出现了多种历法。）儒略历中，一年有365天。由于实际上一年有365.25天，所以儒略历每隔4年增加1天（闰年，当这一年能被4整除）。儒略历的一年有12个月，除了2月是28天以外，其余每月是前后间隔的30天或31天。儒略历的新年开始于每年的1月1日。格里历保持了儒略历以上所有的这些特征，只是将基督教的复活节调整到了春分（春天的第一天）。它同时规定能被400整除的年份为闰年。例如，1900年尽管能够被4整除，但是不能被400整除，所以它不是闰年；2000年能够被400整除，所以是闰年。

▸ 最古老钟表的年龄有多大？

第一个机械计时装置是滴漏计时器，也叫漏壶。它于公元前1500年开始使用。中世纪的人们也是使用这种计时装置。第一个精密的滴漏计时器是在8世纪为神圣罗马皇帝查理曼大帝（Holy Roman Emperor Charlemagne，742—814）建造的：每个小时，它会吐出一个金属球到碗中。滴漏计时器由于使用水作为动力（水会蒸发、导致机器生锈和腐蚀）会导致计时的不准确，所以需要一个更精密的仪器。一般认为，第一个完全的机械时钟是由一个修道士在1275年发明的：时钟是由一个下垂的重物驱动，每隔几个小时，它就需要重新设置。修道院是第一个安装报时钟的：一种报时的击打装置与计时器连接在一起，这样当修道院的钟声响起时，所有的修道士都能听到。

现在世界上还存在许多不同的历法,如巴比伦、中国和穆斯林的月历;科普特、日本和印度的太阳历。犹太教月历是太阳历和月历的混合。它们现在都还在被使用。

▶ 标准时间是何时开始设置的?

1884年,人们开始使用标准时间,它是在美国华盛顿举行的一场国际会议的产物。会上,各国代表均同意将地球分为24个时区。每个时区内设置统一的时间。时区的设置是现代工业发展的必然结果:商业,特别是运输业的发展要求设置统一的时间以便相互合作。在没有时区的时候,火车的运行系统是相当复杂的。

每个时区跨越15个经度。0°经线(又叫"本初子午线")穿越英国伦敦的格林威治观测台。格林威治观测台的时间叫做格林威治时间。时区以在格林威治以东或以西的距离而命名。依据时区设置,每个相邻时区之间的时间相差1个小时。当然,有的时区由于横跨同一个国家、省份等原因而有所调整。

美国大陆包括4个时区:东部时区、中部时区、山区时区和太平洋时区。此外美国还有阿拉斯加时区和夏威夷时区。美国国会于1918年授予州际商务委员会(Interstate Commerce Commission)调整时区的权力,1967年后,这个权力由美国运输部(Department of Transportation)获得。

▶ 冲水马桶是何时发明的?

这个发明可以追溯到16世纪90年代。据说它是由英国人约翰·哈林顿爵士(Sir John Harington,1561—1612)发明,由此它的昵称为"约翰"。作为英国女皇伊丽莎白一世(Queen Elizabeth Ⅰ,1533—1603)的大臣和教子,他在女皇的一座宫殿里安装了冲水马桶。尽管哈林顿是一位严肃的作家和翻译家,但是同样具有反抗精神。他由于自己的讽刺文章被伊丽莎白法庭流放。他的发明在当时并没有引起重视,但是在接下来的200年里,人们对它进行了各种改进,最终逐渐改进成为我们现在使用的马桶。

▶ 谁发明了温度计?

希腊人在公元前1世纪就制作了简单的温度计。伽利略(Galileo,1564—

1642）发明了第一个真正的温度计。第一个温度计是气压温度计，当温度计内的空气受热膨胀时，温度计内的有色液体的高度就会由于气压的原因而下降。现在使用的则是水银温度计。温度计中的水银受热膨胀，从而指示出温度。

1612年，伽利略的朋友意大利物理学家桑托里奥·桑托里奥（Santorio Santorio，1516—1636）开始使用伽利略的温度计测定病人体温的变化。（医用温度计不是的桑托里奥唯一发明。作为第一个在医药领域使用精密仪器的医生，他还发明了脉波记录仪〔Pulse clock〕。）

一个世纪以后，人们才在温度计上加上刻度。德国物理学家丹尼尔·华伦海特（Daniel Fahrenheit，1686—1736）于1714年发明了水银温度计，并设计出华氏温标。

▷ 托马斯·爱迪生是历史上最伟大的发明家吗?

有人认为他是最伟大的发明家，理由是托马斯·阿尔瓦·爱迪生（Thomas Alva Edison，1847—1931），这个被称为"门罗公园的天才"的人一生中有一千三百多项发明专利权，比美国历史上的任何发明家的专利都多。他最著名的发明包括：自动电报机、证券报价机、留声机（1877）、白炽灯（1878）和活动电影放映机（1891）。爱迪生同样也有重要的科学发现。他发现电子真空管的阴极加热时会释放出电子，这个现象就是后来闻名的"爱迪生效应"。

当爱迪生只有二十多岁时，他就建立了实验室。实验室里有五十余位工程师和他一起进行实验。他称这个建立在新泽西纽瓦克的车间

托马斯·阿尔瓦·爱迪生一生中有一千三百多项发明专利权，比美国历史上的任何发明家的专利都多。

为"发明工厂"。这个实验室持续了6年,在这里爱迪生完成了将近200项专利发明。这个实验室被认为是美国第一个正式的非学术研究中心。1876年,由于纽瓦克实验室的设备已经不能满足需要,爱迪生在新泽西州的门罗公园建立了新的实验室。在接下来的几十年里,他在这里完成了自己几乎所有重要的创造性工作。

▶ 爱迪生是没有接受过正规教育吗?

托马斯·爱迪生(Thomas Edison, 1847—1931)是没有接受过正规的教育的。爱迪生出生于俄亥俄州的米兰,1854年,他们家迁往密歇根州,刚开始时,爱迪生上过学校(一间只有一个房间的学校,由牧师和恩格尔夫人授课),学校生活只持续了几个月爱迪生就开始对学校感到厌烦,他的老师认为他比较自卑,当爱迪生把恩格尔夫人称他为"坏蛋"的事告诉妈妈南茜(Nancy)后,南茜决定立刻让他退学。从那时起,南茜自己在家教育爱迪生,她向爱迪生讲授物理、化学和其他科学,爱迪生对科学很感兴趣,在10岁的时候就已经能够在家里自己做实验。

爱迪生通过广泛的阅读增加知识,他曾经在从休伦港到底特律之间的火车上卖过杂志、零食和香烟,在底特律的停车期间,他就在公共图书馆里读书。据他自己回忆,他读完了整个图书馆的书,尽管爱迪生缺少正规教育,但是他有敏锐的头脑和天然的好奇心,更重要的是,他从他母亲的教育和图书馆中获得了全面的知识。

一件事情改变了爱迪生的生活:当他还是青年时,他丧失了听力,传记作家马修·约瑟夫森认为,耳聋对爱迪生产生了两个方面的影响:他不但开始更加"封闭和害羞",而且更加注重自己的研究,开始更加努力的学习。

交　通

▶ 谁发明了蒸汽发动机?

就像很多现代发明一样,蒸汽机的发明也有很长的一段发展过程,第一个发明蒸汽机的人通常认为是生活在1世纪的希腊科学家亚历山大,这个数学家发明了很多由水、蒸汽和压缩的空气驱动的装置,例如,喷泉、消防车和蒸汽机。一千多年后,英国人托马斯·纽科门(Thomas Newcomen,1663—1729)在1711年左右改进了蒸汽机,他发明的常压蒸汽机是瓦特蒸汽机的前身。

苏格兰发明家詹姆斯·瓦特(James Watt,1736—1819)对蒸汽机做出了基础性的改进,并于1769年获得专利,这是第一台现代蒸汽机,瓦特在前人设计基础上的许多改进为工业革命时期(1750—1850)蒸汽机的生产和应用于交通领域铺平了道路。瓦特蒸汽机的专利使得英国成为该时期最先进的国家之一,尽管瓦特的蒸汽发动机后来被涡轮机(19世纪)、电动机(19世纪)、内燃机(第一台实用内燃机于1860年发明)和柴油机(1892年获得专利)所取代,但是不管怎样,瓦特的发明在推动社会农业和工业的发展中起到了关键性作用,瓦特留下的遗产包括作为度量单位的"马力"和"瓦特"。

▶ 人们何时开始使用火车的?

火车的历史可以追溯到16世纪欧洲人在煤矿和铁矿的开采中使用的粗劣的轨道,那时的轨道是由两根贯穿矿井的木制轨道构成,当时的轨道完全是在井下,由人或者马拉着车子沿着轨道行进。18世纪早期,矿业公司扩展了这种轨道,将它们移到地面之上来运输煤和铁矿石,工人们发现他们可以在木头上包裹一层铁皮,这样木头就不会很快断掉,之后没有多久,轨道就完全开始使用铁制了。

同时,蒸汽机也有了改进。1797年,英国康沃尔郡一个工程师理查德·特莱威狄(Richard Trevithick,1771—1833)建造了第一辆机车,3年后,他又制成了第一台高压蒸汽机。从此之后,他的发明速度明显加快,1801年,他又制造了第一台蒸气客运列车。

1825年,另一位英国发明家乔治·史蒂芬森(1781—1848)对铁路交通的改善作出了极大贡献,他在制造并申请了自己第一辆实用蒸汽机车(1815)后,修建了第一条客运铁路,铁路长20英里(32千米),连接了英国的斯托克顿和达林顿,1830年,史蒂芬森修建了从利物浦到曼彻斯特的铁路。铁路发展迅速,甚至直到现在仍是最有效的交通工具之一,每天有大量的人依靠铁路往返于城市之间。

就在史蒂芬森继续建造铁路,并且建立了家族生意的同时,特莱威狄却没有这么好运:尽管他后来发明了高压蒸汽机的其他用途(包括钻探岩石、挖掘和农业灌溉),但他死时却身无分文。

▶ 第一条贯穿美国大陆的铁路是何时建成的?

1869年5月10日,贯穿美国大陆的最后一根铁轨被铺设完成,世界上第一条从太平洋沿岸到大西洋沿岸的铁路终于诞生,这样一条铁路的铺设来源于美国将全部国土更紧密连接在一起的梦想。19世纪40年代,美国已经有短途的铁路交通,但是还没有实现客运与货运的长途交通,19世纪60年代初,美国国会决定将铁路线延长到穿越整个美国国土。联邦政府为了实现这个计划不仅征用了土地,而且为两个参与铺设铁路的公司提供了大量资金。在长时间的争论之后,美国议会决定沿着北纬42°线建造这条铁路,即从内布拉斯加州的奥马哈到加利福尼亚州的萨克拉门托,之所以确定这条路线是因为这条线路沿线的地形最适宜修建铁路。

美国联合太平洋铁路公司(the Union Pacific Railroad)从奥马哈开始向西铺设铁路,而中央太平洋铁路公司(the Central Pacific Railroad)由萨克拉门托开始,跨越内华达山脉向东。1863年,铁路正式开始修建,6年后,两条铁路在犹他州中北部,奥格登市西北部的普洛门特利市相遇。中央太平洋铁路公司铺设了689英里(1 102.4千米)的铁路,而联合太平洋铁路公司共铺设了1 086英里(1 737.6千米)。600名工人,包括众多的爱尔兰、中国和墨西哥的移民工人都参加了于1869年5月10日举行的庆祝仪式,最后一颗被钉进铁道的道钉上连接着一条电报线路;当这颗道钉被砸进铁道时就产生电报信号,向全世界宣告了第一条贯穿大陆的铁路的建成。到19世纪末,美国共有15条铁路贯穿了全国。

▶ 自行车是何时发明的?

1876年,在19世纪一系列的尝试发明之后,一辆安全的自行车诞生了。这辆自行车是现代自行车的前身,也是第一款畅销的自行车,它的两个轮子一样大,这样的设计使得它更容易被控制,也更安全。这款自行车被大量生产:到了

1869年，铁路官员和铁路员工一起在美国犹他州普洛门特利市庆祝建成第一条穿越大陆的铁路。

1900年，超过1 000万的美国人都拥有了自行车。

像其他的发明一样，这辆自行车是多种发明结合的产物。1817年，德国男爵卡尔·弗里德里希·冯·德赖斯·德·绍尔布隆（Karl Friedrich Freiherr von Drais de Sauerbronn，1785—1851）发明了踏板车，这种踏板车以男爵的名字命名为"drasienne"。后来苏格兰人柯克帕特里克·麦克米兰（Kirkpatrick Macmillan，1813—1878）在1839年为这个装置加上了踏板，并将它命名为自行车。1870年，英国发明家詹姆士·斯坦利（James Starley，1830—1881）发明了一种前轮大，后轮小的车子，并取名为阿里尔（Ariel），尽管这种脚踏车容易骑行，而且速度较快，但是它的重心较高，也使得这种车子不稳定，甚至危险，后来，虽然人们在阿里尔车的基础上增加了一个轮子以保证安全性，但是仍然不够安全。1876年，英国人亨利·约翰·劳森（Henry John Lawson，1852—1925）发明的自行车拥有相同大小的轮子，彻底解决了安全性问题，劳森还在车子上加装了驱动后轮的车链条。1895年，另一个实用的发明被安装在车上，自行车上安装

了充气轮胎，1885年自行车开始批量生产。

即使在发明汽车之后，自行车依然在日常生活中扮演着重要的角色。在美国，骑自行车已经成了人们的休闲运动，自行车运动的受欢迎程度甚至可以比拟棒球运动，自行车俱乐部也出现了。协力自行车允许两个人同时骑乘，增加了美国青年男女之间的亲密。在自行车之后，美国的交通产业有了巨大的发展：美国发明家查尔斯·杜里埃（Charles Duryea，1861—1938）与他弟弟弗兰克（Frank，1869—1967）制造了美国最早的蒸汽驱动汽车；威尔伯·莱特（Wilber Wright，1871—1948）和他的兄弟奥威勒·莱特（Orville Wright，1867—1912）发明了飞机。

▶ 是亨利·福特发明了汽车吗？

不是。亨利·福特虽然没有发明汽车，但是他转变了美国的工业，也改变了我们旅行、生活和工作的方式。就在20世纪刚到来之际，有几个发明家就聚在一起试图发明一辆蒸汽驱动的运输机车，当福特刚完成他的第一辆汽车时，查尔斯·杜里埃（Charles Duryea，1861—1938）与他弟弟弗兰克（Frank，1869—1967）已经在美国展示了他们制造的蒸汽驱动的汽车，同时，美国俄亥俄州出生的兰塞姆·埃利·奥尔兹（1864—1950）已经创建了汽车工厂，开始生产奥尔比汽车。甚至在这些美国发明家和企业家之前，欧洲人已经在发明汽车的道路上有了重大突破。

汽车是一系列发明的结果。1769年，法国工程师尼古拉斯·约瑟夫·屈尼奥（Nicolas-Joseph Cugnot，1725—1804）发明了第一辆蒸汽驱动公路机车。19世纪早期，还有其他的发明家同样尝试制作了相同的机车，美国和欧洲已经有蒸汽驱动的机车投入生产。1899年，威廉·麦金利（William McKinley，1843—1901）成为第一个乘坐斯坦利蒸汽机车的美国总统，斯坦利蒸汽机车是由弗朗西斯·斯坦利（Francis Stanley，1849—1918）与其孪生兄弟弗雷兰（Freelan，1849—1940）一起发明的。

1860年，当法国人埃特尼·勒努瓦（Etienne Lenoir，1822—1900）发明了内燃机时，蒸汽机车的改进才有了突破性进展。但是，我们现在所熟知的以内燃机为动力的汽车却出现在1885年，由德国人戈特利布·戴姆勒（Gottlieb Daimler，1834—1900）和卡尔·奔驰（Carl Benz，1844—1929）分别单独制造出来。1891

年—1892年,法国潘哈德和勒瓦索尔机械制造公司发明出前置发动机,后轮驱动的汽车,这种设计概念整整影响了100余年,到1900年,欧洲人在制造汽车方面一直领先于其他地区的国家。1896年,美国的杜耶汽车公司生产出美国第一辆摩托车,同年美国开始生产蒸汽驱动的汽车。

19世纪,橡胶产业的发展使得汽车安装上了气胎,汽车历史上那些曾经著名的轮胎制造者包括:美国的查尔斯·固特异(Charles Goodyear, 1800—1860),英国的约翰·博伊德·邓洛普(John Boyd Dunlop, 1840—1921),以及法国的米其林兄弟(Michelin brothers),安德烈(Andre, 1853—1931)和爱德华(Edouard, 1859—1940)。

尽管在发明工作效率要远远高于蒸汽发动机的内燃机之后,人们对汽车的改进仍然继续着:1891年左右,美国人威廉·莫里森(William Morrison)发明出电车,电车很快被投入生产,到20世纪与21世纪之交时,美国的电车销售量占据了整个世界的40%。

▶ 谁发明了热气球?

法国人约瑟夫·米切尔·蒙戈尔费埃(Joseph-Michel Montgolfier, 1740—1810)和其兄雅克·艾蒂安·蒙戈尔费埃(Jacques-Etienne Montgolfier, 1745—1799)制造了第一个可飞行热气球。1783年,蒙戈尔费埃兄弟在法国阿诺奈的聚会中释放了一个巨大的气球,这只气球在空中漂浮了10分钟。3个月后,他们使用一个气球把1只鸭子、1只羊和1只公鸡送上了天空,并安全着陆。这次成功使他们开始尝试制造能将人送上天空的气球,1783年,法国科学家皮拉特尔·德罗齐埃(Jean-Francois Pilatre de Rozier, 1756—1785)成为历史上第一个搭乘气球上天的人,尽管为了安全,这次气球飞行有绳索与地面相连。在接下来的1个月中,他又成为搭乘热气球自由飞行的两人中的一个,1783年11月21日的这次飞行上升到巴黎上空300英尺(90米)的地方,并且在巴黎上空盘旋了25分钟。事实证明,热气球飞行要比同时期在法国发明的氢气球要安全许多。热气球很快流行欧洲,1785年1月,热气球驾驶者从英国的多佛港出发,抵达法国的加来,成功地穿越多佛尔海峡。1793年,热气球第一次在美国费城展示。展示的参观者中包括当时的美国总统乔治·华盛顿(George Washington, 1732—1799)。

▶ 谁发明了飞艇？

飞艇，一种自身驱动且比空气轻的飞行器，也有一段较长的发展过程。第一个制造出自身驱动的飞艇的是法国工程师亨利·吉法尔（Henri Giffard，1825—1882）。他于1852年驾驶他的飞行器从巴黎出发，抵达特拉普斯，共飞行了17英里（27.2千米），飞行速度为5英里/每小时（8千米/每小时）。飞艇呈雪茄形，并装有一个蒸汽发动机，尽管它有一个方向舵，但是很难控制。奥地利人大卫·施瓦兹（David Schwarz，1845—1897）被认为是第一个真正制造出硬式飞艇的人，他在1897年11月尝试驾驶他的飞艇，但不幸的是，飞艇坠落了。

一个与飞艇紧密相关的发明家是德国人费迪南德·冯·齐柏林（Ferdinand von Zeppelin，1838—1917）。他在1900年设计并制造了第一艘机动的、具有硬式机架、可驾驶的飞艇，齐柏林飞艇的飞行速度可以达到17英里/每小时（27.2千米/每小时），这个德国人在接下来的几年中逐渐改善飞艇的设计。1906年，他建立工厂开始批量生产齐柏林飞艇；1909年，齐柏林帮助建立了世界上第一条商用航线，这条航线完全由飞艇飞行。在第一次世界大战中，齐柏林飞艇被用于军事用途，但是在1937年"兴登堡号"飞艇在美国新泽西州坠落之后，飞艇的使用急剧减少。伴随着飞艇使用的减少，飞机制造的发展日益成熟起来。

▶ 是莱特兄弟发明的飞机吗？

莱特兄弟是第一个成功制造并驾驶飞机飞行的人，制造出飞机和驾驶飞机飞行这两件事轰动一时。威尔伯·莱特（Wilbur Wright，1867—1912）和奥威勒·莱特（Orville Wright，1871—1948）在美国俄亥俄州代顿市拥有一间自行车厂，他们很小的时候就开始对机械感兴趣。高中毕业之后，两兄弟一起从事商业，由于对飞行器感兴趣，两人在空闲时间就自己研制滑翔机。两兄弟向国家气象台咨询天气状况，以便确定飞行试验最好的场所，他们最后将试验场地定在北卡罗来纳的凯第霍克附近。1900年—1901年，在一片名为除魔山的狭窄沙地上，他们作了第一次滑翔飞行。回到自行车厂后，他们建造了一个大约6英尺（1.8米）长的小型风洞以测量气压，经过研究,莱特兄弟第一个精确地描绘出气流经过弯曲表面时形成的气压数据图表。

在第一次滑翔机的成功试飞和了解气流压力的基础上,莱特兄弟设计并制造出了飞机。1903年9月,他们返回北卡罗来纳的凯第霍克试验飞机,但是由于天气状况原因,试验一直拖到12月份。就在圣诞节前,也就是1903年12月17日,莱特兄弟作了第一次可操纵的,由有动力的、重于空气的飞行器支撑的飞行。奥威勒·莱特驾驶飞机飞行了120英尺(36米),在空中停留了12秒,同一天之内,他们飞行了4次。威尔伯·莱特的飞行距离最长:飞行超过了850英尺(255米),在空中停留了59秒。

众所周知,莱特兄弟试验飞行时,有几个观众目睹了全过程,而且,有许多报纸对莱特兄弟的发明作了报道,尽管其中有些报道存在错误。1904年1月,在莱特兄弟正式宣布了他们的飞行试验后,美国的《大众科学月刊》(*Popular*

1903年,莱特兄弟的飞机在北卡罗来纳的凯第霍克附近作了第一次飞行。这幅图是两人1909年9月在纽约港为人们展示飞机。

Science Monthly）像其他杂志一样，对这次飞行作了报道。除了这些明显不足的报道之外，莱特兄弟的成就很少受到注意。有一些人曾试图继续莱特兄弟的试验制造飞机，但是大多数公众对重于空气的飞行器能否持续飞行还是持怀疑态度，也正是这种怀疑导致没有人为莱特兄弟的成就喝彩。与此同时，莱特兄弟在代顿市附近继续着自己的试验：1904年—1905年之间，他们共飞行了150次，但是所有的飞行时间加在一起也只有45分钟。

莱特兄弟没有理会公众的怀疑，坚持试验飞行。1908年，莱特兄弟同美国陆军部签订了生产第一架战斗机的合同后，莱特兄弟才真正受到了媒体的关注。1年以后，他们创建了莱特公司批量生产飞机。1912年春天，威尔伯·莱特生病去世。3年后，奥威勒·莱特卖掉了他所有的公司股份并且退休。莱特兄弟于1903年在凯第霍克附近驾驶的飞机现在被收藏在美国华盛顿的国家航空航天博物馆（National Air and Space Museum）。

▶ 喷气式飞机是何时发明的？

喷气式飞机的第一次飞行发生于1939年，那时，第二次世界大战刚刚开始。1937年，英国发明家弗兰克·惠特尔（Frank Whittle，1907—1996）第一个发明了喷气发动机。（德国人复制了惠特尔的发明。）喷气发动机的发明为喷气式飞机的产生提供了可能，喷气发动机利用向后喷射流体来产生推进力。1941年开始，惠特尔的公司喷气动力有限公司（Powerjets Limited）开始为英国制造喷气式飞机，惠特尔的喷气式飞机后来成为美国飞机的模型。在第二次世界大战期间，英国、美国和德国（数量有限）都使用了喷气式飞机参加战斗。

战争结束后，飞机生产商开始发展喷气式客机。1920年建立的戴哈维兰德飞机公司（De Havilland Aircraft Company）生产出第一架商用喷气式飞机——彗星客机，英国海外航空公司（British Overseas Airways Corporation，即现在的英国航空公司）于1952年开始使用彗星客机运送旅客。后来，由于彗星客机的结构存在缺陷，并导致几次飞机空中爆炸，彗星客机被重新设计和制造。1958年，英国航空公司开始使用改进后的彗星客机；美国使用喷气式客机运输旅客的服务始于1959年的美国航空公司，他们使用波音公司的707飞机，往返于纽约和洛杉矶。

通　信

▶ 谁发明了电报？

　　尽管电报的产生是几十年间许多人共同努力的结果，但是塞缪尔·芬利·布里斯·莫尔斯（Samuel F. B. Morse，1791—1872）被认为是第一个制作出电报机的人。莫尔斯是在1837年发明了可以利用电流在电线中传送信息的电报，但是在1832年，他才刚刚开始对电报技术感兴趣，那时，他还只是美国波士顿的一名肖像画家。在化学教授里昂那多·盖尔（Leonard Gale，1800—1883）的技术支持和阿尔弗莱德·维尔（Alfred Vail，1807—1859）的财力支持下，莫尔斯进行了深入的试验。莫尔斯也是莫尔斯密码的发明者，莫尔斯密码用各种不同排列的点、横或短划、长划表示字母中的字或数字。（例如，字母表中最常用的字母"E"在莫尔斯密码中使用一个点表示；不经常使用的字母"z"则是由两个长划和两个点表示。）1837年，莫尔斯在美国纽约、费城以及华盛顿向人们展示了这种电报，并于1840年在美国获得了专利权。1843年，当美国政府决定在华盛顿和马里兰州的巴尔的摩之间架设一条试验性电报线路后，莫尔斯的发明得到了长足的发展。1844年5月24日，莫尔斯通过这条线路向电线另一端的维尔发出了第一条信息："上帝创造了什么？"

　　到了1861年，几乎所有主要的美国城市都被电报线连接了起来。第一条穿越大西洋的电缆于1866年铺设完成。一般人们把通过地面上的线路传送的信息叫做电报，而把通过水下电缆传送的信息叫做海底电报。电线的两端都设有专门的电报操作人员和机械打印机。电报的发明标志着现代通讯技术的开始：当1861年10月24日，美国第一条穿越整个大陆的电线的铺设完成宣告了快马邮递制度的落幕，快马邮递曾经是美国最快捷的信息传递方式，从密苏里州的圣路易斯到加利福尼亚州的萨克拉门托只需要8天。在使用电报后，这个时间被缩短为了几分钟。电报逐渐成为长途通讯的主要方式，虽然1875年发明的电话逐渐取代了电报，但是这两种通讯方式依然同时持续存在了几十年。

▶ 谁发明了电话？

一百多年以来，亚历山大·格雷姆·贝尔（Alexander Graham Bell, 1847—1922）一直被认为是第一个发明电话的人，但是在2002年，美国国会正式宣布，之前一直不为人所知的意大利裔美国人安东尼奥·穆齐（Antonio Meucci, 1808—1889）是"电话之父"。

穆齐出生在意大利的佛罗伦萨，他于1845年到了美国。原来，他研究的注意力一直集中在电的医学用途上，但是在他实验的过程中，他发现了声音可以通过电线传播。到1862年为止，他自己已经制造了多种电话模型，但是一直没有能够成功地为自己的发明申请到专利。1870年，疾病缠身的贫穷发明家被迫卖掉了他的早期电话模型；1874年，他又组装了一台新的模型送给了西部联合电报公司（Western Union Telegraph Company）的一名经理；1876年，苏格兰裔美国人亚历山大·格雷姆·贝尔宣称发明了电话。

贝尔于1871年来到美国，在那里，他的工作是教聋哑人说话。他认为，声波可以被转换成电流在电路中传播，然后在电路的另一端再转换成为声波。他曾在1874年将自己的这种想法向他的父亲描述过，也有人认为这件事是发生在1865年，但是，即使如此也要晚于穆齐制作出电话模型的时间。

1875年6月3日，当贝尔尝试完善一种在同一条电线上同时发出两条电报的方法时，他突然在一条60英尺（18米）长的电线的另一段听到了响声。1876年，贝尔的一次试验发生了意外，他大声叫唤他的助手："沃森，到这里来。我需要你！"托马斯·沃森（Thomas Watson, 1854—1934）当时正在另一层楼上站在接收装置旁边，他立刻听到了贝尔的话，于是，第一次通过电线传递声音的通讯就此产生了。同一年，贝尔的电话在美国申请了专利，并在费城百年纪念展上展出。穆齐死于1889年，对他"电话之父"称号的确认是意大利裔美国人一直坚持的结果。事实上，在1871年，也就是贝尔首次通话的5年之前，穆齐就已经为自己的发明获得了一项资格认定，那时，他称自己的发明为"Teletrophone"。

▶ 无线电通讯是何时发明的？

无线电通讯是于1895年由意大利物理学家和发明家古列尔默·马可尼（Gulielmo Marconi, 1874—1937）发明的，次年，他成功地用无线电将电报信号从意大利送到了英格兰。1897年，马可尼在伦敦建立了自己的公司——马可尼无线电报有限公司（Marconi's Wireless Telegraph Company, Ltd.），并于1898年在英国和法国之间建立了无线电通讯网络。1900年，马可尼建立了自己的美国公司；他继续改进自己的发明，并成功地发明了能够同时传送不同波长信号的电报机，信号的不同波长能够保证信号之间不会相互干扰。1901年，他成功地把长波无线电信号从英国的康沃尔传送到了加拿大的纽芬兰岛，越过了大西洋。

起初，无线电通讯技术还是比较新奇，很少有人能够了解它是如何工作的。1901年1月，马可尼公司在马萨诸塞州南威尔富利特（科德海角）的一个无线电信号站不仅收到了从欧洲发来的莫尔斯密码电报，还接收到了微弱的音乐和声音信号。这件事改变了人们对无线电的理解：不久之后，美国人开始对接收这种"无线电节目"习以为常。1906年，无线电广播产生了：信号从马萨诸塞州的布朗克罗科在圣诞节之夜发出，方圆几百英里内的船只都接收到了信号，这次成功是由另一位无线电先驱的发明促成的。美国工程师雷金纳德·费逊登（Reginald Fessenden, 1866—1932）在1901年发明了高频率交流发电机，这台机器能够持续发射无线电信号，而不再是像以前那样只能断断续续发射电子脉冲。

1901年，美国发明家，"无线广播之父"李·德福雷斯特（Lee De Forest, 1873—1961）通过无线电广播了意大利歌唱家恩里科·卡鲁索（Enrico Caruso, 1873—1921）的男高音歌剧。1916年，德福雷斯特开始通过无线电广播新闻。美国宾夕法尼亚州匹兹堡市的威斯汀豪斯建立的KDKA电台是第一个合伙组建的电台，也是第一个取得营业执照，有合法经营权的电台。商业的无线广播开始于1920年11月2日，当时，通过无线电广播宣布了美国总统的选举结果〔沃伦·迦玛列·哈定（Warren G. Harding, 1865—1923）胜出〕。在此后3年内，美国共建立五百余个广播电台。

▶ 谁发明了电视机？

许多人认为是美国人发明了电视机，但是，事实上电视机的发明是世界上许多科学家的一系列发明共同促成的。1872年，英国工程师威洛比·史密斯（Willoughby Smith, 1828—1891）在使用硒棒做实验时受到启发，他构想出了一种"图像通讯技术"。5年后，德国物理学家卡尔·费迪南德·布劳恩（Carl

Ferdinand Braun, 1850—1918)在法国斯特拉斯堡发明出电子管,电子管的发明使得电视机的发明成为可能。布劳恩的阴极射线电子管(又叫做布劳恩电子管)增加了马可尼无线电发射机的发射功率,他还在发射机上安装了天线,以控制放射或接收电磁波的方向。

1907年,俄国物理学家鲍里斯·罗辛提出可以使用布劳恩电子管接收他称之为"电子景象"的图像。1年后,阿兰·坎贝尔·斯文顿(Alan Campbell Swinton, 1863—1930)建议使用阴极射线电子管接收和发送图像,同年,使用阴极射线电子管扫描图像的想法产生了。1912年,这个想法由鲍里斯·罗辛和弗拉基米尔·兹沃尔金(Vladimir Zworykin, 1889—1982)在俄国实现了。

1923年,当英国发明家约翰·洛吉·贝尔德(John Logie Baird, 1888—1946)在伦敦一家大商店向公众展示了他的机械扫描式电视摄像机和接收机之后,机械电视的竞争进入了一个新的里程碑。但是,发明电视的竞赛还在继续,兹沃尔金在1919年移居到美国后,从1920年开始为威斯丁豪斯电气公司(Westinghouse Electronic Corporation)工作,他发明了以电子管技术为基础的光电摄像管,光电摄像管是电视摄像管早期的一种形式。1929年,已经是美国人的兹沃尔金发明了显像管,兹沃尔金的这些发明合在一起就构成了第一台电子电视机。

美国于1939年开始定期播出电视节目。1939年4月30日,美国全国广播电视台(National Broadcasting Company)以转播美国总统富兰克林·罗斯福(Franklin D. Roosevelt, 1882—1945)在纽约世界博览会开幕式上的讲话开始正式播出,富兰克林·罗斯福也成为美国第一个做电视演讲的总统。全国广播电视台创办者大卫·萨尔诺夫(David Sarnoff, 1891—1971)是美国无线电和电视事业的先驱。

▶ 彩色电视机是何时发明的?

1940年,美国哥伦比亚广播公司(Columbia Broadcasting System)研究与发展实验室的主任,匈牙利裔美国工程师彼得·卡尔·戈德马克(Peter Carl Goldmark, 1906—1977)发明了一种可以将电视图像的色彩通过一种旋转的过滤器区分为3种主要色彩的技术,这项技术的发明使得电视机的图像可以呈现彩色。20世纪50年代,这种技术被美国无线电公司的技术所取代,美国无线电公司(Radio Corporation of American)的技术可以保证电视机黑白彩色两用。

1962年9月,美国广播公司(American Broadcasting Corporation)开始每周播出三个半小时的彩色电视节目,其实这个时候,国家广播公司已经实现了其主要时段的68%都播出彩色节目,而哥伦比亚广播公司依然选择播出黑白节目。直到1967年,三大主要的广播网全部开始播出彩色节目。

直到1967年,英国才开始有彩色电视节目播出:7月1日,英国广播公司两套节目播出了7个小时的彩色节目,播出的是温布尔登草地网球赛。

▶ 传真机是何时发明的?

传真机看起来像是一项近期的发明,但实际上却发明在很早以前,从传真机的发明到成为人们日常生活的一部分共用去了100年的时间。1842年—1843年之间,苏格兰哲学家和心理学家亚历山大·贝恩发明了第一台比较粗糙的传真机。1924年,扫描技术得到了极大的发展之后,报社开始使用这台机器传输图片。20世纪80年代,传真机得到广泛应用,生产厂商也越来越生产出更加精巧而且便宜的机器,我们现在几乎随处可见这些传真机应用于各个商业领域。

▶ 谁发明了电脑?

英国数学家查尔斯·巴比奇(Charles Babbage, 1792—1871)是历史上第一个提出计算机概念的人,他发明的"分析仪"被认为是现代数字计算机的原型。

1812年,巴比奇在英国剑桥大学学习期间构想出一种能够比人脑更快,而且更准确计算数据的机器。巴比奇生活的年代正是工业革命早期,整个世界正在变得越来越复杂,人们由于数据计算方面的错误已经多次给新兴工业的发展造成严重的阻碍。从剑桥毕业后,巴比奇开始着手实现他的构思,他用去了他所有的时间和他大部分的财产去制造这样一台机器,但却没能完成,尽管如此,巴比奇没有完成的这台"分析仪"(他于1834年开始制造)也是现代数字计算机的先驱,巴比奇的"分析仪"是使用打孔来储存数据的。

美国哈佛大学自1939年开始研发计算机。一百多年后,在数学家哈佛·艾肯(Howard Aiken, 1900—1973)的指导下,哈佛大学制造了第一台电子数字计算机,并给它取名为马克1号(Mark Ⅰ)。(马克2号于1947年制造出来。)1946年,美国宾夕法尼亚大学的科学家制造出了第一台通用计算机——电子数字积

分计算机（Electronic Numerical Integrator And Calculator），这台计算机安装有
1.8万个真空管，体积庞大，不仅需要消耗大量的能源，而且运转时会散发大量的
热。世界上第一台既能处理数字，又能处理字母数据的计算机，即通用自动计算
机（Universal Automatic Computer），也是由宾夕法尼亚大学在1946年—1951年
之间制造出来的。

▶ 谁编写了第一条计算机程序？

第一条计算机实用程序是由美国海军少将格雷斯·默里·霍珀（Grace
Murray Hopper, 1906—1992）编写的。第一条计算机应用程序是她为1944年
制造出的第一台计算机马克1号编写的，20世纪50年代，她还领导发展了现
在被广泛使用的电脑程序语言——面向商业的通用语言（Common Business-

1959年，一个人在通用自动计算机前工作。

Oriented Language）。她也是第一个使用俚语"臭虫（Bug）"来描述电脑系统或者程序中存在的程序缺陷的人，关于"Bug"起源的故事是这样的：一次，她的计算机中止了工作，在她检查机器的时候，她发现了机器里面有一只蛾的尸体，于是，她在报告中说自己是在"给机器除虫"。从1943年—1986年，霍珀在美国海军服役了43年，退休时已经是最高级的军官之一，她同时还是美国瓦萨大学的教授，并且在1959年—1971年之间担任斯佩里兰德公司（Sperry Rand Corporation）的程序员。她是计算机科学的先驱之一。

世界上第一条计算机程序也是由一名女子编写的，但是这条程序从来没有被使用过。英国奥古斯塔·爱达·拜伦（英国著名诗人乔治·拜伦的女儿，出生于1815年）为查尔斯·巴比奇的"分析仪"编写了第一条程序，但是，由于"分析仪"没有完成，所以这条程序也从未被应用过。

▶ 电脑芯片是何时发明的?

电脑芯片，又叫做集成电路片，是20世纪50年代由两名研究者相互独立完成的发明。得州仪器公司的杰克·基尔比（Jack Kilby, 1923—　　）于1958年发明了自己的芯片，飞兆半导体公司的罗伯特·诺伊斯（Robert Noyce, 1927—1990）则于1959年发明芯片。电脑芯片是由许多小硅片（通常小于1/4平方英寸，即0.64平方厘米）组成，现在的电脑芯片中还有数以万计相互连接在一起的微小晶体管和电路元件。自从发明于20世纪50年代末期后，电脑芯片中所能容纳的电子元件数量逐渐增加，因为电脑芯片是担负着电脑主要的运算功能，电脑芯片中电子元件数量的增加也使得电脑的性能也逐渐提高。电脑的微处理器也是一种集成电路，它在单一芯片上包含计算机的全部中央处理单位，它负责处理由电脑程序（软件）发出的各种指令，微处理器可以被看做是电脑操作系统的大脑。

还有很多耗电的电子设备也都依靠电脑芯片工作，如微波炉、录像机和计算器。

▶ 谁发明了第一台个人电脑?

第一台个人电脑的发明于20世纪70年代初。它的那种可以一个人操作的设计，原本是为了商用，美国数据设备公司（Digital Equipment Corporation）开

▶ 为何晶体管的发明如此重要？

　　由贝尔实验室于1947年发明，1948年正式宣布的晶体管的发明使得电子设备的体积大大减小。晶体管可以穿过电阻器传送电子信号，它的英文名字"transistor"就源于英文的传递"transfer"和英文的电阻器"resistor"的结合。比起真空管来，晶体管体积更小，耗电量更低，散发的热量也更少，而且运行更加可靠和快捷，晶体管的发明也使得晶体管收音机成为真正的便携式无线收音机。晶体管自从产生以后已经发展成为多个种类，不仅被安装在电脑上，而且安装在许多其他电子设备上。空间技术和军事工业的发展也大量采用了晶体管，晶体管不仅用来控制飞行器，而且用来控制导弹。

发的PDP-8号机主要应用于科学实验。家用电脑的发明要归功于两名大学退学生史蒂芬·伍兹尼亚克（Steve Wozniak, 1950—　）和史蒂芬·乔布斯（Steve Jobs, 1955—　）。在一间仓库工作6个月后，他们发明了苹果1型机，六百余名电脑爱好者购买了苹果1型机。此时的他们不仅需要知道如何编程，还需要自己组装。制造于1977年苹果2型机才是第一台完全组装好的、可编程的微型电脑，但是它仍然需要使用电视机充当屏幕和使用扬声器，苹果2型机的零售价为1 300美元（8 075元）。也是在1977年，康莫多尔公司和坦迪公司制造了比较廉价的个人电脑。1984年，苹果公司生产的麦金托什机（Mac）成为第一款被广泛使用的包含有图形用户界面的电脑。美国国际商用机器公司（International Business Machines, IBM）于1981年才开始生产个人电脑，尽管IBM在发展图形用户界面方面比较落后，但是它的个人电脑很快取代了苹果公司的麦金托什机。

◉ **为什么发明互联网？**

　　20世纪60年代后期，美国国防部（Department of Defense）发明了电脑网络，目的是为了让国防部的研究人员能够互相之间共享信息资源。电脑网络是由国防部的高级研究计划署（Advanced Research Projects Agency）牵头研发的。当时的用户，大部分是科学家和研究人员。随着互联网的普及，这项新技术显示了远大前景，互联网的终端能够允许世界上任何地方的任何人都能够通过电脑彼此之间相互联系和沟通。尽管互联网是由政府发明的，但是并不是由政府运营，由志愿者组成的国际互联网学会（the Internet Society）负责为用户注册地址和互联网的标准化问题。

万维网（World Wide Web）技术的发明使得用户更容易使用网络。2005年春天为止，世界上共计大约有8.88亿网络用户，其中亚洲用户占35%，欧洲30%和北美25%（美国大约有2亿用户）。强大的互联网已经越来越成为人们生活的一部分。

▶ 万维网发明多长时间了？

万维网使用用户比较容易操作的图形用户界面（Graphical User Interface，GUI），它是于1990年由英国科学家蒂姆·贝纳斯-李（Tim Berners-Lee，1955—　）发明。蒂姆在瑞士日内瓦附近的欧洲粒子物理研究所（European laboratory for particle Physics，CERN）的物理实验室编写出这套软件，这条程序定义了超文本链接标识语言（Hypertext Markup Language，HTML），超文本传输通讯协议（Hypertext Transfer Protocol，HTTP）和统一资源定位器（Uniform Resource Locator，URL）。万维网在1991年成为电脑互联网络的一部分，并且在国际电脑网络的发展中越来越起着重要的作用，它允许用户使用多媒体界面相互联系。

▶ 电子邮件是何时发明的？

电子邮件是由美国电脑工程师雷·汤姆林森（Ray Tomlinson，1941—　）于1971年发明的，他在美国国防部高级研究计划署（Advanced Research Projects Agency，ARPA）编写的这条程序允许在ARPA计算机网内的各台电脑之间传送文本信息。这项技术随着调制解调器的使用而在20世纪70年代被广泛使用，调制解调器允许电脑通过电话线接入网络。在电子邮件产生10年内，

电子邮件已经成为人们工作场所普遍采用的通讯方式。到了20世纪90年代，使用电子邮件的用户已经拓展到家庭、学校和其他所有地方。一些技术分析家称电子邮件为"招人喜爱的应用程序（Killer App）"，电子邮件现在是互联网最便捷的工具之一。

▶ 移动电话是何时开始使用的？

移动通讯可以追溯到20世纪40—50年代的无线电话。那时的无线电话是一种双向的无线电系统，它由汽车电池驱动，不仅需要接线员的协助，而且还不稳定。它的使用只能与某个地方绑定，而不能与人绑定。第一次真正意义上的移动电话通讯发生在1973年4月3日，这次电话通讯使用的是便携式手持小型装置。打电话者是摩托罗拉公司的马丁·库珀博士（Martin Cooper），接电话的是他的竞争对手之一贝尔实验室（由美国电话电报公司提供支持）的乔尔·恩格尔（Joel Engel），两个公司在发展移动电话之间的竞争十分激烈。库珀当时使用的装置叫做"Dyna-Tac"，它有2磅（1千克）重，并安装有简单的拨号盘、话筒和听筒。

第一代被广泛使用的移动电话始于20世纪80年代。同现在的移动电话相比，那时的移动电话体积较大，通常安装在汽车和放在公文包里，通信依靠基地台或固定天线所组成的大规模网路。20世纪90年代出产了第二代移动电话，与第一代相比，第二代移动电话的手持装置和电池技术都有了提高，不仅体积更小，而且移动性能更高，人们可以随身携带它们。当人们逐渐接受这种技术之后，蜂窝式网络服务商也拓展了它们的服务。到2000年，人们已经广泛使用这种手机，尽管很多人使用手机，但是美国手机的发展程度仍然低于其他发达国家。一些分析人士认为，产生这种情况的原因主要是美国高额的服务费用，当然也有人认为手机的稳定性不好，尤其是在偏远地区。美国对电话系统的设计标准是9个"9"（表示纯度或精度，等于99.999 999 9%），但是现在的蜂窝技术还是达不到。

▶ 即时通讯是何时开始使用的？

通过电脑发送即时文本信息的技术于1996年开始被介绍给公众使用，那时，美国互联网服务提供商美国在线（America Online）为它的会员提供了一项即时信息通讯技术，以方便他们相互交流。在家里或办公室的电脑上（或有无线上网功能的手机上）安装了这个系统后，使用者可以浏览他们的"好友名单（Buddy list）"，并与他们即时通讯。1997年，美国在线将这套程序名为AOL即时通讯服务拓展至非会员用户。1998年，它又采用了另一套应用程序ICQ。1999年MSN和雅虎也推出了自己的即时通讯信息技术服务，这项技术的应用很快在年轻人中间流行起来，尤其是私人聊天室的创建。2004年，皮尤网络与美国生活项目（Pew Internet and American Life Project）的调查认为有5 300万的美国人，4/10的互联网用户都在采用即时信息技术。即时信息通讯已经取代移动电话和电子邮件成为许多人主要的通讯方式，这种通讯方式同样也带来了一种充满缩写和图标语言的亚文化，这项技术的应用现在仍在迅速增长。2004年，分析人士指出全球至少有6亿人成为即时通讯的注册用户。

七 文化与娱乐

▶ **艺术起源有多长时间了？**

　　最早的艺术可能起源于3 500年前（石器时代）的欧洲智人。公元前3.5万年—公元前8000年，在现今法国和西班牙的境内许多无人居住的山洞的墙上和洞顶上，这些智人留下了关于他们的英雄、手印，以及各种动物（包括欧洲的野牛、野马和驯鹿等）的绘画。他们使用的红色、黑色和黄色的颜料是将泥土和粉碎后的石头用水混合后制成的。这些著名的石洞包括法国多尔多涅河流域的拉斯考克斯洞（Lascaux）、法国艾瑞格的诺克斯洞穴（Niaux），法国罗德的派许摩尔洞窟（Pech-Merle），西班牙卡斯特隆的加苏拉洞穴（Gasulla）和西班牙桑坦德的奥尔塔米拉岩窟（Altamira）。

　　智人还会装饰自己的武器和制作一些与自己生活相关的简单雕像。如果这些早期的现代人类穿上现代的衣服，他们几乎和现代人没有什么区别。这一时期的欧洲人进化出完全的人类大脑，能够直立行走，他们被称为克罗马农人（Cro-Magnon）。克罗马农人化石于1868年发现于法国多尔多涅省的克罗马农洞。

语 言 文 字

▶ **文字是什么时候发明的？**

　　如果将文字定义为一种约定俗成的书写符号，那么人类书写文字的历史可以追溯到象形文字。最古老的象形文字诞生于美索不达米亚。那是一个介于底格里斯河和幼发拉底河之间的一个地区，位于现在的伊拉克境内。这种被称为楔形文字的象形文字诞生于公元前4世纪（大约公元前3700年左右）。它们是被刻在石灰板的两面，由小型楔形元素排列而成的文字。楔形文字很有可能是由苏美尔人创造的。苏美尔人是非闪米特人的一种，我们至今还不知道他们的起源。苏美尔人很可能是由东方迁移到了亚洲西南部。楔形文字与埃及的象形文字极为相似。埃及的象形文字是由埃及的祭司创造的，并在第一个埃及王朝时期（公元前3110—公元前2884）得到极大发展。埃及的象形文字由六百多个象形符号组成。楔形文字与象形文字是现代文字系统的先驱。

▶ 第一套字母表是什么时候发明的？

最早的字母表是由闪米特人在公元前1800年—公元前1000年之间发明的。1928年，叙利亚北部城市拉斯沙姆拉城出土的一些泥板上被发现刻有一套楔形文字的符号系统。学者们认为这些文字系统的发明是由于闪米特人与埃及人交流的需要而产生的。尽管有些闪米特符号带有明显的埃及人特征，但是文字的书写却完全是他们自己创造的。这套系统包含22个辅音字母。

苏美尔、亚述和巴比伦的文字都是纯粹的象形文字，而埃及人更高明一些，他们的文字演化出了字母（只有辅音，没有元音）。他们在用字母拼写一个单词后，再在旁边画一个象形符号。后来，腓尼基人学到了这套文字，干脆抛弃了象形符号，只留下字母，但还是没有元音。希腊人把这套字母学过来，发现有几个发音是希腊语里没有的，就把这几个字母当作元音来拼，这就是世界上第一套完整的字母表，也是世界上所有字母表的始祖。

▶ 纸是怎么发明的？

现存最古老的书写用具包括巴比伦人的泥板和印度人的棕榈叶。公元前3000年左右，埃及人开始使用纸莎制作纸莎草纸当作书写工具。神圣罗马帝国早期，古代埃及人、希腊人和罗马人使用的纸莎草纸卷轴开始逐渐被抄本所代替。抄本比较类似于现代的书籍，是由一侧固定的许多单独纸张构成，并安装有封面。后来，纸莎草纸被精制犊皮纸（用小牛皮、小绵羊皮或小山羊皮制成）和

羊皮纸（用羊皮和山羊皮制成）代替。

现在的纸张制造方法是由中国人在105年发明的。他们利用树皮、麻绳、碎布和渔网制造纸张。那时他们纸张制造过程中的某些主要环节现在仍然可以在造纸厂中看到。摩尔人在公元1150年左右将造纸术传入了欧洲（西班牙）。到了15世纪，整个欧洲都开始使用这种造纸术生产纸张。1789年，一名法国造纸厂工人发明了一台利用纸浆持续生产纸张的机器。这台机器可以根据需要生产不同大小的纸张。1807年，英国人亨利（Henry，1766—1854）和福得利尔（Sealy Fourdrinier）改进了这台机器，并申请了专利。造纸机的发明促进了报纸的发展。

▶ 第一本书是什么书？

世界上最古老的书是一本《金刚经》（*The Diamond Sutra*）。它出版于868年，是考古学家在中国甘肃省的千佛洞内发现的。

▶ 谁发明了印刷术？

如果将印刷定义为重复地将图案在物体表面之间传递的话，那么，距今为止知道的最早的印刷出现于公元前3000年左右的美索不达米亚。美索不达米亚人用脚将设计好的图案印在湿泥上。

用纸张印刷出现的较晚。中国发明家蔡伦（Ts'ai Lun，大约50—118）于公元105年发明了纸张。在中国唐朝（618—906）时，中国人就开始使用木制印版印刷书籍。很多人认为是德国人约翰内斯·古腾堡（Johannes Gutenberg，1390—1468）发明了活字印刷术，但实际上，活字印刷术是中国人发明的。活字印刷术虽然是由中国人发明的，但并没有在中国古代流行起来，原因是中国的汉字有8万多个，使用雕版印刷反而更方便一些。

▶ 书稿彩饰有多长时间了？

世界上最古老的带有彩色图片的书稿是公元前5世纪早期的《梵蒂冈·维吉尔》（*Vatican Vergil*）。它的内容取自罗马田园诗人维吉尔的《乔吉卡》

（ *Georgica* ）。但是传统上，带有彩饰的书稿多是用来宣扬基督教义的。自东罗马教堂的神父们建议在书稿中使用图片以来，书稿中的彩色装饰对于书稿来说越来越重要。人们在宗教书籍中大量地使用这些彩饰来体现上帝的风采，这使得宗教的书籍也越来越具有观赏性。公元14世纪制造出的"祈祷书"成为书稿彩饰中的杰作。代表书稿彩饰艺术高度的三名书稿彩饰家是比利时人鲍（Pol），赫曼（Hermann）和兰布尔（Limburg）。

 ▶ **美国第一份报纸是什么报纸？**

美国第一份定期报纸是美国波士顿的邮政局长约翰·坎贝尔（John Campbell, 1653—1728）出版的《波士顿每周新闻》（The Weekly News-letter）。它的出版从1704年开始到1722年结束持续了近20年。这份报纸大小为7乘11英寸（17.5乘27.5厘米）。报纸两面都印刷有来自邮递员、海员和水手的消息（并不是所有消息都是准确的）。到1765年，美国殖民地上大约出现了近20份报纸。

▶ 古腾堡为何被认为是现代印刷术的先驱？

德国人约翰内斯·古腾堡（Johannes Gutenberg, 1390—1468）于1440年—1450年之间建造了世界上第一台印刷机。他也是德国活版印刷术的发明者。古腾堡的印刷术大大降低了印刷成本，使得印刷的书籍不再是神职人员和特权阶层人员的特权，而逐渐为公众所接受。古腾堡的印刷术使得文艺复兴时期的思想得以在全欧洲传播。

▶ 第一份报纸是在何时出版？

报纸是一种定期（每天或每周）发行的告知读者最近发生事情的出版物。有记录的报纸出版是在公元前59年。当时，罗马人每日在公共场所张贴一张新

闻告示（他们称这种新闻告示为"每日事件"）。在700年左右，中国人发明了世界上第一张雕版印刷的报纸，名字叫"邸报"（Dibao）。后来活字印刷术的发明推进了报纸的发展。德国定期出版的报纸出现于17世纪，在19世纪印刷机产生后，报纸的发展呈现出了空前的繁荣。

▶ 什么是"便士"报纸？

尽管在美国独立后的前10年间，美国的报纸业发展十分迅速，但是总体上来说很多报纸还不是普通人家能够消费得起的。当时，每份报纸的价格在6美分（0.37元）左右，普通的美国人是无力购买的。工业革命（17世纪末—18世纪初）后，节约劳动力的机器的采用使得报纸的成本下降：由于报纸的成本下降了，每份报纸的价格自然也随之下降。1833年，本杰明·亨利·戴（Benjamin Henry Day，1810—1889）创办了第一份"便士"报纸（又名1美分报纸），《纽约太阳报》（The New York Sun），由此，美国报业的发展突然加速。面对如此众多的读者，各个报纸之间展开了激烈的竞争。在19世纪末—20世纪初，移民人口大量增加。人口的增加意味着美国数千份报纸读者的增加。在20世纪第一个十年内，在收音机（发明于1895年）被广泛使用之前，美国国内已有2 600份日报和1 400份周报。

▶ 新闻界的"耙粪者"是什么？

"耙粪者"指那些专门搜集并揭发名人的丑事的记者。"耙粪者"是于19世纪末—20世纪初登上美国舞台的。那时的改革者们正在努力推进社会改革，但是，"耙粪者"却没有将目光投向社会上出现的新事物，而是大量报道社会的不公正、歧视等丑陋现象以吸引公众的注意力。他们通过报纸和杂志暴露商业领域和政治领域的贪污腐败。尽管"耙粪者"早期由于他们的特殊爱好而遭到批评，但是他们在某种程度上也提高了公众对社会经济领域、政治领域的关注，促进了一系列的改革，如纯食品法和反托拉斯法案的通过。美国政治家西奥多·罗斯福（Theodore Roosevelt，1858—1919）是授予有这种特殊爱好的记者"耙粪者"名称的人。"耙粪者"的名字取自英国作家约翰·班扬（John Bunyan，1628—1688）的著作《天路历程》（Pilgrim's Progress）。

教　　育

▶ **第一所学校是何时建立的?**

当文字发明后,第一所正式的学校就建立了(大约在公元前3000年左右)。当苏美尔人发明了楔形文字,埃及人发明了象形文字后,他们就开始设立学校教儿童基本的读和写。在叙利亚的闪米特人发明了字母表后(大约在公元前1800—公元前1000之间),宗教学校也建立了起来。教士们教授贵族子弟们希伯来圣经。第一所面向所有人而不仅仅是社会上层人士开放的学校可能是由中国哲学家孔子(Confucius,公元前551—公元前479)创办的。

西方的教育模式是以公元前5世纪的古希腊学校为模型的。在古代城邦斯巴达,斯巴达的儿童不仅仅接受军事训练,而且学习读、写和音乐。在雅典,男孩子们不仅学习读、写和音乐,还要背诵诗歌和接受体育锻炼。公元前5世纪,智者派的哲学家们开始教授年轻人有关社会和政治的知识,希望把他们塑造成为理想的公民。

▶ **公立学校的概念是何时提出的?**

公立学校的概念最远可以追溯到古代中国。中国古代哲学家孔子第一个提出基本的教育应该是面向所有人,他坚持"有教无类"。他从不拒绝接收学生,尽管有些学生不能缴纳足够的学费。孔子认为,任何人包括农夫的儿子都有可能成为有道德的人。

然而,直到文艺复兴时期,欧洲才开始建立公立小学。普鲁士(现在的德国)的开明君主弗雷德里克大帝(Frederick the Great,1712—1786)在19世纪初建立了公共教育体系。当普鲁士统一德国之后,德国成为一个强大的帝国。其他欧洲国家认为德国的教育模式是德国变得强大的主要原因,于是,他们开始逐渐建立了自己公共教育体系。20世纪初,欧洲许多国家的公立小学都是完全免费的,接受基础教育成了每个公民的义务。有些国家甚至对初中阶段的教育也

传统的美国19世纪课堂。美国的公共教育系统可以追溯到殖民时期。

实行完全免费。

美国的公立中小学始于殖民地时期：1647年，马萨诸塞州通过立法建立第一个公立学校。

▶ 美国学校是何时废止种族隔离的？

1954年5月17日，美国高等法院在布朗诉教育委员会一案（Case of Brown v. Board of Education）中认定公立学校的种族隔离是违背宪法的。这一决定推翻了1896年普莱西对弗格森一案（Plessy v. Ferguson）中认定的"分离但是公平"原则。首席大法官沃伦（Earl Warren, 1891—1974）命令各州以"谨慎的速度"逐渐在教育机构取消种族隔离。同样是在1954年11月7日，最高法院命令在诸如高尔夫球场、公园、游泳池和运动场取消种族隔离。在这些法令之后，美国的种族隔离现状逐渐得到改善。20世纪60年代，黑人和他们的支持者们举行了一系列的静坐示威，有的游行示威者甚至乘坐公共汽车或火车到南方各州进行反种族隔离的示威。在此之后，美国的公共场所才逐渐取消了种族隔离制度。

▶ 美国的政教分离是如何影响公立学校的？

美国公立学校中的宗教问题成为贯穿美国20世纪的热点问题。美国的最高法院在这一问题的解决过程中扮演了重要的角色。1963年6月17日，最高法院8：1裁定，公立学校的祈祷和阅读《圣经》的行为是违宪的。这个在谢普诉阿宾顿乡学区一案（Schempp v. Abington Township）中的裁定使得美国法院关于公立学校的宗教问题的争论尘埃落定。在此之后，美国的公立学校中逐渐取消了宗教活动。

1947年美国新泽西州艾弗森诉教育委员会一案（Ecerson v. Board of

1957年，在最高法院宣布公立学校的种族隔离制度违宪后，美国阿肯色州小石城的黑人学生在军队的护卫下进入高中。

Education）中，法庭决定使用公共资金将儿童转移至天主教堂区学校，但是认为："宗教和政权之间必须保持适当分离。"1948年，麦考伦诉教育委员会一案（McCollum v. Board of Education）中，法院判决在公立学校传教违宪，确立了不得利用公共资源协助宗教组织传播其信仰的准则。1962年，在恩格尔诉瓦伊塔尔案（Engel v. Vitale）中，法院宣判废除公立学校实施了200年的课前祷告。

▶ 世界上第一所幼儿园是何时建立的？

世界上第一所幼儿园出现于1837年的德国的勃兰肯布尔格，是由弗雷德里希·福禄培尔（Friedrich Froebel，1782—1852）创建的。福禄培尔还为幼儿园教师设立了系列培训课程。福禄培尔将他的幼儿园介绍到了全德国。现在这种接收4—6岁之间的幼儿入学的幼儿园已经非常普遍了。

▶ 蒙台梭利学校是如何创建的？

现在很多国家都建立了蒙台梭利学校，如美国、英国、意大利、荷兰、西班牙、瑞士、瑞典、奥地利、法国、澳大利亚、新西兰、墨西哥、阿根廷、日本、中国、韩国、叙利亚、印度和巴基斯坦等。蒙台梭利学校的创建者是玛丽亚·蒙台梭利（Maria Montessori，1870—1952）。蒙台梭利是意大利第一个获得医学学位的女医师。1900年，蒙台梭利创立了一套教学方法。这套方法可以用来改善和提高幼儿园和小学里那些智力发育迟缓的学生的基本技能。在她的教导下，这些学生不仅能够掌握读、写等基本技能，而且能像其他普通学生一样通过考试。

于是，蒙台梭利将她的大部分时间都放在了小学中。在小学里，她发现很多教师在教学时都是采用一般的死记硬背方式，并配合一套奖惩系统以控制课堂秩序。她相信她的"科学教学法"能够对学生的学习产生更好的作用。她的"科学教学法"是建立在自觉的基础之上，并采用了具有自我纠正功能的教具（如模型、量筒、彩色光谱等）。蒙台梭利认为儿童天性好学，如果给予他们一个特定的环境，他们的潜能会被自然激发出来。蒙台梭利认为，与其讲授，不如直接给儿童们作示范，然后让他们自己在动手的过程中自己或相互学习。蒙台梭利还认为社区应该在学校中扮演一定的角色。她鼓励家长和其他社区成员参与儿童的教育。蒙台梭利把她的方法应用于教育后，取得了非常好的效果。

1909年，蒙台梭利出版了她的《蒙台梭利教学法》(*The Montessori Method*)。3年后，当这本书被翻译成英文，并且很快在美国成为畅销书。她的方法和理念很快流行起来。传播她的教学法成为她后半生的主要工作。她81岁在旅行途中逝世于荷兰。蒙台梭利的教学法不仅深刻地影响了蒙台梭利学校，而且对整个世界的基础教育都产生了不可磨灭的影响。

▶ 高等教育是何时开始的?

在公元前6世纪，希腊科斯岛上就有了药学院。在药学院里，哲学家们相互探讨人和宇宙的本质问题。毕达哥拉斯信徒们(沿袭了公元前5世纪希腊哲学家和数学家毕达哥拉斯的思想)在意大利南部建立了第一个高等学校。在这所高等学校中，授课和学习都是采用的希腊文。大哲学家苏格拉底、柏拉图、亚里士多德、伊壁鸠鲁和齐诺都沿用了毕达哥拉斯的传统。阿拉伯世界的大学也有很长的历史。例如，埃及开罗的爱兹哈尔大学(Al-Azhar University)就建立于970年，是世界上最古老的大学之一。

▶ 西方的第一所大学是何时建立的?

第一所西方现代大学建立于中世纪，准确点说是建立于1158年意大利的博洛尼亚。也是在同一年，神圣罗马皇帝弗雷德里克一世(Frederick I, 1123—1190)宣称他对意大利北部的伦巴底拥有统治权。他授权博洛尼亚大学的学生组织大学。欧洲中世纪的大学根本没有固定的场所和建筑群，只是一些学者和学生的团体。巴黎大学，包括现在著名的巴黎大学索邦神学院(将大学分为文科和理科两类)，很快成为欧洲最大，也是最著名的大学。索邦神学院最初建立于1250年，后来又于17世纪重建。

到了1500年，整个欧洲大陆都建立起大学。在这些大学中，保留至今的有：英国的剑桥大学和牛津大学；法国的蒙彼利埃大学、巴黎大学和图卢兹大学；德国的海德堡大学；意大利的博洛尼亚大学、佛罗伦萨大学、那不勒斯大学、帕多瓦大学、罗马大学和锡耶纳大学；西班牙的萨拉曼卡大学。这些大学的教育方法和教育模式为后来大学的建立确立了标准。他们的影响一直持续到现在。

▶ 西半球的第一所大学是什么大学？

西半球的第一所大学是西班牙人于1538年在多米尼加共和国（位于加勒比海伊斯帕尼奥拉岛东南部）建立的圣多明哥大学。

▶ 美国的第一所大学是什么大学？

美国的第一所大学是哈佛大学。1636年10月28日，美国马萨诸塞州的州议会通过了建立大学的法案。次年，州议会同意将这所大学建立在马萨诸塞州的新镇。1638年，由于很多殖民者曾在英国剑桥大学学习过，新镇被更名为剑桥。1638年秋，当哈佛的第一个教授纳撒尼尔·伊顿（Nathaniel Eaton）开始授课时，大学的第一栋建筑还正在建设当中，而大学的图书馆还处于筹备阶段。哈佛大学的名字取自一名美国牧师和慈善家。他的名字叫约翰·哈佛（John Harvard, 1607—1638）。他将其一半财产800英镑和全部400册藏书赠给哈佛大学。哈佛死于1638年。次年，这所大学为了纪念他而取名哈佛大学。

第一所州立大学是位于美国北卡罗来纳州查布尔希尔的北卡罗来纳大学。北卡罗来纳大学建于1789年。1795年，北卡罗来纳大学开始面向全美国招收学生。

▶ 什么是学会运动？

学会运动（Lyceum Movement）是美国开始于19世纪20年代的一场公共教育运动，它促进了美国公立学校、图书馆和博物馆的广泛建立。1826年，耶鲁大学的毕业生及教师约西亚·霍尔布鲁克（Josiah Holbrook, 1788—1854）在马萨诸塞州米尔伯里建立第一个"美国学会"。他以希腊哲学家亚里士多德（Aristotle, 公元前384—公元前322）建立的学园为自己的这个组织命名，取名为"学会"（Lyceum）。他原来创建学会的主要任务是定期举行讲座。后来，事实证明，学会的建立正好恰逢其时。此时美国的伊利运河已经修建完成（于1825年完工），这样人们就像接受普及的免费教育对维护美国的民主十分重要这样的信念一样，开始更加关注国家内在精神方面的建设。学会发展很快。起初，学会开展的讲座只是聘请本地人，讲座的内容也只是涉及自身生活的一些问题。

但是，当学会逐渐发展起来后，学会建立了自己的组织机构，于是开始在全国范围内聘请一些专家，并开展讲座。曾经有许多著名人物做过这种讲座，如作家拉尔夫·沃尔朵·爱默生（Ralph Waldo Emerson，1803—1882）、亨利·戴维·梭罗（Henry David Thoreau，1817—1862）、内森尼尔·霍桑（Nathaniel Hawthorne，1804—1864），还有女权主义者苏珊·布朗内尔·安东尼（Susan B. Anthony，1820—1906）。在美国内战结束后，学会运动的教育功能逐渐被新教徒发展出来的文化讲习会所取代。

▶ 什么是美国的夏季教育性集会运动？

这是一场开始于19世纪70年代，持续到20世纪20年代的有关文化、宗教和教育的运动。大约有4 500万美国人参加了夏季教育性集会，这使得夏季教育性集会成为那时主导美国人生活的主要力量之一。西奥多·罗斯福（Theodore Roosevelt）称之为"国内最具有美国性的事物"。第一次世界大战期间，美国总统伍德罗·威尔逊声称：夏季教育性集会是"国家防御中最完整的部分"。一些学者认为，夏季教育性集会运动在全美国播下了自由思想的种子。

这场运动始于1874年美国纽约州肖托夸湖的美国新教圣公会宿营地。在这次聚会中，来自美国新泽西州卡姆登市的年轻牧师约翰·文森特（John H. Vincent，1932—1920）试图以一种夏令营的方式训练来自主日学校的教师们。他的这种训练计划很快流行起来，并超出了学习圣经的范围。这种宗教培训的内容开始包括文学、历史和社会学。这种夏日的宿营学习模式很快流行全国。到了1900年，美国31个州中就有二百余个这种组织。参加者来自各个年龄段，讲授的内容也涵盖各个方面，包括艺术、旅游和政治等。许多演员后来也参加进来，一些音乐家和娱乐界人士都加入了演讲者行列。

20世纪初，夏季教育性集会成了一项长期开展的运动，开始成为一项有组织的集讲座和娱乐为一体的巡回表演项目。演讲者和表演者从一个城镇旅行到另一个城镇。每到一个地方，他们就搭起帐篷，一讲就是数周。很多美国人所看到的第一场电影很有可能就是在夏季教育性集会的帐篷中看到的。20世纪20年代中期，随着交通和通讯设施的发展，夏季教育性集会运动逐渐消失了。一些学者认为，夏季教育性集会是美国大众文化的第一种形式。为了纪念这种精神，纽约的肖托夸学院（Chautauqua Institute）每年仍然举办着夏季教育

性集会。

民 间 故 事

▶ 伊索寓言出现于何时？

《伊索寓言》(*Aesop's Fables*)可以追溯到公元前6世纪,但是直到17世纪才出现英文版本。1692年,罗杰·莱斯特兰奇(Roger L'Estrange,1616—1704)在伦敦出版了这本据说是由一个希腊奴隶伊索写的寓言故事集。这些简短的说教性故事一直是口口相传。这些故事包括著名的龟兔赛跑和披着羊皮的狼。由于这些故事一直可以追溯到早期文学,很多人认为伊索只不过是个传说中的人物。

▶ 格林兄弟是谁？

德国兄弟雅各布(Jacob Grimm, 1785—1863)与其弟威廉(Wilhelm Grimm, 1786—1859)以编写童话故事而闻名,但实际上他们的职业分别是图书管理员和研究法律的教授。他们不仅在大学里面授课,而且还一起编著了一本德语词典。

1805年,当雅各布旅行到巴黎去研究罗马法时,他在一家图书馆发现了一本德国中世纪的故事集。由于年代久远,这本故事集已经遭到严重破坏。他认为如果这些故事丢失,那么就太可惜了,于是他决定将它们收集起来。为了编写好故事,他们兄弟2人还广泛收集了一些涉及当时文化传统的资料,以及传奇故事、民间传说,特别是那些受儿童喜欢的故事。他们的足迹遍布德国乡村,拜访村民以收集那些口口相传的故事和传说,并且尽量忠实地将故事记录下来。1812年,《格林童话》(*Grimm's Fairy Tales*)第一卷出版后广受儿童欢迎。接下来的几卷《格林童话》出版于1815年。《格林童话》收集了大量经典故事,如《大拇指汤姆》(*The History of Tom Thumb*)、《小红帽》(*Little Red Riding-Hood*)、《蓝胡子》(*Bluebeard*)、《穿靴子的猫》(*Puss in Boots*)、《白雪公主和7个小矮人》(*Snow White and the Seven Dwarfs*)、《金发姑娘和3只熊》(*Goldilocks and the Three Bears*)、《豌豆公主》(*The Princess and the Pea*)、《睡美人》(*The Sleeping Beauty in the Wood*)和《灰姑娘》(*Cinderella*)。

文　　学

▶ "荷马疑问"是指什么?

在18—19世纪时,学者们对《伊利亚特》(*Iliad*)和《奥德赛》(*Odyssey*)的作者究竟是谁很有争议。争议集中在这样几个问题上:《伊利亚特》和《奥德赛》是否是同一个作者? 荷马是怎样一位作者? 关于这些问题的争论就叫做"荷马问题"(Homeric question)。这些疑问到现在也没有解决。尽管到现在还没有足够的证据证明《伊利亚特》和《奥德赛》的作者不是荷马,但是学者们认为《伊利亚特》的出现时间要远远早于《奥德赛》。还有学者认为,荷马只是一个游吟诗人,他不会读和写,只能随着七弦琴的演奏将《伊利亚特》和《奥德赛》唱出来。根据这种看法,《伊利亚特》和《奥德赛》很可能是荷马在晚期请人将他的唱词记录了下来。然而,也有学者认为,《伊利亚特》和《奥德赛》不仅仅是荷马一个人的功劳,它们是古希腊许多游吟诗人的共同成果。

荷马还被认为是其他一些诗歌的作者,如诗歌《玛吉特斯》(*Margites*)等。但是,这些诗歌很可能只是荷马后继者的作品。

▶ 关于荷马,我们知道什么?

荷马很可能只是一名口头诗人和演奏者。尽管我们对荷马知之甚少,但是很多人相信他是公元前8—9世纪左右的古希腊爱奥尼亚人。20世纪20年代,实地研究过南斯拉夫游吟诗人的传统后,学者米尔曼·帕里(Milman Parry)指出:荷马的诗歌正属于这类游吟传统。诗歌中备有大量套语,以便配合格律,即兴演出。荷马史诗很多看来矛盾的地方,正是出于配合格律的需要。这些证据都说明,荷马可能只是一名游吟诗人和史诗吟诵者,他是在希腊的宴会上即兴地

演唱出这些诗歌。

⊙ 为何现代人还要研究《伊利亚特》？

希腊诗人荷马（Homer，公元前850年—？）是希腊史诗《伊利亚特》（*Iliad*）和《奥德赛》（*Odyssey*）的作者。这两部作品被认为是西方文学最伟大的作品之一，对西方诗歌的发展产生了深刻的影响，在维吉尔的《埃涅伊德》（*Aeneid*）和但丁的《神曲》（*Divine Comedy*）中我们都还可以找到荷马史诗的影子。

《伊利亚特》可以看作是西方文学的起点，它可以追溯到公元前13世纪。在3 000年的历史中，《伊利亚特》一直是西方教育的重要组成部分。这首描写了那场持续了10年的特洛伊战争的史诗充分表现出了作者对人类本性的深刻认识。

⊙ 维吉尔的《埃涅伊德》并未完成吗？

是的，维吉尔（Virgil，公元前70—公元前19）并没有完成《埃涅伊德》（*Aeneid*）。维吉尔被认为是最伟大的罗马诗人，他共花了10年时间来写作《埃涅伊德》，并计划花3年的时间对《埃涅伊德》进行修订。但是，在他为诗歌收集新的资料时，他由于生病死于旅途当中。在病床上，他嘱咐自己的朋友将《埃涅伊德》烧掉，但是当时的罗马皇帝奥古斯都（Augustus，公元前63—公元前14）下令撤销这个请求，并命令维吉尔的朋友修订他的手稿。奥古斯都还对修订工作做了详细规定。维吉尔最伟大的作品《埃涅伊德》于公元前17年出版。这部史诗共有12本，每本都有700~1 000行长。

⊙ 维吉尔都有哪些创新？

学者们认为维吉尔改变了一直以来罗马作家所遵循的希腊文学传统。维吉尔的田园诗歌（经常被其他作家理想化）将观察和询问结合在了一起，而且采用更加复杂的语法结构，所塑造的人物性格也更加真实。这些技术上的创新为后来的文学作品创作提供了参考。

然而，维吉尔一开始并不想从事文学创作：维吉尔年轻时学习的是雄辩术和哲学,他原计划从事法律工作,但是由于害怕公开演讲,他只好回到父母的农场学习和研究诗歌。

他的作品除了《埃涅伊德》之外,还有《牧歌集》(*Eclogues*)和《农事诗》(*Georgics*)。《牧歌集》是由10首田园诗组成的,写于公元前42年—公元前37年。《农事诗》讴歌了意大利的乡村生活,是一部四卷的著作。在维吉尔死后50年,维吉尔的诗歌成了罗马学校中的必修/读课程。这样大量的维吉尔作品被印刷出来,所以,现在的学者和学生们还可以看到这些伟大的著作。

▶ 为何《贝奥武夫》被认为是一部重要的作品?

《贝奥武夫》(*Beowulf*)写作于1000年,是英国现存最古老的史诗。它是由无名氏以古英语〔盎格鲁撒克逊人(Anglo-Saxon)的英语,从5世纪中期—12世纪初使用的英语〕写成的。作为民间传说,《贝奥武夫》描写了一位斯堪的纳维亚的英雄,他杀死了妖怪格伦德尔(Grendel)及妖怪的母亲,最后死于与一条火龙的战斗中。由于这首史诗混合了基督教和异教徒的主题,学者们认为它写于700年—750年之间。

▶ 为何人们广泛研究《神曲》?

《神曲》(*The Divine Comedy*)100章,分三卷:《地狱篇》(*Inferno*)、《炼狱篇》(*Purgatorio*)、《天堂篇》(*Paradiso*)。现在人们广泛研究《神曲》,不仅是因为它优美的韵文,而且是由于它本身传达出一种超越时间的启示。

但丁·阿利盖利(Dante Alighieri,1265—1321)认为《神曲》的主旨,是"为了对万恶的社会有所裨益"。但丁认为他的诗歌主题是"死后的灵魂"。"死后的灵魂"比喻人类自身,人的自由意志能够在自己的身上产生"公正的奖励或者惩罚"。

但丁的作品被认为是具有开创性的意大利文学:在他写作《神曲》的年代,拉丁文是科学界和文学界无可争议的规范语言,而意大利语被认为是粗俗的语言。然而,但丁的《神曲》却是由意大利的日常用语(意大利的托斯卡纳语)写成。但丁不仅背离了传统,而且发展了日常用语的写作。学者们一致认为但丁的作品不仅立意深刻,而且创作技巧也十分精熟。

◉ 谁是但丁的比阿特丽斯？

在但丁的著作《神曲》中，主人公的救赎是由一名叫做比阿特丽斯（Beatrice）的人物引领的。〔穿越地狱和炼狱的引领者是伟大的罗马诗人维吉尔（Virgil）。〕但丁·阿利盖利出生于意大利佛罗伦萨，他大部分的时间也是在佛罗伦萨度过的。1274年，但丁9岁时遇见了比阿特丽斯；9年后，他们再次相见时，但丁被她的美丽和高贵所打动。比阿特丽斯死于1290年。为了纪念她，但丁创作了一系列作品，其中最著名的就是《神曲》（The Divine Comedy，1308—1321）。其他描写比阿特丽斯的作品还包括：13首诗歌集《新生活》（The New Life，1293）和另一首抒情诗集《宴会》（The Banquest，1304—1307）。

◉ 为何乔叟的《坎特伯雷故事集》在文学史上如此重要？

《坎特伯雷故事集》（Canterbury Tales）并未完成。于1486年开始，杰弗里·乔叟（Geoffrey Chaucer，1340—1400）生命中最后的14年就是在创作《坎特伯雷故事集》中度过的。《坎特伯雷故事集》被认为是中古英语的杰作。中古英语是从5世纪中期—12世纪初使用的盎格鲁撒克逊人（Anglo-Saxon）的英语。乔叟是一位酒商的儿子。在《坎特伯雷故事集》中，他以第一人称将在酒馆中遇见的28名朝圣者所讲的故事编织在了一起。这些朝圣者，连同酒馆主人和作者自己代表了英国社会的不同阶层——贵族、教士、普通人和一个中等阶层人士。这些阶层虽然没有被正式确认，但是在现实生活中是确实存在的。

为了将这些故事连接起来，乔叟在故事情节中设计了一个通向托马斯·贝克特（Thomas Becket，1118—1170）圣地的旅途。贝克特是坎特伯雷大主教，他于1170年在坎特伯雷大教堂里被英国国王亨利二世（Henry Ⅱ）派出的爵士所杀害。乔叟在《坎特伯雷故事集》的序言中暗示了本书将共包括120个故事。但是，乔叟只写了24个故事，其中还有2个故事没有完成。这些故事包括一些猥亵的故事，也有一些寓言和教训。当朝圣者们抵达圣地，他们并没有返回。关于这一情节，学者们认为乔叟是有意这样设计的，目的是象征人从落地到天堂的旅途。同时作为《诺顿英国文学选集》（Norton Anthology of English Literature）的作者，乔叟的《坎特伯雷故事集》在为人们提供娱乐的同时，还极大地增加了人们对于现实的思考。

这些故事在中世纪晚期十分流行,因而一版再版,特别是在15世纪。乔叟对故事以及讲故事的人的细致描写使得读者能够对人物的性格有更深刻的认识,并对人自身的矛盾产生感悟。这也是这本书最成功的地方。

▶ 为何人们要研究莎士比亚?

英国剧作家本·琼森(Ben Jonson, 1572—1637)曾经说过这样一句话:莎士比亚"不仅属于一个时代,而且属于全人类"。大部分的教师和学生很可能会同意琼森的评价:莎士比亚的经典著作(包括37部戏剧、诗歌和14行诗)描写了普遍的人性。莎士比亚的名言甚至对于那些没有研究过莎士比亚的人来说都是十分熟悉的。形成这样的情况,不仅是因为他的作品采用了当时的俗语,而且数年后,莎士比亚的部分用语和短语已经成为日常生活中的习惯用法。

威廉·莎士比亚的作品描写了普遍的人性。

这里可以从《哈姆雷特》(Hamlet)中举出几个例子,如"既不要向别人借钱,也不可借钱给别人"(Neither a borrower nor a lender be);"做真实的自我"(To thine own self be true)。没有其他作家能够如此多产,而且其作品被如此广泛地阅读。

▶ 莎士比亚接受过什么样的教育?

一般认为,威廉·莎士比亚在国王的新学校(New School)学习过。这只是一间文法学校,位于英国埃文河上的斯特拉特福德。这间学校的主要课程是由拉丁文授课。学生在这里可以学习修辞学、逻辑学和伦理学,而且学习一些著名作家的经典著作,如古罗马剧作家泰伦斯(Terence)、罗马喜剧作家普劳图斯(Plautus)、罗马政治家和演说家西塞罗(Cicero)、罗马诗人维吉尔(Virgil)、古

希腊传记作家和哲学家普卢塔克（Plautarch）、罗马诗人荷瑞斯（Horace）和奥维德（Ovid）的作品。这就是莎士比亚接受的全部教育。没有证据表明莎士比亚曾经上过大学。

莎士比亚在世时就出名了吗？

是的，到1592年，他就已经成为著名的剧作家。威廉·莎士比亚的父亲是约翰·莎士比亚（John Shakespeare），属于商人阶层，而他的母亲玛丽·阿登（Mary Arden）则来自一个稍微上层的阶层。莎士比亚的第一部戏剧于1590年—1592年间在伦敦上演。伦敦文学界第一次提到莎士比亚是在1592年，当时剧作家罗伯特·格林（Robert Greene，1558—1592）称莎士比亚为"用美丽的羽毛装饰起来的狂妄自大的乌鸦"（an upstart crow）。

尽管有批评，但是在接下来的几年时间里，莎士比亚的戏剧越来越受到欢迎。他尝试使用传统的经典戏剧形式在写作了《泰特斯·安德洛尼克斯》（*Titus Andronicus*，1593—1594）中，而且发表了两首叙事诗《维纳斯与阿多尼斯》（*Venus and Adonis*，1593）和《鲁克丽丝受辱记》（*The Rape of Lucrece*，1594）。这些作品由于符合了当时流行的使用诗歌描写神的故事的方式，一经出版，立刻受到欢迎。莎士比亚也成为当时著名的作家之一。与他同时代的弗朗西斯·米尔斯（Francis Meres，1565—1647）称他为"甜言蜜语的莎士比亚"。

莎士比亚在加入张伯伦勋爵剧团（Lord Chamberlain's Men）后，很快又成为一名专业的演员和剧作家。张伯伦勋爵剧团成立于1594年的英国伦敦（1603年，剧团更名为国王剧团）。这个团队很快成为伦敦最重要的剧团之一，也正是因为如此，莎士比亚在1594年加入该团后就再没有为其他剧团写过剧本。

▶ 什么是桂冠诗人?

桂冠诗人是指由国家或政府确认的诗人的称号。一般来说,桂冠诗人的作品是这个国家最著名的,也是最具有代表性的诗歌。英国的第一位非正式的桂冠诗人是本·琼森(Ben Jonson, 1572—1637)。琼森是莎士比亚同时代的人。〔莎士比亚在琼森的第一部伟大戏剧《每个人有自己的脾气》(*Every Man in His Humour*)中扮演了重要角色。〕1605年开始,琼森为英国宫廷写了一系列的假面剧(一种戏剧性娱乐,由代表神话或寓言中人物的佩戴面具者表演,该娱乐形式在16世纪—17世纪早期的英国很流行)。数年后,在1616年,他被指认为桂冠诗人,由于这个称号,他还拥有了"丰厚的养老金"。琼森的作品还包括《优尔波恩》(*Volpone*)、《本·琼森作品集》(*Works*)(出版于1616年的一本诗集)等。

一些资料显示英国的第一个桂冠诗人可以追溯到埃德蒙·斯宾塞(Edmund Spenser, 1552或1553—1599)。斯宾塞被称为"诗人中的诗人",但是,历史上正式授予的桂冠诗人实际上出现于1638年。威廉·戴夫南特(William Davenant, 1606—1668)获得此殊荣。人们认为他是莎士比亚的教子,甚至是私生子。英国的其他桂冠诗人包括约翰·德莱顿(John Dryden, 1631—1700)、威廉·华兹华斯(William Wordsworth, 1770—1850)和艾尔弗雷德·坦尼森(Alfred Tennyson, 1809—1892)。

▶ 美国有桂冠诗人吗?

有,1985年,美国国会批准了命名全国的桂冠诗人。1986年,肯塔基州出生的作家罗伯特·佩恩·沃伦(Robert Penn Warren, 1909—1989)是美国第一个获得桂冠诗人称号的。他的作品包括小说《国王供奉的人们》(*All the King's Men*)(1946年获得普利策奖)、诸多诗集和文选《我表明我的立场》(*I'll Take My Stand*, 1930)。1935年—1942年,他还担任文学杂志《南方评论》(*The Southern Review*)的编辑。继沃伦之后,获得桂冠诗人称号的还有约瑟夫·布罗德斯凯(Joseph Brodsky)、莫娜·范·戴恩(Mona Van Duyn)(是第一个获得此称号的女性)和丽塔·达夫(Rita Dove)(是第一个获得此称号的非裔黑人)。所有桂冠诗人可以通过美国国会图书馆的网站直接查询(http: //www.loc.gov/poetry/laureate.html)。

▶ "马基雅弗利"的意思是什么?

马基雅弗利(Machiavellian)在英语中的意思是"显示出或以诡计、欺骗和狡诈为特征的"。这个名词来自意大利政治理论家尼克尔·马基雅维利(Niccolo Machiavelli, 1469—1527)的理论。他的理论阐述了一个意志坚定的统治者应当如何不顾道德观念的约束获得并保持其权力。

1513年,马基雅弗利在被意大利佛罗伦萨的梅迪奇家族放逐之后,转而将注意力集中在了《君主论》(The Prince)的写作中。在《君主论》中,马基雅弗利提出了一套统治者应当如何获得,并保持其权力的方法和技巧。这本书是以给统治者提出建议的形式写作的,马基雅弗利建议君主作出决定时唯一应当考虑的是行动过程的效果,而不应该考虑道德观念,如古典哲学和基督神学中的道德观念。虽然这本书很快流行欧洲,但是几乎没有在意大利引起反响。

▶ 为何弥尔顿对英国文学如此重要?

除了莎士比亚,约翰·弥尔顿(John Milton, 1608—1674)的作品是最经常被引注的著作。弥尔顿是"少数几个英雄史诗的作者"之一。依据《诺顿英国文学选集》(Norton Anthology of English Literature),弥尔顿的作品中同时体现了"两场伟大的思想和社会运动"。这两次运动是指文艺复兴和宗教改革。学者们指出,弥尔顿作品中对古典材料运用和作品的丰富多彩本身就体现了文艺复兴的本质,而他作为一名"热忱而独特的基督徒"就是对宗教改革的回应。例如,在他的杰作《失乐园》(Paradise Lost, 1667)中,弥尔顿像诗人荷马(Homer)和维吉尔(Virgil)一样描写了全部的人类经验:战争、爱、宗教、地狱、天堂和宇宙。但是,他的书中并没有亚当战胜恶魔的英雄主义,他反而接受"社会现存的负担,是通过承认罪恶,但需要忏悔而获得最终的胜利"。

除了他著名的史诗,弥尔顿还写了许多14行诗和其他一些短诗,如《莎士比亚》(On Shakespeare)、《快乐的人》(L'Allegro)、《沉思的人》(Il Penseroso)和《利西达斯》(Lycidas)。他的作品还包括政治题材,其中最主要的作品是《论出版自由》(Areopagitica)。弥尔顿主张限制君主权力、废除主教、言论自由和离婚制度。一名评论家曾经说过:"美国宪法中的自由思想与其说来自约翰·洛克,不如说更多来自弥尔顿的《论出版自由》。"

▶ 伏尔泰的信仰是什么?

这位法国作家是一位多产的作家。他的52部著作都是他终其一生反抗社会不公正的斗争结晶。伏尔泰(Voltaire, 1694—1778)的名言"让罪恶无处藏身"(squash that which is evil)精炼地体现了他的原则:他信仰上帝,但是憎恶宗教(高教会派)的传统;他传播理性怀疑论;他强烈地拥护宗教信仰自由和政治自由;他坚信人类追求完美的能力。对于西方文学来说,他将理性时代(也叫启蒙时代)的理想具体化了。但是,他的敌人害怕他和诋毁他。终其一生,有人赞扬,有人批评,但是自那时起,他的作品就一直广受欢迎。他的杰作《老实人》(Candide, 1759)是一部讽刺小说,充分表现了人内心的善良和丑恶。《老实人》已经被翻译成一百多种文字,在世界广泛流传。

▶ 为何伏尔泰会被法国放逐?

法国作家伏尔泰原名为弗朗索瓦·玛丽·阿鲁埃特(Francois-Marie Arouet)。伏尔泰是假名。伏尔泰一生中进过两次监狱,而且,出狱后立即被放逐。伏尔泰从年轻时就开始了这样的生活,无论被捕还是放逐都是由于他对时政的尖锐讽刺。1704年—1711年,伏尔泰在一所耶稣会士的路易大帝学院(College Louis-le-Grand)学习结束后,他加入了一个欣赏他的贵族团体。他不仅创作,而且传播了许多批评当时摄政者奥尔良公爵的诗歌。最后,他于1717年被抓进巴士底狱,也正是在狱中,伏尔泰创作了关于法国国王亨利四世(Henry IV, 1553—1610)的长诗。由于长诗充满了对宗教迷信的控诉和对自由的赞美,整个作品明显与当时政治状况相违背。这样的书稿引起了法国最有权势的家族罗昂(Rohan)的不满,于是他再次被投入监狱(也是在巴士底狱),并于1726年被放逐。

伏尔泰在英国伦敦一直待到1729年。回到法国后,伏尔泰描写了他对英国社会和政治信仰的观察,发表了《关于英吉利国的书信》(Letters Concerning the English Nation, 1734)。这本书再次引起了矛盾,他对英国自由主义的赞扬被当局看做是对法国保守主义的批评。为此,他被迫在法国洛林隐居起来,并在那里一直住到1749年。伏尔泰作品中对时政的尖锐批评既给他带来了麻烦,也赢得了作家的荣誉,终其一生,这两样东西一直伴随着他。1750年,伏尔泰被邀请至

王宫接受普鲁士国王弗雷德里克大帝（Frederick the Great）的接见。他在王宫居住了2年。1753年，他与这个他称之为"哲学王"的国王发生了争吵，而被迫离开王宫。伏尔泰生命中最后的20年是在瑞士度过的。临死前，伏尔泰前往法国巴黎观看了他的戏剧《艾琳》（Irene）。

▶ 歌德对世界文学究竟有什么贡献？

约翰·沃尔夫冈·歌德（Johann Wolfgang Goethe，1749—1832）是德国最伟大的作家之一。他同时还是科学家、艺术家、音乐家和哲学家。作为一名作家，歌德尝试了许多文学流派和写作风格，他的作品引领了德国18世纪晚期—19世纪初期的文学运动。他的杰作戏剧长诗《浮士德》（Faust，1808年，1832年修订）具体体现了作者的人文主义理想。这种人文主义理想已经超越了国家和历史的界限。事实上，这位既是占星家，又是魔术师和预言家的浮士德的故事引起了普遍的兴趣，经常被其他文学作品和音乐作品所引用：这位传奇性人物将自己的灵魂卖给了魔鬼以换取对所有人类快乐的体验。

▶ 亚历克西斯·德·托克维尔是谁？

法国人亚历克西斯·德·托克维尔（Alexis de Tocqueville，1805—1859）与他的同事兼好友古斯塔弗·德·博蒙特（Gustave de Beaumont，1802—1866）周游美国时年仅26岁。他们考察了美国的民主制度。

尽管托克维尔出发的任务是代表法国政府研究美国的刑事制度（他和博蒙特当时都是地方行政人员），但是，实际上他是有自己的主意，他要近距离观察建立了世界上第一个，也是最完全的民主制度的美国。托克维尔和博蒙特花了9个月的时间穿越了美国东北部的新英格兰、加拿大东部和许多美国城市，如纽约、宾夕法尼亚州的费城、马里兰州的巴尔的摩、华盛顿、俄亥俄州的辛辛那提和路易斯安那州的新奥尔良。

他们于1832年回到法国，并于次年出版了他们的研究《论美国的刑事制度及其在法国的应用》（On the Penitentiary System in the United States and Its Application in France）。当他完成了这项官方的任务之后，他辞去了自己的职务，返回巴黎的公寓。在那里，托克维尔花了2年的时间完成了他的杰作《美国的民主》

（*Democracy in America*，1835，1840）。这是一本影响极广的研究美国体制的专著，它很快为托克维尔带来了各种声誉，包括政治观察家、哲学家，以及后来的社会学家。

托克维尔宣称，在他的旅途中，"给我留下最深刻印象的就是美国的平等……各个阶层之间平缓的过渡，社会上并不存在由于社会地位的不同而引起的矛盾。每个人见面都相互握手……"但是，他也预见了美国的经济平等存在被美国人期望平等的热情所破坏的可能性，因为这种情感不仅使得"卑微的人期望提升自己的地位"，而且使得"弱者会试着将强者降低到与自己同一个水平上"。在他警告人们民主会带来"多数人的专制"的危险的同时，他认为法律、宗教和新闻自由是反抗民主专制的有效手段。

▶ 是否是狄更斯著作中的人物为英语带来了"Scrooge"这个单词？

是。英语中的"Scrooge"意思是吝啬鬼。它来自查尔斯·狄更斯（Charles Dickens，1812—1870）于1843年所著的《圣诞颂歌》（*A Christmas Carol*）中的人物埃比尼泽·斯古奇（Ebenezer Scrooge）。1899年，"Scrooge"作为守财奴的意思开始被广泛使用。

狄更斯创造了许多令人印象深刻的人物形象，如奥利弗（Oliver Twist）、小提姆（Tiny Tim）和小内尔（Little Nell）等。狄更斯的著作包括：《雾都孤儿》（*Oliver Twist*，1837—1839）、《老古玩店》（*The Old Curiosity Shop*，1840—1841）、《荒凉山庄》（*Bleak House*，1852—1853）、《双城记》（*A Tale of Two Cities*，1859）和《远大前程》（*Great Expectations*，1860—1861）等。狄更斯的作品无论是当时，还是现在都很受欢迎，因为他的作品中不仅有生动的人物形象刻画，而且对社会现实做了深刻描写。尽管狄更斯后期的作品有些悲观，但是他还是对被压迫者充满了同情，对人类的尊严充满了自信。

▶ 是谁写出了第一部现代小说？

对于这个问题可以有许多不同的答案，但是，总体上人们都认为是西班牙作家米戈尔·德·塞万提斯（Miguel de Cervantes, 1547—1616）写出了第一部现代小说。塞万提斯的《堂·吉诃德》（*Don Quixote*）（分两部分，分别于1605年和1615年完成）扩展了欧洲文学的散文叙事方式。在书中，塞万提斯对人物和事件的描述被称为开创了现代现实主义传统。作为一部史诗杰作，《堂·吉诃德》对早期小说家的影响无可否认，包括英国小说家和剧作家亨利·菲尔丁（Henry Fielding）。菲尔丁是现实主义小说《汤姆·琼斯》（*Tom Jones*, 1749）的作者。许多作家都认为《堂·吉诃德》也是小说中的杰作之一，可以与以下的小说相媲美，如法国小说家古斯塔夫·福楼拜（Gustave Flauber）的《包法利夫人》（*Madame Bovary*, 1857）、俄国小说家费奥多·陀思妥耶夫斯基（Fyodor Dostoevsky）的《白痴》（*The Idiot*, 1868—1869），以及美国作家马克·吐温（Mark Twain）的《汤姆·索亚历险记》（*The Adventures of Tom Sawyer*, 1876）和《哈克贝利·弗恩历险记》（*The Adventures of Huckleberry Finn*, 1884）。

▶ 小说是如何发展的？

批评家和学者们一致认为是法国作家古斯塔夫·福楼拜（Gustave Flauber, 1821—1880）将现代小说发展成为一种"有意识的艺术形式"。福楼拜的著作《包法利夫人》采用了多种手段，如客观的人物塑造、讽刺、叙事手法，以及比喻和象征的运用。美国作家亨利·詹姆斯被认为拓展了小说的领域范围，将戏剧的因素带入了小说的叙事结构，是一位从心理学角度反映现实主义小说的先锋。他的作品有《美国人》（*The American*, 1877）、《戴西·米勒》（*Daisy Miller*, 1879）、《一位女士的肖像》（*The Portrait of a Lady*, 1881）和《大使》（*The Abassadors*, 1903）。

爱尔兰作家詹姆斯·乔伊斯（James Joyce, 1882—1941）是20世纪上半期最重要的文学人物，是他使得小说更加高雅。乔伊斯对小说的改革始于他的第一部小说《一个青年艺术家的自画像》（*A Portrait of the Artist as a Young Man*, 1916）和最重要的杰作《尤利西斯》（*Ulysses*, 1922）。在这两本书中，他发展出一种主人公内心独白的写作技巧和意识流叙事技巧。

美国作家威廉·福格纳（William Faulkner, 1897—1962）是美国的乔伊斯。他的作品包括《喧哗与骚动》（*The Sound and the Fury*, 1929）、《八月之光》（*Light in August*, 1932）等。1949年，福格纳在接受诺贝尔文学奖的仪式上的演讲中提到，他的小说的基本主题就是"人类自己内心的斗争"。因此，他通过许多叙事技巧来挖掘人物的内心活动。与乔伊斯一样，他的小说开始与传统方式分离。

▶ 简·奥斯丁的作品为何仍在被广泛阅读？

简·奥斯丁（Jane Austen, 1775—1817）是英国最伟大的小说家之一。她的一生中只写了6部小说，包括她的著名的小说《理智与情感》（*Sense and Sensibility*, 1811年出版）、《傲慢与偏见》（*Pride and Prejudice*, 1813）和《爱玛》（*Emma*, 1816）。虽然只有6部，但她依然是伟大的作家，她的作品到现在仍然被广泛阅读。奥斯丁是一位牧师的女儿，她拒绝当时的文学运动和浪漫主义，却选择了忠实地描绘她所知道的生活。正因为如此，她成了英国第一位现实主义小说家。奥斯丁的作品充满了对生活的敏锐观察和对日常生活的热爱。

▶ 为何《白鲸》被认为是美国最伟大的小说之一？

赫尔曼·梅尔维尔（Herman Melville, 1819—1891）于1851年写成其杰作《白鲸》。《白鲸》的第一句话就是那句为广大读者所熟悉的"叫我以实玛利吧"！（Call me Ishmael）《白鲸》是世界上最伟大的小说之一，有许多人认为它是美国最好的小说。当然，决定什么是最好的具有明显的主观性，但是《白鲸》不得不说是一部非常优秀的作品。《白鲸》在当时并没有受到欢迎。《白鲸》描写的是捕鲸船长搜寻一条吃掉他腿的鲸鱼的故事，它既是一个冒险故事，也是一个有趣的寓言故事。梅尔维尔死后30年，他的作品才受到好评。

▶ 为何乔伊斯的《尤利西斯》曾经在美国被禁止出版？

爱尔兰作家詹姆斯·乔伊斯的杰作《尤利西斯》由巴黎出版商莎士比亚书店于1922年出版（在此之前曾经被连载过）。1928年，美国的联邦关税法院

（Customs Court）正式将这本书列为淫秽书籍。原因是双重的：《尤利西斯》使用了庸俗下流的词汇和意识流叙述方式描述了女性心里最隐秘的思想。1933年，美国法庭纠正了这种看法，法官约翰·伍斯利（John Woolsey）称它是一本"真挚和诚实的书"。在经过长时间的讨论之后，法官最终决定解除对《尤利西斯》的禁令。兰登书屋，这个在法庭上拥护禁止《尤利西斯》出版的美国出版商，很快为出版美国版的《尤利西斯》准备好了排版。法庭的裁决对美国产生了深远的影响：它是美国审查制度的转折点。在此案之前，人们一般认为政府对出版物的禁制令不违背美国宪法的第一修正案（第一修正案保证言论自由）。后来，虽然政府向美国巡回上诉法庭提出申诉，但是法官伍斯利的决定并没有被推翻。

▶ 普鲁斯特在文学史上有什么地位？

马塞尔·普鲁斯特（Marcel Proust, 1871—1922）是20世纪法国最伟大的作家之一。他的小说中容纳了许多新的元素，如心理分析、处理时间的创造性手法和多种主题。普鲁斯特最著名的作品是他共分7部的小说《追忆似水年华》（*A la recherché du temps perdu*，英文为 *Remembrance of Things Past*, 1954）。普鲁斯特不仅是创造性地开创了一种新的文体，而且是一名精明的社会观察家。

19世纪90年代中期，像19世纪著名的作家埃米尔·左拉（Emile Zola, 1840—1902）一样，普鲁斯特成了坚定的德雷福斯的支持者。艾尔弗雷德·德雷福斯（Alfred Dreyfus, 1859—1935）是一名犹太裔法国军官。1894年，他以叛国罪判处终身监禁，但最后被无罪释放，因为证明他有罪的证据被发现是反犹太分子伪造的。

▶ 美国诗歌始于何时？

华尔特·惠特曼（Walt Whitman, 1819—1892）是第一位真正的美国诗人。他的诗歌没有因袭欧洲诗人的传统的韵律、韵文和叙事结构，明白无误地表达出一种美国风格。

1855年，他第一次出版了自己的诗集《草叶集》（*Leaves of Grass*, 1855）。

为了获得承认,惠特曼送了一本自己的诗集给当时杰出的美国作家拉尔夫·沃尔朵·爱默生(Ralph Waldo Emerson, 1803—1882)。爱默生不仅认识许多著名的作家,而且是他们的好朋友。这些作家包括伟大的英国诗人威廉·华兹华斯(William Wordsworth, 1770—1850)、塞缪尔·泰勒·柯尔雷基(Samuel Taylor Coleridge, 1772—1834)、托马斯·卡莱尔(Thomas Carlyle, 1795—1881)和杰出的美国作家亨利·戴维·梭罗(Henry David Thoreau, 1817—1862)、内森尼尔·霍桑(Nathaniel Hawthorne, 1804—1864)。对于惠特曼来说,这是一个大胆的举动,但是却有了回报:在《草叶集》不被评论家看好的同时,爱默生发表了一篇长达5页的文章,称赞惠特曼的诗歌。他称惠特曼正在"开创一项新的事业"。梭罗也对惠特曼的诗歌大加赞扬。100年后,传记作家贾斯廷·卡普兰(Justin Kaplan)称《草叶集》是"新世界中最优秀的原创诗歌,开创了美国诗歌的浪漫主义和现实主义的源流"。惠特曼最著名的诗歌包括《自我之歌》(Song of Myself)、《噢,船长,我的船长!》(O Captain! My Captain!)、《大路之歌》(Song of the Open Road)和《我歌唱那带电的肉体》(I Sing the Body Electric)等。

埃米莉·迪金森(Emily Dickinson, 1830—1886)几乎和惠特曼同时开始了美国诗歌的创作,但是终其一生,她并不为人所知。在她去世前,她只出版了很少的诗歌。她去世后她的诗歌集才出版。现在她也被认为是美国最伟大的诗人之一。

▶ 哈莱姆文艺复兴有什么持续的影响?

哈莱姆文艺复兴是指20世纪20年代黑人艺术及文学的兴起。从那时起,美国的学者和艺术家开始关注美国黑人文化。根据一些资料显示,这场运动最早兴起于1917年。1925年,《纽约先驱论坛报》(New York Herald Tribune)发表文章宣称:"如果我们没有正处于一场黑人文艺复兴时代的中期,那么我们就处于它的初期。"美国黑人阿兰·洛克(Alain Locke, 1886—1954)是哈莱姆复兴运动的领导人。他实际上是哈佛大学的一名哲学教授。纽约的上曼哈顿区是第一次世界大战后这场运动的中心。

这场运动给美国带来的许多重要的文学作品。琼·图默(Jean Toomer)1923年的作品《公民凯恩》(Cane)被认为是哈莱姆文艺复兴运动中的第一本

著作。兰斯顿·休斯（Langston Hughes）的作品包括《黑种人谈河流》（*The Negro Speaks of River*, 1921）和《消沉的蓝色》（*The Weary Blues*, 1926）。康提·卡伦（Countee Cullen）的作品包括《颜色》（*Color*, 1925）和《古铜色的太阳》（*Copper Sun*, 1927）。杰西·福斯特（Jessie R. Fauset）也是一位小说家，同时他还是美国全国有色人种协进会（National Association for the Advancement of Colored People, NAACP）的杂志《危机》（*The Crisis*）的编委。克劳德·麦凯（Claude McKay）1928年的小说《回到哈莱姆的家》（*Home to Harlem*）

佐拉·尼尔·赫斯顿（拍摄于1940年左右）是美国第一位接受古根海姆学会奖的黑人女性。她是哈莱姆文艺复兴运动中的重要人物。

由于对黑人生活的描写而遭到了来自杜波依斯（W. E. B. Du Bois）和艾伦·洛克（Alain Locke）的激烈批评。佐拉·尼尔·赫斯顿（Zola Neale Hurston）是小说《他们在观望上帝》（*Their Eyes Were Watching God*, 1837）的作者。由于她的创造性创作，她成为美国第一位接受古根海姆学会奖（Guggenheim Fellowship）的黑人女性。

哈莱姆文艺复兴运动并不仅仅局限于文学领域：在战后的这段繁荣时期，爵士乐和蓝调音乐也发展起来，代表人物包括在20世纪20年代和30年代涌现出的路易斯·阿姆斯特朗（Louis Armstrong）、莫顿（Morton）、公爵埃灵顿（Duke Ellington）、贝西埃·史密斯（Bessie Smith）和约瑟芬·贝克（Josephine Baker）。

▶《哈里·波特》引起了多大的轰动？

英国作家卡·罗琳（J. K. Rowling, 1965—　）是《哈里·波特》系列丛书（*Harry Potter*）的作者。《哈里·波特》描写了一个年轻巫师的冒险。1997年，它一经出版,立刻广受欢迎,创造了新书销售的新纪录。《哈里·波特》也使得卡·罗琳成为世界上最富有的女性之一。

2004年12月24日,《哈里·波特》原计划7本丛书中的第6本将于2005年7月16日出版的公告一经公布,这本名为《哈里·波特与混血王子》(*Harry Potter and the Half-Blood Prince*)的小说仅仅依靠提前的预订量就登上了美国和英国畅销书的榜首。这个公告同时导致了卡·罗琳的美国和英国出版商、经销商的股票大幅上扬。那时,《哈里·波特》的前5本书已经在全世界销售了大约2.6亿册,根据预期,第6本书将会成为2005年销售量最大的书籍,仅在美国就至少能够销售1 100万册。巴诺书店(Barnes & Noble)的史蒂夫·里乔(Steve Riggio)说:《哈里·波特》"第5本书的销售情况就像好莱坞大片首映后的第一个星期的情况一样"。是的,第5本书《哈里·波特与凤凰令》(*Harry Potter and the Order of the Phoenix*)于2003年6月21日出版后的第一个星期,立刻成为出版界历史上销售最迅速的图书之一。《哈里·波特》的其他几本书也都是畅销书。

这位现在十分富有的英国作家在20世纪90年代中期还曾一度依靠政府的救济金生活。2004年,卡·罗琳荣登了《福布斯》(*Forbes*)杂志的富人榜。她的10亿财富使得她位列587位亿万富翁中的第552名。

艺　术

▶ 波提切利的绘画特点都有哪些?

桑德洛·波提切利(Sandro Botticelli, 1445—1510)是意大利文艺复兴时期的画家,他的绘画以明显的宗教色彩、宁静而且典雅的画面而闻名。作为佛罗伦萨画派菲利皮诺·利皮(Fra Filippo Lippi, 1406—1469)的学生,波提切利改进了他的绘画方式。波提切利被认为是一名伟大的"线条大师"。

波提切利的作品很快由于列奥纳多·达·芬奇的出现而黯然失色。达·芬奇虽然比波提切利年轻几岁,但是他在绘画方面的天分却使得波提切利的作品像过了时一样。19世纪末期,波提切利的作品重新被艺术家和评论家所提起。他们称赞波提切利作品中的简单和真挚。英国艺术评论家约翰·罗斯金(John

Ruskin, 1819—1900）认为波提切利是艺术家的榜样，认为波提切利将神创造世界的画面表现得十分自然。

▶ 波提切利的《维纳斯的诞生》为何如此有名？

这幅创作于1482年左右的作品能够立刻吸引人们的眼球。作品中典雅的人物形象、绘画空间的合理安排，以及细节的装饰给整个画面带来了艳丽多彩的效果。在作品的创作中，裸体维纳斯的绘画是一种创新，因为在中世纪（500—1350）艺术作品中是不允许出现裸体形象的。但是，由于波提切利是受佛罗伦萨梅迪奇家族的委托而创作的，他并没有理会这样的禁令。在梅迪奇家族的保护下，波提切利不用担心被控告为异教徒。

尽管《维纳斯的诞生》（ *The Birth of Venus* ）十分著名，但是波提切利的另一幅作品《圣母像》（ *The Magnificat* ）才是被经常描摹的作品。

波提切利的著名画作《维纳斯的诞生》是受佛罗伦萨梅迪奇家族的委托而创作的。

▶ 为何梅迪奇家族对文艺复兴时期的艺术如此重要?

14—16世纪,梅迪奇家族是意大利佛罗伦萨一个十分有权势的家族。这个家族的建立者是乔凡尼·迪比奇·德·梅迪奇(Giovanni di Bicci de Medici),他通过经商积聚了大量财富,并于1421年—1429年之间统治佛罗伦萨。

▶ 达·芬奇为什么被称为"全才"?

列奥纳多·达·芬奇拥有十分强烈的求知欲和创造性思维。他的画作中最为人们熟悉的莫过于《最后的晚餐》(*The Lost Supper*, 1495—1498)和《蒙娜丽莎》(*Mona Lisa*, 1503—1505)了。人们同样熟悉的还有他的科学笔记以及关于植物学、解剖学、动物学、水力学和生理学的素描。达·芬奇自己宣称,他研究科学只是为了使自己成为一名更好的画家。尽管如此,他还是显而易见地对自然规律做了深入研究。结果,他的研究极大地促进了生理学和心理学的发展。

列奥纳多·达·芬奇的主要作品为文艺复兴鼎盛时期的雕塑、绘画、素描和建筑等艺术形式奠定了基础。作为一名艺术天才,达·芬奇还被人们称为"全才"(universal man)。他是现代社会的奇迹。

后来,洛伦索·德·梅迪奇(Lorenzo de Medici, 1449—1492)于1478年—1492年之间接管统治佛罗伦萨。尽管他是一位残暴的统治者,但是他却是一位伟大的艺术和文学的赞助人。洛伦索(又命"高贵的"洛伦索)在佛罗伦萨城外有一个名叫菲耶索莱的别墅。在那里,他经常与佛罗伦萨的一些著名艺术家和思想家一起讨论问题。这些艺术家和思想家中就有桑德洛·波提切利(Sandro Botticelli, 1445—1510)。洛伦索也是米开朗琪罗(Michelangelo)的赞助人。

► 米开朗琪罗学习过生理学吗？

是的。雕塑家米开朗琪罗·波纳罗蒂（Michelangilo Buonarroti，1457—1564）于1492年在罗马圣灵医院学习过人体解剖。

米开朗琪罗最著名的雕塑就是《大卫》（*David*，1501—1504）和《摩西》（*Moses*，1515）。他在西斯廷教堂的房顶和墙壁上的壁画也同样有名。米开朗琪罗还是一位建筑师，他认为建筑应当遵循人体的形式，"将各个部分围绕一个中心轴形成对称，就像胳膊同身体的关系一样"。他同时还创作诗歌。

米开朗琪罗将全部的身心都投入到了工作中，他对自己和他人的不耐心是出了名的。人们经常将他和路德维希·范·贝多芬（Ludwig van Beethoven，1770—1827）相提并论，因为他们的性格中都展示出一种"对周围事物的关心，以及作品中对人文情怀的认可

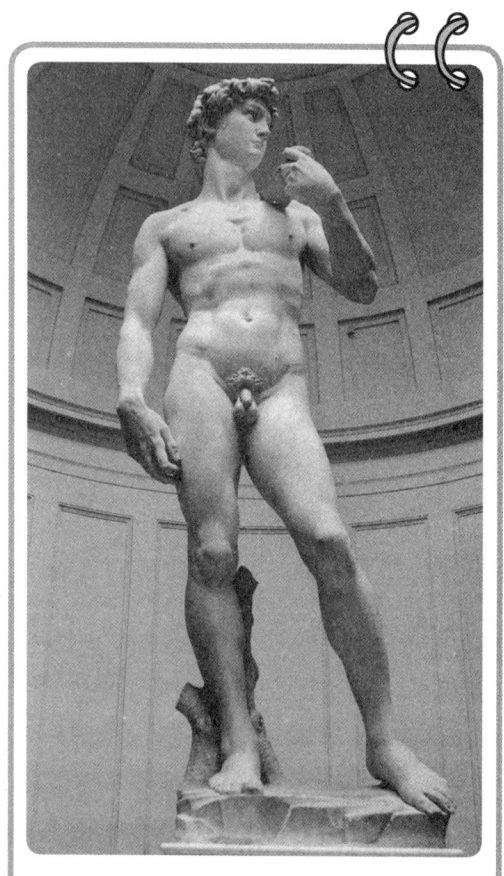

米开朗琪罗的雕塑"大卫"现保存在意大利佛罗伦萨的学院美术馆。

理解"（《加德纳世界艺术史》，Gardner's Art through the Ages）。

► 文艺复兴鼎盛时期的三重唱（达·芬奇、米开朗琪罗和拉斐尔）中谁最好？

大部分历史学家和评论家都认为是拉斐尔·桑乔，因为他最能代表文艺复兴鼎盛时期的理想。尽管列奥纳多·达·芬奇和米开朗琪罗·波纳罗蒂对年轻时的拉斐尔产生过重要影响，但是拉斐尔还是发展出了自己的风格。拉斐尔是

一位多产的画家。他最著名的作品是《雅典学院》(*The School of Athens*)。这幅画被称为文艺复兴鼎盛时期的代表作。在这幅画的场景中，所有古代伟大的思想家齐聚在一起，相互交流思想。这些思想家们包括：柏拉图(Plato)、亚里士多德(Aristotle)、毕达哥拉斯(Pythagoras)、赫拉克利特(Herakleitos)、第欧根尼(Diogenes)和欧几里得(Euclid)。拉斐尔甚至将自己也画在了这次聚会中。在这幅作品中，拉斐尔已经运用了绘画的透视技巧。他将几何学运用于平面图像，从而使得图画中的人物之间的位置关系看起来十分自然。

▶ 为何提香被认为是"现代绘画之父"？

提香(Titian, 1488或1490—1576)生活的时代，画家们开始在帆布上而不是木板上作画了。作为一名熟练运用色彩的大师，这位威尼斯画家的作品非常流行，而且多产。很多人专门聘请助手寻找他的画作。他的画作供不应求。

他的主要作品都是画在帆布上的油画。这是典型的西方绘画传统。他最著名的画作包括：《圣爱与俗爱》(*Sacred and Profane Love*, 1515年左右)和《乌尔比诺的维纳斯》(*Venus of Urbino*, 1538)等。

▶ 是休伯特·范·爱克还是简·范·爱克画了根特祭坛画？

这幅巨大的圣坛装饰画引起的争议就像对它的赞赏一样多。争议源自这样一个发现：1832年，人们在它外部面板的一块涂层下面发现了一首拉丁诗歌，这首拉丁短诗暗示是休伯特·范·爱克(Hubert van Eyck, 1395—1441)开始了这项工作，但是简·范·爱克(Jan van Eyck, 1370—1426)完成了它。所以，人们相信根特祭坛画(*The Ghent Altarpiece*)是兄弟两人合作的结果。但是，疑问还是困扰了艺术历史学家近1个半世纪，当他们试图区分出这个作品中哪个部分是哪个人画的时候，他们发现根本没有办法区分。一个艺术历史学家认为休伯特很可能根本没有参加绘画，他只是一个雕塑家。由此，他认为休伯特的贡献只是制作了画框。然而，学者们似乎最后达成了一致，他们认为是休伯特负责了大部分的设计工作，并且大部分绘画是由他完成的，而简只是设计和承担了大部分的人物绘画工作。这幅精美的圣坛装饰画是由20块折叠面板组成的。这是中世纪典型的北欧艺术特点。

简的工作是细部装饰（他原来职业是微图画家和书稿彩饰）。他的画作《戴红头巾的男人》（*Man in a Red Turban*, 1433）很可能是自画像。这幅作品代表了人文艺术的一次重要进步。在此之前，艺术家们的主题都是宗教，而这幅绘画却是生活中的个人画像。当艺术家们和赞助人越来越关注现实生活时，这种主题的绘画大量增加。通过这种人物画像，人类开始面对自己，而不是"来世的某个人"。意大利和北欧文艺复兴时期的艺术标志着"缓慢但是巨大的进步，它将人们的目光从对超自然的关注带到了自然世界上"（《加德纳世界艺术史》，*Gardner's Art through the Ages*）。

▶ 为何伦勃朗被认为是现代艺术家的完美典范？

如果想要知道伦勃朗（Rembrandt van Rijn, 1606—1669）和现代艺术家的共同点，需要着重了解的是这位杰出的肖像画画家的作品在其生前遭受到了批评：一些人认为他的作品太过于个人化或太过于古怪。伦勃朗创造性地在画像中使用了光和影。一位意大利传记作家声称伦勃朗的作品画的都是丑陋的事物，并且认为作者格调不高。伦勃朗作品的主题主要是下层人民、日常生活、人性和基督的谦卑（而不是像其他宗教画作一样多以唱诗班和神迹为主题）。他的画像描绘了岁月在人的身上留下的痕迹。简短地说，这位荷兰画家的画作体现了对人"心理的洞察力和……对人类痛苦的深切同情"。他同时由于使用画笔的圆头绘画而声名在外。

现代的艺术评论家认为，伦勃朗不仅是一位伟大的肖像画家，而且是一位现实主义大师。伦勃朗不仅画肖像，他还蚀刻、画素描和拓印。他向人们展示了对于艺术家来说，重要的不是主题，而是他的素材。

伦勃朗最受好评的作品是《布商公会的理事》（*The Syndics of the Cloth Guild*, 1662）和《浪子的归来》（*The Return of the Prodigal Son*, 1665）。其中，第一个作品描绘的是会议室中的商人们正在审查一本书的情况。伦勃朗准确地捕捉到当六名商人被打扰时的神情，从而描绘了人们日常生活中的一个普通场景。《浪子的归来》是最令人感动的宗教题材画作之一。伦勃朗在画作中充分体现了父子团聚时的情感，画作中悔罪的儿子正跪倒在他慈悲的父亲面前。伦勃朗通过一系列的自画像记录了自己的历史——从年轻时的自信和乐观一直到晚年的疲倦和对生活的顺从。

▶ 现在很多艺术作品都被称为印象主义——究竟什么是印象主义？

"印象主义"这个词汇产生于一位文艺评论家对克劳德·莫奈（Claude Monet，1840—1926）的早期作品《雾翳》（*Impression, Fog*, 1872）的评论。法国的印象主义画家们在画布上捕捉大自然的风景和户外的景物并作忠实的反映。他们的图画不是一个固定的景色。画中的景色似乎处于不断的变化当中。

乔治斯·修拉（Georges Seurat，1859—1891）和保罗·西涅克（Paul Signac，1863—1935）被认为是典型的印象主义画家。他们因为同毕沙罗（Camille Pisarro，1830—1903）一起通过对光和色彩的研究，在画布上创造出了一种蓄意的视觉效果而被称为是新印象主义画家。修拉和西涅克还被称为点描派画家。点画法是由修拉创造的，即运用颜料以小点或涂绘方式构成画面，形成一种镶嵌的效果。后期印象主义画家不仅包括修拉和西涅克，还有亨利·德·图卢兹-洛特雷克（Henri de Toulouse-lautrec，1864—1901）、高更（Paul Gaugin，1848—1903）、文森特·凡·高（Vincent van Gogh，1853—1890）和保罗·塞尚（Paul Cezanne，1839—1906）。这些印象主义画家一起为20世纪的绘画艺术铺平了道路。

▶ 莫奈是"法国印象主义之父"吗？

尽管印象主义的名字是来自克劳德·莫奈的画作，并且他的《睡莲》也被认为是最著名的印象主义作品之一，但是，印象主义实际上来源于印象派画家的精神领袖爱多艾德·马奈（Edouard Manet，1832—1883）的作品。马奈是尝试使用光线和颜色而使作品显得更加自然的第一人。

1863年，马奈展出了他的两幅广受争议的奠基性作品《草地上的午餐》（*Le Déjeuner sur l'Herbe*）和《奥林匹亚》（*Olympia*）。虽然两幅作品都是传统的主题，但是由于马奈在创作时加入了自己的体验，从而使画面上明显地流露出性欲的色彩，而这是当时的巴黎艺术评论家和艺术家们难以接受的。因此，他的展出在当时引起了极大争议。但是，马奈坚持自己的观点。1868年，他带着自己的作品（一幅法国作家埃米尔·左拉的画像）再次挑战艺术界的价值观。一名文艺评论家公开指责这幅作品。几年后，1870年，马奈开始尝试在耀眼的太阳光下创作室外作品。现在许多印象派画家的技巧和表现方式都

是马奈开创的。

▶ 玛丽·卡萨特是如何加入法国巴黎印象主义艺术界的?

玛丽·卡萨特(Mary Cassatt, 1844—1926)是美国宾夕法尼亚州匹兹堡一位富有的银行家的女儿。1866年,她在母亲和其他几个女性朋友的陪同下到法国巴黎旅游,那时,她就决定融入这个城市的艺术界。因为当时巴黎的鲍扎设计学院(Institute of Beaux Arts)是不招收女学生的,所以卡萨特只好自己学会绘画,并遍访欧洲寻找自己的艺术兴趣。1874年,她返回巴黎,并结识了埃德加·德加(Edgar Degas, 1834—1917)。德加称这位美国艺术家拥有"极高的天赋",并且认为她对艺术"同我有一样的感受"。德加是在观看卡萨特在巴黎秋季沙龙(Salon d'Automne)举行的画展后做出以上判断的。1878年、1880年和1881年,卡萨特和其他一些印象主义画家一直在举行画展。她于1891年第一次举行了自己的个人画展。

茱迪·巴特(Judith Barter)是"玛丽·卡萨特:现代女性"巡回画展的组织者。她形容卡萨特是一位"优秀的女商人……她知道如何推销自己的事业"。在巴特组织举行画展的3年半时间里,她仔细考察了当时的社会状况:19世纪末期,女权主义者们开始更加关注母性。她们鼓励女性去照顾自己的孩子。对于卡萨特来说,母性是"女性角色的最高表达"。因而,女人和孩子是卡萨特作品的重要主题。她的艺术形式包括油画、粉画、拓印和蚀刻等。

卡萨特作为印象主义画家的地位经常为其他男性画家所遮蔽。她对艺术世界的贡献往往也只占据艺术书籍中的一小笔,但是她的天分、她的洞察力和果断一起创造了印象派的传奇。高更曾经一语双关:"玛丽·卡萨特既有魅力,也有魄力。"

▶ 为何马蒂斯的作品一经展出立刻引起震惊?

尽管这种作品现在看起来很普通,但是亨利·马蒂斯(Henri Matisse, 1869—1954)作品的色彩和风格对于当时来说简直是一场革命。

1905年,马蒂斯连同其他几位画家一起在巴黎的秋季沙龙(Salon d'Automne)举行画展。他作品中狂野的色彩运用使得一位文艺评论家大呼他们是"野兽"。这个名字恰如其分：马蒂斯和他的朋友们对色彩的任意使用使得他们被称为"野兽派"。他的著名作品《马蒂斯夫人》（*Madame Matesse*，1905）画的是他的妻子。在图画中，他的妻子是蓝色的头发，而且一条绿色的条纹从她脸部的中间穿过。她的鼻子一半是粉红色而另一半是黄色。在这场建立新的艺术价值观的运动中，马蒂斯一直站在最前线。野兽派画家的作品不像乔治斯·修拉那样以正常的方式运用色彩，也不像高更和文森特·凡·高那样对色彩进行了非破坏性运用，他们开创了抽象主义概念。

马蒂斯在其一生中尝试了许多艺术形式，有绘画、挖剪图画和雕塑等。他所有的作品都体现出一种细节的省略、线条和色彩的简化。他的风格对现代艺术产生了如此重要的影响，以至于70年后一位艺术评论家说马蒂斯属于另一个年代，那是一个完全不同的世界。

▶ **如何形容毕加索作品的特点?**

将西班牙画家帕布罗·毕加索（Pablo Picasso，1881—1973）的作品归于某个流派几乎是不可能的，因为他的艺术创作终其一生，而且他尝试了许多不同的风格。毕加索经常宣称在他学会说话之前他已经学会了绘画，而且据大家说他童年的大部分时光都是在作画。他15岁时就向画展提交过自己的作品。到了世纪之交，当他还是个年轻人时，他已经开创了现代艺术运动的全盛时期。至此之后，他的艺术生命可以分为几个时期：他的蓝色时期（1901—1904）是由于他使用单色来展现自己的主题。

毕加索的许多作品都是立体派作品。这幅是他于1948年创作的《坐在椅子上的女人》（*Woman in an Armchair*）。

这可能是由于他朋友的自杀而给他带来的绝望。当他的画作中开始出现丑角以增加忧郁的效果时,接下来的就是他的玫瑰时期(1905年开始)。他很快表现出对原来艺术形式的不合作态度,并开始尝试在自己的作品中使用几何学的线条。这些作品有时只能通过画作的名字来辨别它的主题。

1912年,立体派诞生,而毕加索站在他们的最前沿。1923年,他又创办了超现实主义。他的重要杰作之一是1937年的《格尔尼卡》(Guernica)。作品展现的是德国在西班牙法西斯主义者的支持下对西班牙这座名叫格尔尼卡的巴斯克小镇的轰炸。毕加索在20世纪40年代达到自己艺术的顶峰。这一时期,他居住在纳粹统治下的法国巴黎。

传记作家皮尔斯·卡贝恩(Pierre Cabbane)总结了毕加索最后一个时期(1944—1973)的作品:"他创造了第二个古典主义:自传的古典主义……他最后的30年里以一种令人眩晕的极快的速度进行着创作。"在这一时期,毕加索没有受到任何艺术流派的限制,只是简单地以令人惊讶的速度创作着。1973年,毕加索逝世,他共留下了3.5万件作品,包括油画、素描、雕塑、陶器、拓印和木雕等。

毕加索难以置信地为艺术世界留下了一段传奇。1991年,毕加索的朋友、传记作家约翰·理查德森(John Richardson)说:"几乎最后50年内所有的艺术家都受惠于毕加索……无论他是否有意地反对这种风格,他都无意地受到毕加索的影响。毕加索播下的种子,现在仍在开花结果。"

▶ 摄影是什么时候发明的?

静像摄影的概念可以追溯到10世纪。那时伊斯兰科学家发明了暗箱。暗箱是一个带有孔径的黑暗小室。光线可以透过孔径在暗箱中一个平面上形成一个倒转的图像。人们可以在暗箱中,或者透过窥视孔观察和研究形成的图像。

16世纪,意大利科学家基亚姆巴蒂斯塔·戴拉·波尔塔(Giambattista della Porta,1535—1615)发表了他的研究:在暗箱的孔径上安装一个透镜可以将所拍摄的画面放大或缩小。通过这个改进,暗箱的用途得到极大拓展,它也随之在17—18世纪的欧洲艺术家中流行起来。

但是，暗箱只能将图像投射到一个屏幕或一张纸上。19世纪，科学家们开始尝试将图像永久地保存下来。那些在摄影技术发展历程上做出重要贡献的科学家包括：法国物理学家尼埃普斯（Joseph-Nicephore Niepce, 1765—1833）于1826年制造出第一张底片；法国画家路易斯·雅克·达盖尔（Louis-Jacques Daguerre, 1789—1851）在1939年发明了银版摄影术，能洗出照片的正画；英国科学家威廉·亨利·福克斯·塔尔博特（Willianm Henry Fox Talbot, 1800—1877）于1841年发明了纸质底片；英国天文学家约翰·赫歇耳（John Herschel, 1792—1891）第一个制造出实用的照相定影设备，并且他是第一个运用"正像"和"负像"形容摄影图像的人。所有的这些贡献最终使得我们的日常摄影越来越实用。

1925年，托马斯·爱迪生和乔治·伊斯曼一起站在一个电影摄像机前。他们两个人在发明电影方面都作出了重要贡献。

对静像摄影有突破性贡献的是柯达公司（Kodak）。柯达公司由美国发明家乔治·伊斯曼（George Eastman, 1854—1932）于1888年创建的。柯达相机使用的是卷在一起的胶卷，而不是以前使用的玻璃感光版。这种盒子形状的照相机使得每个人都可以摄像，包括业余人员。20世纪初，伊斯曼柯达公司已经成为世界上最大的胶卷和照相机生产商。在柯达相机之前，摄影大部分是由专业人员为富裕人家提供的服务。当柯达相机被广泛使用后，摄影就开始记录普通人的日常生活了。

▶ **摄影是从什么时候开始变成一种艺术形式的？**

20世纪初，艾尔弗雷德·斯蒂格里茨（Alfred Stieglitz, 1864—1946）被称为

"现代摄影之父"。当他还是孩童时,他就开始对照相着迷了:2岁时,他就被他表兄的一张照片所迷住,总是随身携带着那张照片。当他9岁时,他就对一位专业摄影师使用颜料为黑白照片上色的做法提出反对,他认为这样破坏了照片的质量。

1887年—1911年之间,斯蒂格里茨开始努力使摄影成为一种艺术表达方式。这种追求使他经常被人嘲笑。他认为摄影应该不同于绘画,是一种单独的艺术形式。他还努力在照片中增加美国的特征,于是纽约的街道成为他摄影的主要主题。到他于1902年创立摄影分离派团体(Photo-Secession Group)时,他已经成功地建立了一种独一无二的美国艺术形式。斯蒂格里茨还创建了摄影杂志《摄影技巧》(Camera Work,1903—1917),并担任编辑。1924年,在第一次婚姻失败之后,斯蒂格里茨同美国艺术家乔治亚·奥齐芙(Georgia O'Keeffe,1887—1986)结婚了。之后,关于其妻子乔治亚·奥齐芙的一系列摄影成为他重要的作品之一。

建　　筑

▶ 长城的历史有多久?

这个巨大的建筑于公元前3世纪由中国秦朝的始皇帝修建。它原来是作为抵御入侵的防御措施而修建的,后来经过历代的扩建。长城共有1 500英里(2 400千米)长,大约20~50英尺(6~15米)高,有15~25英尺(4.5~7.5米)厚。

▶ 帕台农神庙的历史有多久?

位于雅典卫城上的古代神庙是希腊人于公元前447年—432年修建的。这个建筑被认为是希腊建筑的主要代表。它有一段有趣的历史:500年左右,它成为一个基督教堂;15世纪中期,当土耳其人占领了这个地区后,它又成为一座清真寺;1687年,当威尼斯人攻占这个城市时,帕台农神庙遭到严重破坏。现在保留下来的只有神庙的废墟。

长城是作为抵御入侵的防御措施而修建的，共有1 500英里（2 400千米）长。

▷ 罗马椭圆形竞技场是如何损坏的？

这个罗马建筑始建于古罗马皇帝韦斯帕西恩（Vespasian，69—79）统治时期。中世纪时期，由于有些石头和建材被移作其他建筑的材料，竞技场受到破坏。竞技场位于罗马城的中心。它是一个巨大的室外剧场。80年—404年，它是城市的娱乐中心。角斗士们在这里打斗。竞技场能够容纳5万名观众。看台和舞台之间由一个高15英尺（4.5米）的墙隔开。

▷ 伦敦的威斯敏斯特教堂是何时修建的？

这个著名的英国教堂修建于1042年—1065年之间。当时英国国王"忏悔者"爱德华（Edward the Confessor，1003—1066）在现在的位置上修建了一个教

堂。国王亨利三世（Henry Ⅲ）于1245年开始修建了教堂的主要部分。从国王"征服者"威廉（William the Conqueror, 1066）开始，除了爱德华五世（Edward Ⅴ）和爱德华八世（Edward Ⅷ）之外，所有的英国国王都是在这个教堂加冕的。这所教堂还是许多英国政治家和文学巨人的墓地。

▶ 为何比萨斜塔会倾斜？

比萨斜塔（位于意大利西北部的比萨）由于建造在松软的土地上而倾斜。这个180英尺（54米）高的钟塔始建于1173年。当钟塔建到第三层楼时，钟塔就发生了倾斜，但是建造仍在继续。1360年—1370年之间，这座7层的钟塔建成。建成后，比萨塔每年都倾斜一点，直到1990年钟塔倾斜了有14.5英尺（4.35米）远，被迫关闭重修。工程师们加固了地基，并为了安全起见，将它倾斜的角度做了修正。这个钟塔建造在一个教堂和一个洗礼堂附近，如果它不倾斜，也许就不会这么有名。这个倾斜的钟塔每年都吸引着大量游客来到这个位于意大利亚诺河上的城市比萨。

▶ 为何巴黎圣母院如此出名？

这个巴黎的教堂第一次真正采用了建筑中的飞拱（通常由桥墩或偏离主要结构并通过拱门与其相连的拱壁组成）技术。这种设计可以使建筑达到一个很高的高度。巴黎圣母院是第一个采用这种技术的哥特式教堂之一。哥特式建筑是中世纪的一种建筑风格，从12—16世纪一直是北欧重要的建筑风格。哥特式建筑中的典型是彩绘的玻璃窗。这种装饰容易使站在屋里的人自然而然地产生一种超自然的感觉。哥特式建筑的一个重要代表是法国北部的亚眠教堂。亚眠教堂修建于1220年。它的教堂中殿（教堂的中心部分）非常高，代表了那个时代对高度的追求。亚眠教堂是法国最大的教堂。

▶ 阿尔罕布拉宫在西班牙历史中为什么如此重要？

阿尔罕布拉宫位于西班牙北部，格拉纳达城以东，是一座由摩尔人建造的堡垒式宫殿。摩尔人是北非的穆斯林民族，中世纪时他们占领了伊比利亚半岛。

这个修建于1238年—1354年之间的防御性堡垒是西方世界中的穆斯林纪念碑。宫殿的名字来源于阿拉伯的词汇"红色"。这个装饰精美的宫殿的柱子、墙壁以及天花板都是由红砖建造而成。它建造在山顶上，是摩尔人在西班牙的最后要塞。1492年，宫殿被西班牙国王费迪南（Ferdinand，1452—1516）和王后伊莎贝拉（Isabella，1451—1504）的军队攻占。

▶ 布鲁克林大桥是何时完工的？

　　布鲁克林大桥跨越了纽约东河将曼哈顿区和布鲁克林区连接了起来。它完工于1883年。它的开通被誉为是现代工程技术的杰作，两座哥特式的塔楼成为它的标志性建筑。它是整个时代的代表，是对工业革命的乐观主义表达。它是由德裔美国工程师约翰·奥古斯都·罗布林（John Augustus Roebling，1806—1869）设计的，并由其子华盛顿·奥古斯都·罗布林（Washington Augustus Roebling，1837—1926）完成。布鲁克林大桥完成后成为当时世界上最长跨度的大桥，跨度有1 595英尺（478.5米）。它的桥体由从275英尺（82.5米）高的塔楼上垂下的直径达16英寸（40厘米）的钢索悬挂起来。由于塔楼的基部在东河水下，为了建造塔楼，人们还特别设计了一种密封室。这项工程既浩大又十分危险。水下的工人们时常面临高空病的危险。这是一种由于从水下上升太快，水压急剧减少后而形成的一种血液疾病。但是，人们战胜了这种困难，在经过14年的艰苦施工后，大桥于1883年5月24日举行了落成典礼。5年后，布鲁克林成为纽约的一个区。1964年，布鲁克林大桥被指定为全国的标志性建筑之一。

▶ 现代建筑艺术是何时开始的？

　　"现代建筑艺术"这个词汇是用来形容那些与过去的建筑不同的建筑设计，以表现他们自己时代的特点的建筑。现代建筑起始于19世纪末，那时的建筑师们开始对当时流行的折中主义作出反应，涌现出两种"学派"：新艺术和芝加哥学派。

　　新艺术开始于1890年左右，并控制了欧洲近20年。新艺术不仅波及建筑界和室内布景，而且波及家具、珠宝、印刷、雕塑、绘画和其他艺术形式。它

布鲁克林大桥的开通被誉为是现代工程技术的杰作。(摄于1900年)

的支持者包括比利时建筑师维克多·霍塔(Victor Horta, 1861—1947)和亨利·凡·德·费尔德(Henry Van de Velde, 1863—1957),以及西班牙的安东尼·高迪(Antomio Gaudi, 1852—1926)。

但是,1871年芝加哥大火后的城市重建中,一种崭新的建筑艺术形式——芝加哥学派应运而生。美国工程师和建筑师威廉·勒巴隆·詹尼(William Le Baron Jenney, 1832—1907)是这场运动的领导者。曾经在詹尼办公室工作过的5个年轻建筑师中有4个人都追随着他的建筑风格。这4个人是刘易斯·亨利·苏利文(Louis Henry Sullivan, 1856—1924)、马丁·洛希(Martin Roche, 1855—1927)、威廉·霍拉伯特(William Holabird, 1854—1923)和丹尼尔·哈得孙·伯纳姆(Daniel Hudson Burnham, 1869—1912)。这些人为现代建筑和摩天大楼的建造定下了一条定律"形式遵循功能"(form followed function)。建筑上的装饰被尽量减少,而且整个建筑完全是由钢筋和玻璃组成。

20世纪20年代，现代建筑艺术已经成为主要的建筑风格。20世纪中期，沃尔特·阿道尔夫·格罗皮厄斯（Walter Adolf Gropius, 1883—1969）、勒·柯布西耶（Le Corbusier, 1887—1965）、密斯·凡·德·罗（Ludwig Mies van der Rohe, 1886—1969）和弗兰克·罗伊德·赖特（Frank Lloyd Wright, 1867—1959）又将现代建筑艺术向前发展了一大步。

现代建筑艺术的杰作包括美国芝加哥的蒙纳德诺克大厦（Monadnock Building, 1891）、雷恩莱斯大楼（Reliance Building, 1895）、卡森比利与史考特商店（Carson Pirie Scott store, 1904）和罗宾别墅（Robie House, 1909）；纽约的洛克菲勒中心（Rockefeller Center, 1940）、利华大厦（Lever House, 1952）和西格拉姆大厦（Seagram Building, 1958）；还有亚利桑那州的西塔里埃森（Taliesin West, 1938—1959）；威斯康星州的约翰逊油蜡公司研究中心（Johnson Wax Company's Research Tower, 1949）和洛杉矶的罗维尔别墅（Lovell House, 1929）。

▶ 是谁发明了摩天大楼？

一般认为是美国建筑师威廉·勒巴隆·詹尼（William Le Baron Jenney, 1832—1907），是他设计了10层楼高的国内保险公司大厦（Home Insurance Building）。它于1885年挺立在了美国芝加哥拉撒尔路和门罗大街交汇处。这是第一栋全部是框架结构的建筑，完全由铸铁、熟铁和贝西默钢组成。然而，也有人认为第一栋摩天大楼是由美国芝加哥的荷拉伯特和罗许事务所（Holabird and Roche）设计的。这个公司是由詹尼的两个学生创立的，他们设计了框架结构的塔克马大厦（Tacoma Building）。塔克马大厦实际上是于1889年建造完成的。国内保险公司大厦和塔克马大厦分别于1931年和1929年遭到毁坏。

19世纪末，钢铁的使用、安全电梯的发明和中央空调的采用共同使得摩天大楼的建造成为可能。建造高楼的潮流一经开始就迅速流行起来：另一家芝加哥的公司伯纳姆与鲁特（Burnham and Root，伯纳姆也是詹尼的学生）于1895年建造了14层楼高的雷恩莱斯大楼（Reliance Building）；它也是钢筋框架结构。摩天大楼的发展现在还可以从美国芝加哥的盖奇建筑群（Gage Buildings）的建筑风格中看见。盖奇建筑群中的两栋建筑分别是由荷拉伯特和罗许事务

所设计的，其中还有一栋建筑是由号称摩天大楼设计大师的刘易斯·亨利·苏利文（Louis Henry Sullivan，1856—1924）设计的。芝加哥由荷拉伯特和罗许事务所设计的其他摩天大楼还包括马凯特大厦（Marquette Building，1894）和芝加哥论坛报大厦（the Tribune Building，1901）。

▶ 世界上最高的大楼是什么大楼？

当中国台湾台北市101大厦的尖顶于2004年完工时，它成为当时世界上最高的大楼，有1 671英尺（501.3米）高。

这项荣誉在2004年时应该给予中国台湾省台北市的101大厦（台北金融中心）。它高耸的尖塔使得它高达1 671英尺（501.3米），共有101层，完工于2004年。它超过了1998年完工的位于马来西亚吉隆坡的马来西亚双子塔（Malaysia's twin Petronas Towers）。马来西亚双子塔高1 483英尺（444.9米），共有88层楼。再接下来的最高大楼是美国芝加哥的西尔斯塔（Sears Tower），建于1974年，它有1 450英尺（435米）高，共有110层。

摩天大楼是美国人对世界建筑的贡献。当美国芝加哥在1871年10月那场大火之后开始重建时涌现出一批新的建筑师。他们的注意力集中在商业建筑上。这些被称为芝加哥学派的建筑师们采用了新的建筑材料和载人电梯〔由艾利沙·奥蒂斯（Elisha Otis）发明和制造，于1861年获得专利〕来建造这些垂直的办公大楼，以尽量节省土地。尽管很多设计师参与了这项工作，但是只有工程师兼建筑师威廉·勒巴隆·詹尼（William Le Baron Jenney，1832—1907）获得了"摩天大楼之父"的称号。由他设计的国内保险公司大厦（Home Insurance Building）完工于1885年（毁于1931年），共有10层楼，完全是由钢横梁、铸铁、熟铁和砖石结构建造的。很快，芝加哥和纽约的地平线由于摩天大楼的增加而持续上升。直到19世纪末，这样的竞赛还在继续：纽约的帕克罗大厦（Park Row Building，现在还矗立在纽约下曼哈顿区）完工于1899年。它有386英尺（115.8米）高，共有30层楼。

进入20世纪，摩天大楼建得越来越高。有一段很短的时间，纽约曼哈顿的克莱斯勒大楼（Chrysler Building，完工于1930年）曾经是世界第一高楼。克莱斯勒大楼1 046英尺（313.8米）、77层楼的高度记录很快被帝国大厦（the Empire State Building，完工于1931年）超过。纽约帝国大厦自称有1 224英尺（367.2米）高，共有102层楼。这一纪录保持了40年。1973年，世界贸易大厦（Wold Trade Center）双子塔楼完工。它有1 368英尺高，每个塔楼都有110层楼。它们于2001年9月11日毁于恐怖分子的袭击。建筑师们仍在进行着建造更高大楼的比赛，台北101大厦的高度已经被超越。

戏 剧

▶ **悲剧这一戏剧形式的历史有多长？**

悲剧是西方文艺中一种重要的戏剧形式。它可以追溯到古代公元前的5世纪。它是古希腊人在祭祀天神狄俄尼索斯（Dionysus，他也是丰产之神、酒神和后来的戏剧之神）时创造的。著名的古代悲剧包括埃斯库罗斯（Aeschylus，一般也认为是他创造了悲剧）的《奥瑞斯忒亚》（Oresteia）；索福克勒斯（Sophocles）的《俄狄浦斯》（Oedipus Rex）和欧里庇得斯（Euripides）的《美狄亚》（Medea）和《特洛伊妇女》（Trojan Women）。哲学家亚里士多德认为悲剧的作用是宣泄，即通过参与戏剧，观众可以将自己的自卑和害怕的情绪宣泄出去。从文艺复兴时期著名的威廉·莎士比亚（William Shakespeare，1564—1616）的戏剧中还可以看见古罗马政治家和戏剧家塞内加（Seneca，公元前4—公元前65）的影子。据说，是他创造了悲剧的传统：统一的时间和地点、矛盾冲

突、夸大的语言、复仇和魂灵的出现。

▶ 喜剧有多长的历史?

就像悲剧一样,作为一种戏剧形式的喜剧也可以追溯到古代希腊时期。悲剧的目的是宣泄人们的害怕情绪(依据亚里士多德的观点),而喜剧的主要目的则是娱乐观众。雅典诗人阿里斯托芬(Aristophanes,生活在大约公元前5世纪左右)是一位伟大的古代喜剧作家。他的喜剧也是为祭祀天神狄俄尼索斯而创作的,大多是对社会、政治和文学的讽刺。在他的喜剧中,他所运用的表现方式和手段包括闹剧、模仿和幻想。公元前4世纪左右,他的这种古代喜剧发展成为一种新的喜剧形式。比起古代喜剧,新喜剧的讽刺效果减弱了,但是更加浪漫和现实。新喜剧以极强的人物性格和幽默为主要特征。新喜剧包括希腊剧作家米南德(Menander,公元前4世纪)、罗马喜剧作家普劳图斯(Plautus,公元前3世纪)和泰伦斯(Terence,公元前2世纪)等人。他们的喜剧对后来的本·琼森(Ben Jonson)、威廉·莎士比亚(William Shakespeare)、莫里哀(Jean Moliere),以及其他16—17世纪的作家影响巨大。

▶ 能乐剧是什么?

能乐剧是日本最古老的一种传统戏剧形式,可以追溯到1383年。它根源于佛教的禅宗。佛教的禅宗注重冥想、自律和师傅的教导。能乐剧的主题主要是历史和传奇。能乐剧是一种在几乎毫无装饰的舞台上由精心着装的表演者随着音乐和舞蹈以一种极为固定的风格表演。表演时,会有合唱队伴随着音乐吟诵戏剧中的诗句。日本演员兼戏剧家的世阿弥(Motokiyo Zeami,1363—1443)20岁时对这种戏剧形式做了创新。世阿弥7岁时就开始表演能乐剧。日本现存的250部左右的能乐剧中,有一多半都是他创作的。

▶ 日本歌舞伎的元素是什么?

这种最流行的日本传统戏剧形式是使用包括舞蹈、歌曲、滑稽、多彩的服饰、浓厚的化妆和生动、夸张的动作等方式来讲述历史故事。一名叫做阿国

日本歌舞伎使用包括舞蹈、歌曲、滑稽、多彩的服饰、浓厚的化妆和生动、夸张的动作等方式来讲述历史故事。

（Okuni）的女子于1575年成立了第一个歌舞伎团体。1603年，日本京都的女性开始跳这种舞蹈。这时剧中无论是男性角色还是女性角色都是由女性演员扮演的。1629年10月，由于认为女性在公众场合舞蹈是一种不道德的行为，幕府将军德川（Iemitsu）命令歌舞伎中所有的角色都必须由男性演员扮演。这种情况同英国伊丽莎白时期的戏剧都是由男性角色扮演的情况是一样的。17世纪时，这种戏剧艺术形式广受欢迎的程度超过了观众对文乐木偶戏的喜欢。文乐木偶戏是一种日本传统木偶剧，由台上操纵与人一般大小的木偶的操纵人员与幕后叙述者配合表演。现在，日本歌舞伎仍然是一种有生命力的艺术形式，它从其他戏剧形式中借用了许多表演手段以适应时代的变化。

▶ 基督受难复活剧是什么艺术形式？

耶稣受难复活剧表现的是与耶稣受难有关的事件。耶稣受难复活剧的最初根源可以追溯到古代：早期的埃及人在供奉他们的神奥西里斯（Osiris，古埃及的冥神）和狄俄尼索斯时会表演的一种戏剧。中世纪时（500—1350），人们开始表演礼拜剧（Liturgical dramas）。10世纪末期时，西方的教堂开始经常为使用拉丁文的群众演出，特别是在诸如复活节这样的假期。这时的演出是由教士用拉丁文演出，演出的地点也在教堂的建筑物之中。后来，这种表演成为一种长期的形式，教堂也开始雇佣非宗教人士参与演出。演出的地点也不局限在教堂，他们甚至可以将舞台搬到市场中去。

后来礼拜剧演变成为一种所谓的神迹戏剧。为了表达对上帝的感激，村民们在舞台上表演圣母玛丽亚和其他圣徒的故事。当欧洲流行瘟疫（也叫黑死病）时，德国巴伐利亚阿尔卑斯山区上阿默高的村民们发誓他们将定期举行耶稣受难复活剧的表演以免遭黑死病的侵害，他们第一次表演始于1634年，自此以后，每隔10年他们都要表演耶稣受难复活剧。由于表演耶稣受难复活剧，他们吸引了大量的游客聚集到这个德国南部的小镇中来。

▶ 为何环球剧场这么著名？

这是因为威廉·莎士比亚的存在。16世纪90年代，由于瘟疫爆发，当局决定关闭伦敦的剧院。这时,莎士比亚还是张伯伦勋爵剧团(Lord Chamberlain's Men)的成员之一。同其他剧团的演员一起,他赞助了环球剧场(在英国泰晤士河岸边)的修建。剧场于1599年开始营业。起初,这个剧场还只是作为一个夏天的演出场所。剧场的演出吸引了大量的观众。张伯伦勋爵剧团还多次应国王詹姆士(James)的邀请进入宫廷演出。世纪之交时,莎士比亚已经成为当时最受欢迎的剧作家。1603年,他的演出团队更名为国王剧团(King's Men)。

▶ 什么是滑稽歌舞剧?

滑稽歌舞剧是一种滑稽的轻喜剧娱乐形式,于19世纪末—20世纪初广受欢迎。由于它混合了音乐剧、戏剧和喜剧等多种形式而吸引了大量的观众。剧作家们在编写剧本时故意增加了许多民族的幽默形式、夸张的方言和对美国移民日常生活的取笑。(滑稽歌舞剧的英文是"Vaudeville"。这个单词取自法语讽刺歌曲"Vandevire"。"Vandevire"指的是法国的Vire山谷,也是这首歌起源的地方。)

滑稽歌舞剧于19世纪70年代流行美国,开始在纽约、芝加哥和其他大城市的舞台上广泛演出,继而在全国巡回演出。全国大约有1 000家剧场都上演过滑稽歌舞剧。每天大约有200万美国人都聚集在一起准备观看滑稽明星们的演出。当时著名的滑稽歌舞剧演员包括:埃迪·康托尔(Eddie Cantor, 1892—1964)、W. C. 菲尔兹(W. C. Fields, 1880—1946)和法国女演员撒拉·贝纳尔(Sarah Bernhardt, 1844—1923)等。

20世纪的前20年中,滑稽歌舞剧是美国最受欢迎的娱乐形式。20世纪30年代,纽约著名的无线电城音乐厅(Radio City Music Hall)这所专门为表演滑稽歌舞剧而建造的剧场落成,但滑稽歌舞剧的受欢迎程度却迅速下降了。取而代之的是电影、广播和后来出现的电视。大量的滑稽歌舞剧演员开始参与到这些新传媒的演出,其中著名者包括:鲁道夫·瓦伦蒂诺(Rudolph Valentino)、卡里·格兰特(Cary Grant)、梅·韦斯特(Mae West)、杰克·本尼(Jack Benny)、乔治·伯恩斯(George Burns)、格拉斯·艾伦(Gracie Allen)、金吉尔·罗杰(Ginger Rogers)、弗雷德·阿斯泰尔(Fred Astaire)、威尔·罗杰(Will Rogers)和阿尔·乔森(Al Jolson)。

音　　乐

▶ **我们现在使用的音乐符号是什么时候发明的?**

我们现在使用的音乐符号是由意大利修士阿雷佐·圭多（Guido of Arezzo，991—1050）创造的，是他发明了这种能够精确表述音调的音乐符号体系。圭多是当时著名的音乐教师和音乐理论家。他曾经于1028年被邀请至罗马，并给教皇约翰十九世（Pope John XIX）呈上了一本圣歌集。在圭多的音乐符号体系中，他使用4根平行线来标注音调，并使用符号"ut"（后来的"do"）、"re"、"mi"、"fa"、"sol"、"la"来命名主要的前6个音阶。在圭多发明这套音乐符号系统之前，歌手只能依靠记忆来记住音乐旋律。使用他的音乐符号系统后，歌手将可以直接看到旋律。圭多的论文《微言》（*Micrologus*）是中世纪重要的音乐教材之一。

▶ **历史上有几个巴赫?**

历史上的音乐家巴赫共有14位之多，约翰·塞巴斯蒂安·巴赫（Johann Sebastian Bach，1685—1750）只是其中之一。巴赫家族是一个显赫的音乐家族。约翰·塞巴斯蒂安·巴赫的父亲安布罗西乌斯·巴赫（Ambrosius Bach）是爱森纳赫公爵（Duke of Eisenach）的一位宫廷音乐家，并且他的几个近亲都是教堂里的风琴演奏者。他的长兄约翰·克里斯托弗·巴赫（Johann Christoph Bach，1671—1721）是德国著名作曲家约翰·帕赫尔贝尔（Johann Pachelbel，1653—1706）的学生。

约翰·塞巴斯蒂安·巴赫留给世界的遗产不仅包括大量的声乐和器乐作品，而且还包括他的4个儿子和1个教子。他们全都是著名的音乐家。"英国的巴赫"指的就是约翰·塞巴斯蒂安·巴赫的儿子约翰·克里斯蒂安·巴赫（Johann Christian Bach，1735—1782）。他编写了大量歌剧、宗教剧、独唱曲、大合唱、交响曲、协奏曲和室内曲。作为洛可可风格的拥护者，约翰·克里斯蒂安·巴赫对乌夫冈·阿马戴乌斯·莫扎特（Wolfgang Amadeus Mozart，1756—1791）产生过巨大影响。

▶ 为何音乐历史学家们经常谈论"前巴赫时代"和"后巴赫时代"？

一些学者使用"前巴赫"和"后巴赫"来划分音乐时代，这是因为约翰·塞巴斯蒂安·巴赫一生之中不仅创作出大量作品（大约1 100首作品），而且对后来音乐家的作曲产生了持续而且深刻的影响。虽然约翰·塞巴斯蒂安·巴赫在生前并不出名，但是他的作品和创造却奠定了我们现在的音乐模式。调和音阶就是他的创造之一，而且他推动的键盘技术也是我们现在的音乐标准之一。在音乐史上，约翰·塞巴斯蒂安·巴赫标志着"丰富而且多样"的巴洛克风格的结束。巴洛克风格兴起于1600年，于巴赫去世的那一年，1750年结束。

约翰·塞巴斯蒂安·巴赫是一位虔诚的基督徒，他坚信音乐是"上帝的荣耀和人类精神的再创造"。由于对宗教的虔诚和对永恒生命的坚信，他给后世留下了大量宗教音乐，包括300首康塔塔（音乐传道）、耶稣受难复活剧和宗教剧等。由于他的全家都信奉上帝，他认为他的孩子们都是天生的音乐家（因此他的儿子们能够很小就在当时的家庭聚会中演出）。约翰·塞巴斯蒂安·巴赫还创作了一些室内乐，包括器乐协奏曲和器乐前奏曲。他最著名的乐曲包括：《马太受难曲》（*The Saint Matthew Passion*）、《耶稣，人类愿望之欢乐》（*Jesu, Joy of Man's Desiring*）、《羊可平安放牧》（*Sheep May Safely Graze*）和《圣诞节清唱剧》（*Christmas Oratorio*）。

▶ 莫扎特是几岁开始作曲的？

沃尔夫冈·阿马戴乌斯·莫扎特（Wolfgang Amadeus Mozart，1756—1791）是一位天才，他5岁时就开始作曲了。莫扎特3岁时就开始演奏大键琴。他的父亲利奥波德（Leopold，1719—1787）是一位作曲家和小提琴家。他发现了小莫扎特的天分，于是鼓励和教他音乐。1762年，他带着小莫扎特和他的女儿玛利亚·安娜（Maria Anna，1751—1829）前往巴黎。在那里，莫扎特创作了后来出版的奏鸣曲和一些即兴曲。

然而，他并不像人们描述的那样，是一个毫不费力的作曲家。一些报道说，

这个天才的作曲家从来都不修改自己的作品，他的曲子都是一次成型。这些都不是真的。在他给父亲的一封信中曾经这样说："人们都错误地认为我的创作是十分容易的。没有人注意到我在学习作曲方面所付出的努力。几乎没有什么著名大师的作品我没有认真地研究过。"事实上，他确实不断修改自己的作品，但同样真实的是他的创作速度十分快。于是，他留下了大量无与伦比的作品。他的六百多部作品（包含各种音乐形式，有交响乐、协奏曲、歌剧、轻歌剧、康塔塔、咏叹调、二重奏等）足足可以装进200张CD中。他最重要的作品包括：《费加罗的婚礼》（The Marriage of Figaro，1786）、《唐璜》（Don Giovanni，1787）、《女人心》（Cosi fan tutte，1790）和《魔笛》（The Magic Flute）。

▶ 贝多芬生命中的大部分时间都听不见吗？

路德维希·范·贝多芬（Ludwig van Beethoven，1770—1827）20岁后开始逐渐失去听力，于30岁后完全失去了听力。听力的丧失对这位德国作曲家来说是灾难性的。在一封给他父亲的信中，他写道："我感觉是多么的惭愧，当我旁边人听到远处的笛声，而我什么都听不到；当有人听到牧羊人在唱歌，而我什么都听不到。"为此，他还曾经尝试过自杀。贝多芬于1787年和1792年分别向莫扎特（Mozat）和约瑟夫·海顿（Joseph Haydn）学习过。他第一次举行自己的音乐会是在1800年。虽然听力的逐渐丧失使得他不能很好地完成钢琴演奏，但是对他的创作却没有影响。1800年—1824年之间，贝多芬创作了9支交响乐，每一支交响乐都可以称得上完美。他的其他作品还包括5首钢琴协奏曲、32首钢琴奏鸣曲，还

音乐创作天才路德维希·范·贝多芬一生大部分时间都是在失聪状态下度过的。

有其他一些弦乐四重奏曲、小提琴协奏曲、歌剧等。他创作第三交响乐《英雄交响曲》(Eroica, 1804)时已经完全失去了听力。尽管他认为自己是一个古典主义者，但是音乐评论家们认为他的第三交响乐融合了音乐浪漫主义的各种特征。

贝多芬是一个真正的天才，他的创造包括拓展了交响乐和钢琴协奏曲的音节，增加了弦乐四重奏曲的乐章数量（从4到7个）；他还在管弦乐队中增加乐器（包括长号、倍低音巴松笛和短笛）以拓展演奏范围。通过他对钢琴曲的创造性尝试，贝多芬提高了器乐的地位。贝多芬最重要的，也是经常被演奏的作品包括他的第三（《英雄交响曲》）、第五、第六（《田园交响曲》）和第九交响曲（合唱交响曲），以及第四和第五钢琴协奏曲。

不寻常的，也是不可思议的是这些为人所熟知的作品的作曲者竟然从来没有听到过自己作品的演奏。有这样一个故事，贝多芬在他的第九交响乐的第一次演出时，担任指挥。然而，当演奏结束时，由于贝多芬是背对着观众，他完全听不到观众们的反应。直到合唱团中的一个成员将他的椅子调转过来，他才看到了观众们热烈的反响。

▶ 为何勃拉姆斯的第一交响乐被称为"贝多芬第十交响乐"？

在很多方面，约翰尼斯·勃拉姆斯（ Johannes Brahms, 1833—1897 ）都是贝多芬天才的继承者，所以一些音乐历史学家称勃拉姆斯的第一交响乐为"贝多芬第十交响乐"。这样说并不是要减损这位伟大的19世纪作曲家的声誉。勃拉姆斯一生之中也留下了大量的作品。勃拉姆斯证明了古典传统音乐中依然存在着艺术的活力，而不是不能与19世纪末期的浪漫主义相比。

▶ 瓦格纳风格是什么意思？

瓦格纳风格是指像德国作曲家理查德·瓦格纳（ Richard Wagner, 1813—1883 ）的风格一样。瓦格纳是一位创造性的作曲家、指挥家。一般认为是他创造了音乐剧。他从小时候开始就对剧院感兴趣，十几岁时就开始写剧本。为了将音乐加入到自己的作品中去，他四处寻找作曲老师。后来，瓦格纳接受了"纯艺术工作"(total work of art)的观点。在他的作品中，他将音乐、诗歌，以及其他

视觉艺术混合在一起为人们呈现出了令人叹为观止的戏剧效果。

作为一名成年人，瓦格纳的生活十分混乱。就是现在，人们还不得不将他的私生活和他的艺术作品区别对待。如果不涉及道德问题，现代的观众无疑会认为他是一位真正天才的艺术家。如果他还活着，瓦格纳一定会一鸣惊人。事实上，他的音乐作品经常会在电影中出现〔包括弗朗西斯·福特·科波拉（Francis Ford Coppola）的《现代启示录》（*Apocalypse Now*）〕。年轻人对他的作品也十分熟悉，至少看过动画片《疯狂的兔子》（*Bugs Bunny*）的儿童都听到过他的音乐。

瓦格纳最著名的戏剧作品包括《罗恩格林》（*Lohengrin*，1848）、《指环》（*the Ring Cycle*，1848—1874）和《特里斯坦和伊索尔德》（*Tristan und Isolde*，1859）。在他死后数十年里，瓦格纳的声誉达到顶点。到19世纪末，几乎所有作曲家都受到他的影响。他们经常会用瓦格纳的作品来衡量自己作品的价值。

▶ 勋伯格在他的年代为什么会受到尖锐的批评？

阿诺德·勋伯格（Arnold Schoenberg，1874—1951）是一位维也纳出生的美国作曲家。他现在被认为是20世纪的音乐大师之一。他曾经被嘲讽为完全违背了作曲的规律，即突破了传统和声结构的界限。

勋伯格年轻时是一位瓦格纳迷，经常重复观看瓦格纳的主要戏剧。从他的一系列早期作品中，完全可以看到瓦格纳的痕迹。但是，在世纪之交，勋伯格开创了自己的道路。他1909年的钢琴曲作品《三首钢琴小品》（*Three Pieces*）被一些音乐历史学家称为20世纪最重要的作品之一。这个作品是不成调的，即缺乏中心旋律或主旋律。勋伯格放弃了几百年来我们所熟知的音乐表达方式。这种方式在音乐界产生了相当大的震动，很多人对此报以强烈的批评。1947年，勋伯格说："我就像掉进了一口煮沸的锅里。"

但是，在他的学生中也有他的追随者。尽管他自己几乎是自学成才，但他却成为当时最有影响力的音乐教师。有趣的是，他的音乐教学还是植根于传统的音调和谐的音乐之中。后来，他通过发展12音阶为无调性风格乐曲创建了秩序。然而，他从没有在教学中教过这种方法，也很少对人提及甚至写过这方面的文章。

▶ 巴托克的音乐对现在的音乐形式产生了什么影响?

人们尊敬贝拉·巴托克（Bela Bartok, 1881—1945）不仅是因为他作为一名钢琴演奏家的能力〔他的老师将他比作19世纪最伟大的钢琴演奏家弗朗兹·李斯特（Franz Liszt, 1811—1886）〕，而是因为他的作曲。他的作品中保留了匈牙利民歌的传统。巴托克研究和分析匈牙利、罗马尼亚和阿拉伯的民间乐曲。在他的一生中，他出版了数本这种民歌集。民族音乐对其他作曲家也产生过影响，但是，是他第一个将它们组成一个完整的音乐艺术组合。他的这些独一无二的民间音乐展现了音乐的纯粹本质。他的杰作包括：芭蕾《木刻王子》（*The Wooden Prince*）和《神奇的官员》（*The Miraculous Mandarin*）和独幕歌剧《蓝胡子公爵的城堡》（*Duke Bluebeard's Castle*）。

以民间音乐为核心的音乐创作对音乐界产生了深远的影响。美国作曲家艾伦·科普兰（Aaron Copland, 1900—1990）的作品《阿巴拉契亚山脉的春天》（*Appalachian Spring*, 1944）就带有这种特点。

▶ 斯特拉文斯基是20世纪最重要的作曲家吗?

俄裔美国作曲家伊戈尔·斯特拉文斯基（Igor Stravinsky, 1882—1971）无疑是20世纪最伟大的作曲家之一。斯特拉文斯基的作品包括协奏曲、室内乐、钢琴曲和歌剧，但是可能芭蕾舞剧才是他著名的原因。

1903年—1906年，斯特拉文斯基跟随俄罗斯作曲家里姆斯基·科萨科夫（Nikolay Rimsky-Korsakov, 1844—1908）学习。1908年，为了庆祝里姆斯基·科萨科夫的女儿结婚，斯特拉文斯基创作了他的第一个音乐作品管弦乐《焰火》（*Fireworks*）。这个作品吸引了俄罗斯芭蕾舞团（Ballets Russes）掌门人谢尔盖·达基列夫（Sergay Diaghilev）的注意。达基列夫邀请这位年轻的作曲家加入自己的公司。（俄罗斯芭蕾舞团当时已经在俄国取得巨大成功，并为这个艺术形式增加了新的能量。）在与达基列夫的合作中，斯特拉文斯基又创作了一系列的杰作，包括《火鸟》（*The Firebird*, 1910）、《彼得鲁什卡》（*Petrushka*, 1911）和《春之祭》（*Rite of Spring*, 1913）。这种合作关系也提高了这位芭蕾作曲家在艺术界的地位和作用。

《春之祭》是斯特拉文斯基最著名的，也是最声名狼藉的作品。《春之祭》是

俄罗斯芭蕾舞团于1913年季度第三周上演的剧目。它的舞蹈动作是由著名舞蹈家瓦斯拉夫·尼金斯基（Vaslav Nijinsky, 1890—1950）设计的。谁知道，上演时，无论是音乐还是舞蹈都令人瞠目结舌。观众对于这场演出的反应激烈到竟然在剧场中引起了骚乱。斯特拉文斯基在编曲中与其说没有表现春天的田园牧歌，不如说他表现的是春天刚到来之时的混乱和冲突。为了配合斯特拉文斯基的编曲，尼金斯基在编舞时采用了复杂的，令人视觉眩晕的舞蹈动作，以至于后来被一位作曲家称为蹦跳比赛。尽管很多人认为演出很糟糕，但是当俄罗斯芭蕾舞团在英国伦敦上演时，《春之祭》被广泛地接受了，虽然很有可能是观众们早有准备。

接下来的一年，《春之祭》开始在俄罗斯上演，但是观众的反应不一。年轻的作曲家谢尔盖·普罗科菲耶夫（Sergei Prokofiev, 1891—1953）就是观众之一。后来他在一篇文章中写到他被这个作品深深地打动了，以至于不能从情绪中恢复过来。现在的听众们依然能够被《春之祭》的旋律所感动。最终，大部分音乐家和文艺评论家都认为这个分水岭般的作品是20世纪最好的作品之一。

▶ 谁发明了爵士乐？

美国新奥尔良钢琴家费迪南德·"杰利·罗尔"·莫顿（Ferdinand "Jelly Roll" Morton, 1885—1941）声称是自己发明了爵士乐。在某种程度上，他这样想是公平的，毕竟他和他的乐队红辣椒（Red Hot Peppers, 1926—1930）是早期爵士乐的代表之一。但事实是，许多城市的许多音乐家都参与了这种源自拉格泰姆音乐和蓝调音乐的爵士乐的形成与发展。所以，莫顿只是爵士乐的奠基者之一。其他奠基者包括奔尼·莫登（Bennie Moten, 1894—1935）、攸比·布莱克（Eubie Blake, 1883—1935）、埃林顿公爵（Duke Ellington, 1899—1974）和托马斯·"胖子"·沃勒（Thomas "Fats" Waller, 1904—1943）。

一些人将爵士乐的起源问题追寻得更为久远：1899年—1914年，斯科特·乔普林（Scott Joplin, 1868—1917）使得这种建立在非洲乡村音乐基础上的拉格泰姆音乐流行化。甚至最敏锐的音乐评论家都很难在拉格泰姆音乐和早期爵士乐之间划分出一条清晰的界限来。这两种音乐形式都是依靠音乐中的切分（一段或一篇乐章中通常为弱拍的节拍被强调时所产生的重音变化），而且每种音乐形式都可以应用到现存的旋律上，并使其发生转化。如何定义或区分这两种音乐形式一直成为音乐人争论的主题之一。这一讨论由于当时有些音乐家将拉格泰姆音乐视为爵士乐的同义词而更加复杂化。

　　虽然不太严格，但是两种流派的音乐还是有一些重要区别的：拉格泰姆音乐多是按照欧洲的音乐符号体系被编曲和记录，但是爵士乐的学习则完全要依靠耳朵（一般是由演奏者向学习者演示如何演奏）；爵士乐鼓励即席创作，但是大部分拉格泰姆音乐不是；它们之间的主要节奏也不相同，爵士乐有回旋，而且节奏很快，但是拉格泰姆音乐不是这样。

1946年1月，爵士乐大师杜克·埃林顿（弹钢琴者）和路易斯·阿姆斯特朗（吹小号者）在纽约城演出。

　　不管起源如何，爵士乐于20世纪30年代成为音乐主流，而且对其他音乐流派都产生了影响，包括古典音乐。美国作曲家乔治·格什温（George Gershwin，1898—1937）既是歌曲作家、拉格泰姆音乐作曲家，也是交响乐作曲家。他的许多作品，如《蓝色狂想曲》（*Rhapsody in Blue*，1924）和他的钢琴序曲，都含有拉格泰姆音乐和爵士乐的元素。

　　或许比起其他音乐家和作曲家来，是迈尔斯·戴维斯（Miles Davis，1926—1991）拓展了爵士乐：经过几十年大量的工作，戴维斯持续地扩展着爵士乐的范围，并通过这样的工作，他为其他音乐家演奏爵士乐设立了标准。

▷ 蓝调音乐比爵士乐年代久远吗？

　　是的，但是不长（如果将爵士乐的范围定义为不包括拉格泰姆音乐）。事实上，两种音乐形式是并行发展的。蓝调音乐出现于20世纪前10年间，并于20

世纪20年代哈莱姆区发展到了高峰。在那里，蓝调音乐被视为表达美国黑人生活的一种表达方式。著名的蓝调歌手包括雷尼（Ma Rainey，1886—1939）和贝西埃·史密斯（Bessie Smith，1894或1898—1937）。在哈莱姆文艺复兴时期，蓝调音乐被视为美国黑人生活的象征。诗人兰斯顿·休斯（Langston Hughes，1902—1967）将蓝调音乐视为黑人的音乐形式，并将其视为将黑人从美国的标准化塑造中解放出来的手段。

作为第一个整理和出版蓝调歌曲的人，美国音乐家和作曲家威廉·克里斯托费尔·汉迪（W. C. Handy，1873—1958）被认为是"蓝调音乐之父"。这个美国阿拉巴马州佛罗伦萨的本地人创作了一些著名的作品，包括《孟斐斯布鲁斯》（*Memphis Blues*）、《圣路易斯布鲁斯》（*St. Louis Blues*）、《比尔大街布鲁斯男孩》（*Beale Street Blues*）和《不小心的爱》（*Careless Love*）。

⊚ 大型爵士乐队时期开始于何时?

1934年12月1日，无线电广播网播出了本尼·古德曼（Benny Goodmam，1909—1986）乐队主导的周末音乐节目——《让我们跳舞吧》。这很快把美国带入了摇摆舞时代。在这一时期，大型爵士乐队大受欢迎。古德曼既是乐队领队，又是一位熟练的竖笛演奏者。他们乐队明显带有爵士乐元素的舞蹈使得摇摆舞音乐很快成为当时的流行风格。

⊚ 乡村音乐的历史有多久?

乡村音乐又称为旧式音乐或"山里音乐"，它出现于20世纪的早期。到1920年时，美国已经有了第

1956年，埃尔维斯·普雷斯利（猫王）将美国乡村音乐、福音音乐和蓝调音乐完美组合在一起。

一个乡村音乐广播电台,同时,乡村音乐在乡村地区的良好销售情况使得从事音乐产业的经理们不得不开始注意这种音乐形式。但是,乡村音乐真正出名是在1925年,当时正是美国爵士乐兴起的中期。1925年11月28日,田纳西州纳什维尔的WSM电台播出了《WSM谷仓舞》(*The WSM Barn Dance*)。这个节目就是后来著名的"乡村大剧院"(*The Grand Ole Opry*)。名字的变换是由于著名主持人乔治·海(George D. Hay)在《WSM谷仓舞》流行之后在自己的节目中称它为"乡村大剧院"。第一个表演这个节目的是吉米·汤姆逊(Jimmy Thompson,1848—1931)。早期的拥护者还包括迪福·马可(Dave Macon, 1870—1925)和罗伊·阿卡夫(Roy Acuff, 1903—1992)。数百万人收听了这个节目,很快这个以纳什维尔风格为基调的节目就使得纳什维尔城成为全美国的音乐之城。20世纪60年代,还有20世纪80年代和90年代,乡村音乐在美国的流行达到了最高峰。

▶ 蓝草音乐是典型的美国音乐吗?

是的,这种音乐形式是于20世纪30年代末期和40年代发源于美国的乡村音乐。比尔·门罗(Bill Monroe, 1911—1996)即是一名乡村音乐的歌手。他后来调整了美国传统乡村音乐的速度、调子和音高,在此基础上创造了蓝草音乐。蓝草音乐的名字来源于他组建的一支乐队"蓝草男孩"(Blue Grass Boys)。1939年10月,当门罗和他的乐队出现在流行的乡村音乐广播节目"乡村大剧院"(The Grand Ole Opry)上时,蓝草音乐被广大的听众收听到。

尽管蓝草音乐的发展有几个阶段,并且还有很多人在这个发展过程中都做出过贡献。但是比尔·门罗一直是蓝草音乐的领导者和精神领袖。因此,他被称为"蓝草音乐之父"。

▶ 谁对摇滚乐更加重要,是埃尔维斯·普雷斯利,还是甲壳虫乐队?

在这个问题上,音乐历史学家和许多音乐迷一样可能都有自己的观点,但实际上这个问题是没有办法明确回答的。事实是我们现在的流行音乐同埃尔维斯·普雷斯利(Elvis Prsley, 1935—1977)和甲壳虫乐队时期的流行音乐已经有了很大不同,但是我们依然可以从中看出他们两者对现在的影响。

　　埃尔维斯·普雷斯利带来了一种令人激动的全新组合。他的音乐是美国的乡村音乐、福音音乐和蓝调音乐的节奏的组合产物，而且他在音乐表演中还加入了令美国年轻人眩晕的演出技巧。他的第一张唱片是1954年的《没关系的，妈妈》（*That's All Right, Mama*），随后他又于1956年灌制了《伤心旅馆》（*Heartbreak Hotel*），并大获成功。1956年—1969年之间，他共灌制了17张销售量第一的唱片。普雷斯利带来了一种新的音乐风格，也开创了一个新的时期。

　　在英国有4个音乐家受到了普雷斯利的影响，其中之一的是约翰·列侬（John Lennon, 1940—1980）于1956年还在读中学时就组建了一支名为"采石工"的摇滚乐队，1960年他和另外三人组成的甲壳虫乐队，成为20世纪60年代最受欢迎的摇滚乐队。他们第一张单曲是《真心地爱我》（*Love Me Do*），于1962年10月5日出版。在这个单曲之后，出版商乔治·马丁（George Martin）受到了鼓励，他认为甲壳虫乐队能够成为销售量第一的乐队。1963年，他们就做到了。当《请让我愉悦吧》（*Please Please Me*）于1月12日在英国发行后，很快就获得成功。他们第一张专辑中的歌曲还有《她爱你》（*She Loves You*）和《我想握住你的手》（*I Want to Hold Your Hand*）。甲壳虫乐队接下来于1964年发行的专辑很快建立了他们是英国最受欢迎的乐队地位。

　　在英国获得巨大成功后，"披头士狂"们开始于1964年2月7日登陆美国。当这4个人〔约翰·列侬和保罗·麦卡尼（Paul McCartney, 1942—　）、乔治·哈里森（George Harrison, 1943—　）、林戈·斯塔尔（Ringo Starr, 1940—　）〕出现在美国纽约肯尼迪国际机场时，他们所面对的是超过1万名尖叫着的疯狂歌迷和110名维持秩序的警察。两天后，甲壳虫乐队于2月9日开始了他们的传奇表演"艾得苏利文秀"（The Ed Sullivan Show）。到了4月，他们已经把持了美国单曲排行榜的前5位。

　　在他们早期的作品中，甲壳虫乐队给摇滚乐带来了普雷斯利以及小理查德（Little Richard）的音乐中所没有的能量。甲壳虫乐队的乐器组合（乔治·马丁在其中也有一定的而贡献）在当时来说是一种创新，但是已经成为现在所有摇滚乐队的模式。他们的摇滚影片《一夜狂欢》（*A Hard Day's Night*, 1964）和《求救》（*Help*, 1965）是现代音乐电视的先驱。当甲壳虫乐队于1970年4月10日解散时，一个时代也结束了。

舞　　蹈

▶ 为何俄罗斯芭蕾舞团如此著名?

　　俄罗斯芭蕾舞团的声名远扬始于1909年5月的一个晚上。那天,这个由谢尔盖·达基列夫(Sergey Diaghiley, 1872—1929)创建的俄罗斯剧团上演了由米哈伊·福金(Michel Fokine, 1880—1942)编排的创新的芭蕾舞剧。这场芭蕾舞剧受到了那些由巴黎的各界精英所组成的观众的热烈欢呼。这次表演无论是编舞、设计、还是音乐都广受好评。受到热烈欢呼的还有那些天才的舞蹈演员,他们包括:瓦斯拉夫·尼金斯基(Vaslav Nijinsky)、泰玛拉·卡尔萨温娜(Tamara Karsavina)、安娜·巴甫洛娃(Anna Pavlova)和艾达·鲁宾斯坦(Ida Rubinstein)。至此,芭蕾舞开始从传统的束缚中挣脱出来,一种新的艺术形式复苏了。

　　他们对芭蕾舞的改革是全方位的:编舞、舞台设计、服装和构思。剧团的首席舞台设计是莱昂·巴克斯特(Leon Bakst, 1866—1924)。他对色彩的独特表现不仅影响了舞台设计,甚至对女性的服装设计也产生了影响。很快,达基列夫和他的俄罗斯芭蕾舞团就成为艺术世界的中心:许多20世纪重要的画家都曾经为俄罗斯芭蕾舞团做过舞台设计和服装设计,他们包括:罗伯特·埃德蒙·琼斯(Robert Edmond Jones)、帕布罗·毕加索(Pablo Picasso)、安德鲁·德兰(Andre Derain)、亨利·马蒂斯(Henri Matisse)和若安·米罗(Joan Miro)。为了配合剧团的舞蹈设计和舞台装饰,达基列夫委托了当时著名的作曲家为舞剧作曲。这些作曲家包括莫里斯·拉威尔(Maurice Ravel)、克劳德·德布西(Claude Debussy)、理查德·施特劳斯(Richard Strauss)、谢尔盖·普罗科菲耶夫(Sergei Prokofiev)和伊戈尔·斯特拉文斯基(Igor Stravinsky)。在达基列夫的带领下,剧团创造了一种新的舞剧,将它从戏剧的阴影下释放了出来,并在它上面添加了新的艺术形式。

　　现在的芭蕾舞团是俄罗斯芭蕾舞团传奇的继续。达基列夫证明了合作是能够创造出传统以外的新的优秀艺术的。俄罗斯芭蕾舞团为20世纪的芭蕾舞提

289

供了表演模式。

▶ 巴兰钦是谁?

这是一个同现代美国芭蕾同义的俄裔芭蕾舞导演的名字。乔治·巴兰钦（George Balanchine, 1904—1983）是20世纪最有影响力舞台编导之一。在他一生中,他编导了超过200个芭蕾舞剧、19个百老汇歌剧和4部好莱坞电影。他协同创建了美国最早的舞蹈机构:美国芭蕾舞学院（the School of American Ballet, 1934）、美国芭蕾舞剧团（the American Ballet Company, 1935）和纽约市立芭蕾舞团（the New York City Ballet, 1948）。其中,美国芭蕾舞剧团是美国第一个芭蕾剧团。

巴兰钦进入舞蹈界完全是一种偶然。1914年8月,巴兰钦本来是陪同他的姐姐参加皇家芭蕾学院的考试,他姐姐没有通过,但是他却出乎意料地通过测试被录取了。然而,刚开始的时候,他对这种艺术形式一点都不感兴趣。他甚至在刚开学时就从学校逃跑。事情的转折点是在这位年轻的舞蹈者观看了柴可夫斯基（Tchaikovsky）的芭蕾舞剧《睡美人》（*The Sleeping Beauty*, 1890）之后。他被这场舞剧的艺术魅力所打动,于是自愿留下来接受严格的学校训练。

很多人认为《小夜曲》（*Serenade*, 1935;由柴可夫斯基配乐）是巴兰钦的代表作。他的其他著名作品还包括:《阿波罗》（*Apollo*, 1928）、《浪子》（*The Prodigal Son*, 1929）、《胡桃夹子》（*The Nutcracker*, 1954）、《堂·吉诃德》（*Don Quixote*, 1965）和《宝石》（*Jewels*）。

由于自己还是小孩时就被给予了上台演出的机会,巴兰钦在自己的芭蕾舞剧中经常编排儿童的角色。巴兰钦的贡献还远不止这些。他组织了学院的巡回讲座,为普通儿童免费表演芭蕾舞剧。他还每年为舞蹈教师举行免费的培训课程,并且为其他芭蕾剧团提供建议和指导。巴兰钦的主要作品奠定了美国芭蕾舞剧的基本风格,并且将芭蕾领向了表演艺术的最前沿。

▶ 马格特·芳廷是谁?

芳廷（Fonteyn, 1919—1991）被称为"国际舞蹈大使"。这位在英国接受训练的女性芭蕾舞者在加入皇家芭蕾舞团（Royal Ballet）的34年中取得了世界性的声誉和认同。她拓展了剧团的女性演出剧目，是现代芭蕾舞演员的模范。1962年，在她43岁时，芳廷与鲁道夫·诺雷耶夫（Rudolf Nureyev，1938—1993）组成搭档。这个决定挑战了当时普遍认为的年龄大的舞蹈演员不能满足演出时对人精力的要求的传统看法，她继续活跃在世界的芭蕾舞台上。芳廷帮助建立了舞蹈学位，促进了国际的艺术联系。

▶ 现代舞是如何起源的？

美国舞蹈家、编导马莎·格雷厄姆（Martha Graham，1894—1991）被认为是现代舞的创始人之一。1929年4月14日，马莎·格雷厄姆舞蹈团（Martha Graham Dance Group）第一次演出时，马莎·格雷厄姆已经35岁了。这次表演也标志着舞蹈演出开始进入一个新的时期。新的舞蹈形式讲究人的精神和舞蹈动作的协调。在此基础之上，她们采用了新的表达方式。

格雷厄姆在年轻时就迷上了舞蹈。她对舞蹈的敏锐观察和对灯光与空间的熟练运用使得她后来被认为是现代舞的大师。人们甚至将她同帕布罗·毕加索（Pablo Picasso，1881—1973）相提并论。人们认为她革命性地将舞蹈演变成为一种艺术形式。在她的一生中，她共创作了一百八十余部作品。她同时还培养出了许多后来成为大师的舞蹈家，其中就包括摩西·康宁汉（Merce Cunningham）和保罗·泰勒（Paul Taylor）。

▶ 是谁建立了哈莱姆舞剧院？

哈莱姆舞剧院（Dance Theater of Harlem）是世界闻名的美国黑人芭蕾舞剧团。它是由纽约市立芭蕾舞团（New York City Ballet）的舞蹈家阿瑟·米切尔（Arthur Mitchell，1934—　）和舞蹈教师、前荷兰芭蕾舞团的导演卡洛·舒克（Karel Shook）一起建立的。建立这样一个剧团的想法产生于1968年4月4日。当米切尔正准备登机从纽约飞往巴西（他在那里组建了巴西第一个芭蕾舞剧团）时，他得知马丁·路德·金被暗杀了。米切尔后来回忆说当他反思这样一场悲剧时，他问自己："我现在到世界各地去组建芭蕾舞剧团，为什么我不能在家里做这些事情呢？"米切尔的幼年时期是在哈莱姆区度过的，所以他觉得他应该回到那里去建立一座学校将自己的知识传递下去，并同

时给黑人舞蹈家一个上台表演的机会。这个学校的主要目的是"提高黑人儿童对芭蕾舞、现代舞和民族舞艺术的爱好,从而提高他们对自己本身的认知和认同"。

这种想法获得了成功。20世纪70—80年代,剧团周游了全国和全世界。他们的表演经常是座无虚席。他们还参加了很多重要的活动,包括国际艺术节、白宫的国宴,以及1984年奥林匹克运动会的闭幕式。

现在,哈莱姆舞剧院被认为是世界上最优秀的芭蕾舞剧团之一。米切尔不仅成功地给予了黑人舞蹈家学习和表演的机会,而且他还有效地破除了舞蹈世界的种族歧视。

▶ 人们跳华尔兹已经有多长时间了?

华尔兹于1813年开始在欧洲流行,但是其历史可以追溯到18世纪中期〔"华尔兹"(waltz)这个单词出现于1781年〕。19世纪60年代,这种舞蹈风靡维也纳。被称为"华尔兹之王"的约翰·斯特劳斯(Johamm Strauss,1825—1899)为了迎合日益增长的需要创作了大量华尔兹作品。还有很多作曲家都开始为专业团体谱写华尔兹乐曲。

最著名的一支华尔兹乐曲是1867年2月9日在维也纳首演的约翰·施特劳斯的《蓝色多瑙河》(*The Blue Danube*)。此曲的歌词取自卡尔·贝克(Karl Beck)的诗歌;它的演唱任务由维也纳男性合唱团(Viennese Male Singing Society)担当。《蓝色多瑙河》演出后获得了轰动。现在,奥地利在演奏《蓝色多瑙河》时还有一

吉特巴舞是两步舞:两人按照标准舞步旋转,有时还插有一些杂技技巧。

个传统，就是要在开篇序曲演奏完时要短暂的停顿一下，以给观众的鼓掌留下时间。

◉ 查尔斯顿舞是如何流行的？

查尔斯顿舞（The Charleston）是一种在舞厅演出的舞蹈。它出现于1923年，是美国历史上被作家弗·斯科特·菲茨杰拉德（F. Scott Fitzgerald, 1896—1940）称为的"爵士时代"（Jazz Age）的重要元素之一。爵士时代又被称为"兴旺的20年代"（Roaring Twenties）。这一时期的特点还包括：地下酒吧（当时处于美国禁酒期间）、轻佻女郎、敞篷客车、浣熊毛皮、享乐主义和偶像的破坏。爵士时代于1929年10月29日，当美国股票市场崩溃时宣告结束。

◉ 吉特巴舞是如何流行的？

20世纪30年代末—40年代初，在摇摆舞音乐流行的高峰期时，全国共出现了五十余家著名的舞蹈团体。吉特巴舞的舞蹈风格来源于爵士乐。爵士乐是美国当时最受欢迎的音乐形式。这种舞蹈是一种紧张激烈的舞蹈，伴有快节奏的摇摆或爵士舞曲，由不同的舞步组成，并有旋转等装饰性舞步，有时还有特技动作。

电　　影

◉ 第一部电影是何时上映的？

1895年3月22日，第一部室内电影于法国巴黎上映。当时的全国工业促销委员会（National Society for the Promotion of Industry）的成员们在晚宴时观看了这部关于法国里昂工人的影片。路易·吕梅尔（Louis Lumiere, 1864—1948）和奥古斯特·吕梅尔（Auguste Lumiere, 1862—1954）发明电影摄影机时分别只有31岁和33岁。电影摄影机比起1894年由托马斯·爱迪生（Thomas Edison）发明的人体运动电影照相机来说是一个巨大的进步。爱迪生的电影一次只能有

一位观众。吕梅尔兄弟发明的每秒16帧的摄影机被广泛使用了几十年。1896年4月20日,美国的第一部电影在纽约上映。这次放映采用的是托马斯·爱迪生发明的老式放映机。老式放映机是在人体运动电影照相机的基础上改进而成的。托马斯·阿尔马特(Thomas Armat)还制作了其中一个放映机。

▶ 电影工业中的里程碑都有哪些?

作为一项新的和复杂的技术工作,电影仍然在继续发展着。在电影工业发展初期的几十年里,有许多事件都可以称之为具有里程碑性质的作用。这些重要的进步不仅在技术领域,而且还拓展到了其他领域。

1903年:埃德温·S.鲍特(Edwin S. Porter)的《火车大劫案》(The Great Train Robbery)是第一部完整讲述故事的电影。它由爱迪生制片公司(Edison Studios)出品。这个12分钟的电影创建了为后来电影制作者采用的在故事中设置悬念的方式。

1907年:芝加哥电影放映员唐纳德·贝尔(Donald H. Bell)和照相机修理工阿尔伯特·豪威尔(Albert S. Howell)投资5 000美元创建了贝尔-豪威尔公司(Bell & Howell Co.)。这个企业致力于提高电影技术和放映设备。

1910年:布鲁克林鹰报(Brooklyn Eagle)的漫画家约翰·伦道夫·布雷(John Randolph Bray)第一次尝试制作了卡通片。他发明了后来卡通片制作者们所采用的"cel"系统。

1912年:由撒拉·贝纳尔(Sarah Bernhardt)主演的电影《伊丽莎白女皇》(Queen Elizabeth)于7月12日在纽约学院影院(Lyceum Theater)上映。这是美国第一部长篇电影。

1915年:戴·沃·格里菲思(D. W. Griffith)的电影《一个国家的诞生》(The Birth of a Nation)为叙事电影描绘了蓝图。

1925年:电影《战舰波特金号》(Potemkin)中的电影剪接技术为全世界的电影带来了革命性发展。苏联电影摄制人谢尔盖·爱森斯坦

（Sergei Eisenstein）通过胶片剪接创作了这个杰作。电影剪接技术后来几乎为所有导演所采用。

1926年：第一部有声电影放映。

1927年：米高梅电影公司的路易斯·伯特·梅耶（Louis B. Mayer）建立电影艺术和科学学院（The Academy of Motion Picture Arts and Sciences）。第一届学院主席是道格拉斯·费尔班克斯（Douglas Fairbanks）。

1927年：第一部由阿尔·乔森（Al Jolson）主演的同步配音的影片《爵士歌手》（*The Jazz Singer*）放映。1932年底，所有电影都有了配音。

1928年：好莱坞所有主要的电影公司同美国电话电报公司（American Telephone & Telegraph Cororation, AT & T）签订协议。他们将使用美国电话电报公司的技术制作有声电影。至此，电影开始广泛流行。

1929年：第一届学院奖（Academy Awards）颁奖：最佳影片是威廉·韦尔曼（William Wellman）的《翅膀》（*Wings*）；最佳男演员是主演《最后的命令》（*Last Command*）的埃米尔·杰宁斯（Emil Jannings）；最佳女演员是主演《日出》（*Sunrise*）的珍尼特·盖纳（Janet Gaynor）。电影专栏作家西德尼·斯科尔斯基（Sidney Skolsky）赋予了学院奖另外一个名字"奥斯卡"（the Oscars）。

1929年：伊斯曼·柯达（Eastman Kodak）发明了16毫米胶卷。

1933年：6名演员在好莱坞决定建立演员自己的组织—演员工会（The Screen Actors Guild）。第一次会议有18名创始成员参加。

1935年：第一部采用彩色印片法的影片《贝琪·夏普》（*Becky Sharpe*）放映。虽然这种技术当时还处在改进之中，但是电影第一次有了颜色。

1939年：采用彩色印片法的影片《乱世佳人》（*Gone with the Wind*）上映。

▶ **什么是新闻影片？**

1910年，第一部新闻影片《百代·考斯比》（*Pathe Gazette*）在英国和美国上

 **好莱坞的黄金时代是什么时候？**

　　好莱坞在20世纪30年代进入全盛时期：当美国经济处于大萧条时，美国的电影工业反而进入了黄金时代。1927年，第一部有声电影《爵士歌手》（*The Jazz Singer*）的上映标志着黄金时代的开始，到了1932年所有电影都是有声的了。1935年出现了第一部彩色印片电影《贝琪·夏普》（*Becky Sharpe*），1936年的电影《乱世佳人》（*Gone with the Wind*）在《贝琪·夏普》的基础上又完善了彩色印片法技术。1933年的影片《金刚》（*King Kong*）中加入了特效。

　　这一时期也出现了许多受欢迎的明星，如克拉克·盖博（Clark Gable）、克劳黛·考尔白（Claudette Colbert）、格雷塔·嘉宝（Greta Garbo）和马克斯兄弟（Marx Brothers）等。米高梅公司（MGM）、华纳兄弟公司（Warner Bros）和雷电华公司（RKO Studio）是这一时期好莱坞主要的影片产商。其他影片公司，如福格斯电影公司（Fox）、派拉蒙电影公司（Paramont）、环球电影公司（Universal）、哥伦比亚电影公司（Columbia）和联美电影公司（United Artists），在这一段经济艰难时期也有较好的表现。这一时期的经典影片包括《乱世佳人》（*Gone with the Wind*）、《奥兹国历险记》（*The Wizard of Oz*）、《关山飞渡》（*Stagecoach*）、《异国鸳鸯》（*Ninotchka*）、《史密斯先生到华盛顿》（*Mr. Smith Goes to Washington*）和《古庙战茄声》（*Gunga Din*）。到20世纪30年代末，好莱坞已经成为"流行文化的主要贡献者，偶尔也有优秀的文化作品。同时，它也是美国经济发展的一种虽然可能并不稳定的动力。"

映。法国电影摄影师查尔斯·百代（Charles Pathe）和他的兄弟埃米尔·百代（Emil Pathe）原本是爱迪生留声机的巴黎代理。他们在伦敦购买电影设备，并获得了资金支持以在英国、美国、意大利、德国、俄罗斯和日本拍摄一些短片。这些短片的内容涵盖了当时的时事，于是它们在战争时期主要用来在正式电影放映之前播放以代替新闻广播。最后一部新闻影片播放于1967年。

广 播 和 电 视

▶ 无线电广播对文化产生了什么影响？

20世纪30年代，19世纪末发明的无线电广播已经成为美国人日常生活的一部分了。全国各个地方，无论是城市、郊区，还是农场，人们都收听广播。当时的广播节目既有娱乐节目，也有新闻节目，甚至还有棒球和其他体育运动以及其他各种各样节目的广播，如戏剧和现场音乐会。经济大萧条期间，美国总统富兰克林·罗斯福（Franklin Roosevelt）在白宫通过无线电广播直接向美国民众发表了他的"炉边谈话"（fireside chats）演讲。20世纪20—50年代之间，每天晚上围坐在收音机旁收听节目就像现在人们观看电视一样。广告商也迅速抓住了能够直接向美国大众宣传自己产品的机会。20世纪50年代，电视机发明后很快在接下来的20年内流行全国。这种情况改变了无线电广播在美国人生活中的作用。在部分观众被电视吸引过去之后，无线电台开始播出摇滚乐作为吸引年轻观众的一种手段。很多人都认为是摇滚乐将无线电广播这种形式保存了下来。

▶ 电视出现后在当时产生了什么影响？

1939年4月30日，纽约世界博览会上展出的电视在公众间引起了震动。5月17日，美国的全国广播公司（National Broadcasting Company，NBC）在电视上播出了普林斯顿大学和哥伦比亚大学之间的棒球比赛。这是第一次通过电视放映体育运动。8月26日，全国广播公司又播出了布鲁克林道奇队（Brooklyn Dodgers）和辛辛那提红人队（Cincinnati Reds）之间的职业棒球赛。之后，全国广播公司播出的节目日益增多，开始包括戏剧、喜剧和厨艺节目等。1939年，电视播出了《乱世佳人》在纽约的首映式。故事片的播出量很快增加，其中包括

20世纪20—50年代之间，每天晚上围坐在收音机旁收听节目就像现在人们观看电视一样。

《金银岛》（*Treasure Island*）、《年轻与美丽》（*Young and Beautiful*）和经典的默片《火车大劫案》（*The Great Train Robbery*）。很快电视台的数量也增加了：到1940年5月，全国已经有23家电视台。

1941年，在长时间的商议之后，美国联邦通讯委员会（Federal Communications Commission, FCC）确立了电视的传输标准。7月1日，电视的商业运作通过审议后，两家纽约的电视台，全国广播公司和哥伦比亚广播公司（Columbia Broadcasting System, CBS），发展迅速。年末，第一个由手表制造商宝路华（Bulova）赞助的商业节目播出后获得成功。12月，由于日本轰炸了美国的珍珠港，美国卷入了第二次世界大战。在美国的工业都致力于战争准备的时候，美国广播电视业发展也停滞了。

但是，电视产业等待着。当盟军的胜利指日可待时，美国无线电公司（Radio Corporation of American, RCA）于1944年4月10日重新启动了它的NBC电视工作室。哥伦比亚广播公司紧跟着于5月5日也重新开始运营。1945年战争结束时，全国已经有9家商业电视台向美国的纽约、费城、宾夕法尼亚、斯克内克塔迪和纽约大约7500个拥有电视机的家庭播出节目了。

到了1947年，当时的4大电视网（美国广播公司、全国广播公司、哥伦比亚广播公司和杜蒙广播公司）只能每周大约播出10个小时的电视节目，而且大部分都是体育节目。1948年末，只有10%的美国人观看过电视节目。然而，当各大广播公司逐渐增加了节目的种类（现场直播的戏剧节目、儿童节目和其他无线电收听者所熟悉和喜爱的其他类型节目）后，观众对电视的兴趣迅速增长。到了1948年春天，专家们估计在当时诸如酒吧和俱乐部一类的公共场所中大约就有15万台电视机，占有当时电视机数量的50%还多。1年以后，美国有94万个家庭拥有了电视机，而1949年电视机的生产总量已经高达300万台。

▶ 第一个电视网络平台是哪个?

第一个建立的电视网络平台是美国的全国广播公司（National Broadcasting Company, NBC）。它是由当时美国无线电公司（Radio Corporation of American, RCA）的总裁戴维·萨尔诺夫（David Sarnoff, 1891—1971）于1926年11月11日创建的。戴维·萨尔诺夫也被认为是美国广播电视业的先驱。他原来创建全国广播公司的目的是为了提高收音机的销售量。20世纪40年代，在他认识到这个平台能够提供电视节目的服务之后，他又利用这个网络平台来销售美国无线电公司的另一个产品，只不过这次的销售对象是电视。1939年纽约世界博览会上展出电视也是戴维·萨尔诺夫的主意。

接下来出现的电视广播公司是由国会雪茄公司（Congress Cigar Company）的一个广告经理威廉·佩利（William S. Paley, 1901—1990）于1928年9月26日建立的哥伦比亚广播公司（Columbia Broadcasting System, CBS）。佩利卖掉了自己在雪茄公司的股份，筹集到27.5万美元买下了处于困境中的独立广播公司联盟（United Independent Broadcasters）。他成功地将这个无线电广播平台转变成为一个强大和盈利的广播公司。

美国广播公司（American Broadcasting Corporation, ABC）的电视网络平台建立于1943年。这个广播公司的创建是源于政府的指令。1943年，在政府

的命令下,美国无线电公司被迫出售了自己两个无线电网络平台中一个运营情况相对较差的公司NBC蓝网(NBC Blue)。购买者是爱德华·诺贝(Edward J. Noble)。1945年,诺贝正式将这个公司的名字改为美国广播公司,并于3年后开始在纽约播出电视节目。

▶ 广播电视业也有黄金时代吗?

有,人们一般认为20世纪50年代是广播电视业的黄金时代。在这一时期,电视开始大量地涌入美国人的家庭,而且各个电视台所制作的节目也迅速增加。评论家们现在仍然称黄金时代的电视节目是广播电视业历史上最具有创造性的节目。在这一时期,一些现场直播的电视系列节目已经成为美国人每天必需的生活方式,比如说电视系列节目《卡夫电视剧场》(Kraft Television Theatre)、《剧场90》(Playhouse 90)和《1号演播室》(Studio One)。这一时期的电视中播出的电影有《十二怒汉》(Twelve Angry Men, 1954)、《拜访小行星》(Visit to a Small Planet, 1955)和《热泪心声》(The Miracle Worker, 1957)等。看到电视节目如此受欢迎,在美国固特异公司(Goodyear)、美国飞歌公司(Philco)、美国钢铁公司(U.S. Steel)、布莱克公司(Breck)和舒立滋公司(Schlitz)等的赞助下,电视系列节目猛增到三十余部。因为电视节目制作的基地位于纽约,很多年轻的剧作家都加入到了电视节目的制作中来,他们包括戈尔·韦多(Gore Vidal)、罗德·塞林(Rod Serling)、阿瑟·米勒(Arthur Miller)和哈奇纳(A. E. Hotchner)。电视节目也吸引了许多天才演员的加入,如乔治·斯科特(George C. Scott)、詹姆斯·迪安(James Dean)、保罗·纽曼(Paul Newman)、格蕾斯·凯利(Grace Kelly)、伊娃·玛丽·桑特(Eva Marie Saint)、锡德尼·普瓦蒂耶(Sidney Poitier)、李·雷米克(Lee Remick)和杰克·莱蒙(Jack Lemmon)。

20世纪50年代,电视节目的其他重要元素之一是杂耍喜剧,当然也是现场直播。很多喜剧演员都加入到了这种形式的表演中,如杰克·本尼(Jack Benny)、雷德·斯克尔顿(Red Skelton)、杰克·格利森(Jackie Gleason)、乔治·伯恩斯(George Burns)、锡德·恺撒(Sid Caesar)和"电视先生"弥尔顿·伯利(Milton Berle)。

但是,现场直播节目巨大的成本和电视的快速普及,在带来了新的广大的市场（这个市场要求更多的节目保证）的同时，也导致了电视黄金时代的结束。现场直播节目和杂耍喜剧开始被情景喜剧、西部片和其他一些布景节目所取代。由于这些节目可以提前录制，所以可以满足观众的大量需要。

◉ 电视广播网的影响有哪些？

美国三大广播公司（全国广播公司、哥伦比亚广播公司和美国广播公司）在20世纪50年代及后来的20年间几乎控制了所有的美国市场。在这一时期，美国人开始厌倦曾经在20世纪40年代给他们带来快乐的无线电广播节目，转而被电视节目所吸引。平均每周有25个小时，他们都待在电视机前，几乎很少寻找其他的娱乐项目。简短地说，电视已经不再仅仅是美国人的消遣方式了。

无线电广播的盈利在一夜之间急转直下。这个曾经孕育了电视广播的媒体（全国广播公司和哥伦比亚广播公司的前身都是无线电广播公司）不仅丧失了大量的观众和广告商，而且丧失了很多

"电视先生"弥尔顿·伯利（摄于1952年）主持的每周播出的杂耍喜剧很受欢迎。

明星演员。于是，无线电节目将注意力转向了一种新的艺术形式：摇滚乐。这种措施取得了成功，受到了许多年轻人的喜爱。电视很少播出摇滚乐，因为对于每晚的电视节目播出来说，摇滚乐显得太过于粗俗。

当观众坐在家里就可以娱乐时，电影也感受到了来自电视的压力。电影制作者尝试使用新技术将观众再次吸引到影院中来，这些新技术包括三维电影、宽银幕电影、立体声宽银幕电影和360°环形大屏幕电影。好莱坞也放弃了西部片和一些粗制滥造的影片，转而投向大预算电影。它们很多的电影都是在现场实

地拍摄,而不是在摄影棚中录制。开始的时候,电影公司禁止他们的明星录制电视节目,但是后来放宽了限制。两个产业之间的合作拯救了电影:电影公司将老电影卖给电视公司,并且还为电视公司提供电影演员和录制节目的设施。刚开始时,受到电视普及冲击最小的媒体产业是报纸,因为电视节目的播出仅局限在晚上8点—11点之间。这仍旧为阅读报纸留下了时间。但是,当电视节目的播出突破了3小时限制后,报纸业也受到了冲击,特别是在1963年全国广播公司和哥伦比亚广播公司推出新闻节目以后,情况开始变得严重。白天节目的播出宣告了晚报的结束。

电视对书籍的销售情况没有影响。电视在某种程度上减少了一些小说的销售量,但是相应地提高了非小说类书籍的销售量。非小说类书籍销售量的增加可能是电视对出版业产生的影响之一。

现在,专家们反对夸大电视对人们生活的影响。一些人认为犯罪数量的增加是电视带来的直接后果之一,特别是在电视播出了许多暴力节目之后,而电视的广告总是在告诉人们他们还没有拥有什么。批评者认为电视节目刺激了侵略性行为和种族矛盾的增加,而且减少了人们的活动时间和创造力。支持者认为看电视能够增加对世界的关注,锻炼口才和加强好奇心。到了20世纪50年代末,超过5 000万的美国家庭都拥有了电视。

▶ 公共广播开始于什么时候?

美国的公共广播始于1967年。1967年11月7日,美国总统林顿·约翰逊(Lyndon Johnson, 1908—1973)签署了《公共广播法案》(*Public Broadcasting Act*)。依据该法案,美国创建了公共广播公司(Public Broadcasting Service)以拓展无线电广播和电视广播的非商业运营范围和教育作用。3年之后,在政府资金、基金会、商业运营和私人捐献的基础上,公共广播公司已经可以和三大广播公司(全国广播公司、哥伦比亚广播公司和美国广播公司)相抗衡了。

英国广播公司(British Broadcasting Corporation, BBC)在1932年成为英国电视广播的绝对巨头。英国广播公司原来是作为一个无线电广播公司。它创建于1922年,由当时英国工程师约翰·查尔斯·里斯(John Charles Reith, 1889—1971)领导。里斯在英国广播公司成立后共领导了它16年。在他的领导下,英国广播公司成为英国最受尊敬的机构之一。

▶ 有线电视是如何发展的?

有线电视产业起源于20世纪70年代。当时家庭电视广播网(Home Box Office, HBO)开始向与自己签订了协议的用户发送电视信号。有线电视在当时是一个激进的概念,即直接由顾客为电视节目付费,而不是由广告商或其他企业联合组织来支持电视公司的运营。这一时期另一件事可能对有线电视产业的发展产生了持续的影响。商人泰德·特纳(Ted Turner, 1938—   )购买了位于亚特兰大的一个他称之为"超级电视台"的独立电视台,重新命名为"特纳通信集团电视台"(WTBS),该台很快开始向超过1 000万的家庭播出有线电视节目,同时这也只是特纳有线电视王国的开始。这个王国包括美国有线新闻网络(Cable News Network, CNN)、CNN头条新闻(CNN's Headline News)、特纳网络电视(Turner Network Television, TNT)和美国音乐频道(VH-1)。很快美国又出现一些小的面向固定群体的有线电视网络:音乐电视(Music Television, MTV)主要面向十至二十多岁的年轻人;Lifetime有线电视网主要面向妇女;ESPN主要播出体育节目;黑人娱乐电视台(Black Entertainment Television, BET)主要面向美国黑人;美国经典电影公司(American Movie Classics, NMC)主要面向那些喜欢老电影,尤其是黑白电影的观众。

20世纪80年代,已经在20世纪50年代占据广播电视业大部分领域的三大广播公司发现他们的收视率下降了。这一情况由于福克斯电视网(Fox television networks)的开始运营而更加严重。福克斯的背后支持者是传媒大亨鲁珀特·默多克(Rupert Murdoch, 1931—   )。福克斯的多元文化节目受到了普遍的欢迎。

很快,美国人开始有了更多的选择,而且是以相对低廉的有线电视费用。20世纪90年代,三大广播公司只占据了收视率的61%。为了在竞争中取胜,各个电视公司开始制作一些边缘节目——在有线电视出现之前他们是绝对不会这样做的。后来,他们又开始向自己网络平台的会员电视台收取节目费用——这一方式由哥伦比亚广播公司在1992年首创。

▶ 美国有线新闻网络是如何改变电视新闻的?

1980年6月1日,泰德·特纳(Ted Turner, 1938—   )主办的美国有线新闻网络(Cable News Network, CNN)开始广播,与此同时,CNN也受到了某些怀疑

论者的质疑。一些人认为向有线电视用户全天候提供即时新闻的做法是不可能的。但是历史很快就证明了特纳的批评者的观点是错误的。

24小时的新闻播放使得CNN拥有了某些其他的新闻机构所没有的优势——播报更多、更有深度的新闻。美国公众开始接受了CNN这一新概念，并且对它十分信赖。美国人不仅依靠CNN提供更多的信息，并且依靠CNN提供即时的新闻内容。1991年，CNN播出了关于波斯湾战争（CNN有时或多或少还会播报实况新闻）的新闻。在播报期间，有报纸曾经报道说美国人从来不关掉CNN的新闻频道。

一边观看晚间新闻一边筹备晚餐，或是为了了解最新消息一直等到晚上11点钟的日子已经过去了，CNN连同它的姊妹频道CNN头条新闻网（CNN's Headline News）可以随时为观众提供即时的新闻服务。当"全球市场"这一术语迅速成为美国人日常生活词汇的一部分的时候，CNN是唯一一个能抓住世界发展脉搏的新闻机构。1985年，CNN国际频道（CNN Intenatioal）成立，它开始提供24小时的全球新闻服务。开始时，这项24小时的全球新闻服务范围只限于英国，到了1989年，CNN的信号已经可以经由卫星发射到非洲、亚洲和中东地区。

CNN继续发展它覆盖各个领域的节目，如《商务日》（Business Day）、《拉里·金现场》（Larry King Live）、《今日世界》（World Today）和《每周科学技术》（Science and Technology Week）。这说明了CNN的运营概念具有较强的生命力。CNN获得了许多新闻大奖，其中包括皮博迪奖（he Peabody Award）。CNN成功的征兆出现于1982年4月。当时，CNN同其他主要新闻机构一样获得了在白宫采访的权利。

▶ 音乐电视是从何时开始流行的？

音乐电视（Music Television, MTV）开始于1981年8月1日。这个全天24小时播出音乐的频道当时吸引了美国210万个家庭购买音乐电视频道的节目。通过它，观众可以随时收看流行摇滚歌手表演时下畅销曲目。

将图像和音乐结合起来的做法在此之前已经有先例，其中最明显的一个作品就是甲壳虫乐队的《一夜狂欢》（A Hard Day's Night）。音乐电视的创意只有全天候24小时播出。创建MTV源于约翰·莱克（John Lack）的想法。约翰·莱克同时还拥有一家名为尼克儿童频道（Nickelodeon）的有线电视台。约翰·莱克对自己电视台中由前流行乐队顽童合唱团（the Monkees）成员麦克·奈史密斯（Michael Nesmith）创造的节目"Popclips"很感兴趣，他认为这种形式很有发展潜力。很快，一位年仅27岁的年轻经理罗伯·匹特曼（Rober Pittman）接手了这个项目。MTV刚开始播出时只有13家广告赞助商和125部音乐电视节目。但是很快，MTV就流行了起来，到1984年，它已经拥有2 400万观众，并且开始盈利。很快，它就从母公司华纳公司中分离了出来，成为一个独立公司。

这个音乐巨人在20世纪80年代得到了极大的发展。它还带来了许多音乐产业。MTV在播放标准节目〔包括一些主题节目，如《哟！ MTV饶舌》（Yo! MTV Raps）〕之外，也播放一些特殊节目〔《MTV破春》（MTV Spring Break）和《MTV大奖》（MTV Video Music Awards）〕和系列节目，如《真世界》（Real World）、《马路规则》（Road Rules）和《奥兹奥斯朋》（The Osbournes）。所有这些节目的目标人群都是美国的X一代的年轻人。20世纪90年代的年轻人几乎都有收看MTV的经历。尽管MTV的观众收视率比起它的高峰时期已经下降了一半，但是MTV依然以赢利的姿态进入了21世纪。很多广告商依然依靠它来打开年轻人的市场。

▶ MTV是如何影响音乐产业的？

MTV对初出茅庐的艺术家们立刻产生了影响。一些评论家认为，超级明星麦当娜（Madonna）如果不是由于MTV是不会取得现在的成就的，或者至少她的出名不会这么快。但是，也是她，还有其他一些对媒体具有相当敏锐感知能力的艺术家们发掘了这种新的艺术形式的潜力，并懂得向全世界推销自己——很快，MTV的节目就遍布了全世界。这个电视频道同样也给予了已经成名的艺术家展现自己作品的机会。这些艺术家包括比利·约珥（Billy Joel）、布鲁斯·斯普林斯汀（Bruce Springsteen）、U2和皮特·加百利（Peter Gabriel）。创新性的音乐录像使得这些音乐家的艺术生命更加长久。

MTV很快就使自己成为音乐产业中不可或缺的一种形式。这种音乐形式一旦被证明可行，许多其他音乐频道相继出现，包括VH-1〔由泰德·特纳（Ted

Turner，1938— ）创办，后被MTV收购，转变成一个以成年人为收视人群的电视台〕、纳什维尔网络〔（The Nashville Network），由TNN于20世纪80—90年代创建的主要播放乡村音乐的电视台〕和乡村音乐电视（Country Music Television，CMT）。现在，无论是对于新的歌手还是老的歌唱艺术家，MTV依然是一个重要的工具。

媒体评论者认为MTV对现代文化也产生了影响。因为MTV要依靠视觉图像来吸引观众观看，MTV的节目会激发艺术家的创造力，以至于他们会采用一些电视、电影和广告中的技巧来自由创作。一些观察家认为这种现象表示一种新的视觉秩序的来临。

当然，MTV也有恶评者：批评者认为MTV中蕴含的美学是肤浅的，它已经使得人们远离传统的经典美学。现在，当MTV在全世界播出时，已经没有人争论它是否只是代表美国年轻人的审美趣味了。

▶ 录像机和数码录像机对电视有什么影响？

自从1975年录像机发明以后，观众可以选择录下电视节目，并在合适的时间观看。这种现象被称作"时间转换"（time-shifting）。当美国人观看这些录下的节目时，他们反而开始怀念以前没有录像机的日子。一些评论家认为这种形式使得美国人失去了一种渴望交流的感觉，因为，以前办公室的人们聚集在冰箱前谈论昨天晚上电视节目的日子已经一去不复返了。因为这种仪器同时使得人们在观看节目时直接跳过广告部分（称为"快进"），这种形式对广告产业带来了挑战。

游　　戏

▶ 纸牌的历史有多长？

一般认为纸牌产生于800年左右的中国。13世纪末期，纸牌传到了意大利（可能是由商队带过去的），并从那里开始散布到欧洲各个地区。现在纸牌的4

种花色——红桃、方块、梅花和黑桃——是由法国人在16世纪发明的。

▶ 扑克是何时发明的？

扑克是一种由新奥尔良的水手于19世纪20年代发明的纸牌游戏。游戏中，持牌的人要相互比较或猜测自己手中牌的大小。这种游戏混合了多种纸牌游戏的玩法，包括波斯人的"Nas"、法国的"Poque"和英国的"Brag"。

最初的扑克只有3种花色和32张牌，出牌时可以出一对或同一花色的3张牌可以一起出。后来，牌的数量增加到了52张，花色也增加到5种。牌的玩法中又加入了和局。扑克中的沙蟹（一种扑克玩法，玩的时候，一张牌面朝下放，其余四张牌要面朝上放）于1864年出现。扑克玩法中后来又加入了同花顺（玩牌中由五张点数连续的牌组成的）和同花（属于同一花色但不按数字顺序排列的一把牌）。

▶ 什么是定约桥牌？

定约桥牌（Contract Bridge）是人们玩桥牌时经常玩的一种游戏规则。还有一种桥牌玩法叫作拍卖式桥牌（Auctiong Bridge），这种桥牌玩法是于1904年由惠斯特牌玩法演化而来。两种玩法之间的区别在于，定约桥牌中如果得到的墩数比叫的墩数多，多得分也不算作满贯，而拍卖式桥牌中比叫牌墩数多的牌也算入局。据说，定约桥牌起源于1926年，它是由哈罗德·S.范德比尔特（Harold S. Vanderbilt，1884—1970）驾船在加勒比海巡航时发明的。1930年，当罗马尼亚裔美国人伊利·卡伯特森（Eli Culbertson）在英国阿耳马克俱乐部（Almack's Club）的桥牌挑战赛中击败了巴特勒（W. T. M. Butler）后，这种游戏得到迅速普及。

▶ 霍伊尔是谁？

爱德蒙·霍伊尔（Edmond Hoyle，1672—1769）是一位英国游戏家。他于1742年出版了《惠斯特纸牌》（*Short Treatise on Whist*）。在书中他为桥牌的玩法指定了规则。现在的桥牌玩家还经常使用这样的短语"依据霍伊尔"（according to Hoyle）。

▶ 国际象棋的历史有多长？

国际象棋的历史可以追溯到中世纪：1283年，西班牙卡斯提尔和里昂的国王阿方索十世（Alfonso X，1221—1284）授权出版了《国际象棋、子和十五子游戏》（*Book of Chess, Dice and Backgammon*；西班牙文为 *Lebro de ajedrez, dados y tablas*）。这本书现在依然被认为是研究中世纪娱乐活动的重要资料之一。

▶ 台球的历史有多长？

16世纪50年代，意大利人首先玩起了这种桌面游戏。但是，当时的玩法与现在的不同。在桌面上，玩家必须促使白球连续碰撞两个目标球。而且那时的台球桌没有球洞。

运　　动

▶ 奥林匹克运动会是何时开始举办的？

奥林匹克运动会可以追溯到公元前900年，当时，古希腊有数以万计的观众来到奥林匹亚为赛跑运动员、摔跤运动员和赤裸的拳击运动员欢呼。在奥林匹亚举行的这个运动会是古希腊四大竞技会之一，其他的三种是在科林斯地峡举行的科林斯地峡运动大会（Isthmian games），复仇女神运动会（the Nemean games）和在达尔菲举行的皮扎竞技会。（Pythian games）。这些竞赛周期性地在不同地区举行。这样就能保证运动员每年都有机会参加一次竞技会。

当时，胜利就是一切：运动员要求在比赛前登记，有时候关于对手强大的传言就能够使竞技者退缩。胜利者的奖品是由橄榄叶制成的王冠，第2名和第3名则没有奖品。

现代的奥林匹克运动会是由法国人皮埃尔·德·顾拜旦（Pierre de Coubertin，1862—1937）发起。现代的奥林匹克运动会的精神与古代的完全不同。古代奥林匹克运动会唯一的规则就是参赛者不允许欺诈、撕咬对手，不能用膝盖顶对手的腹股沟,不能斗殴和向对手扔沙子。1892年11月25日,顾拜旦在巴黎公开提出组建现代意义上的奥林匹克运动会。1896年,希腊的雅典举行了第一次现代奥林匹克运动会。这次奥运会以顾拜旦的观点为基础,把奥林匹克竞赛作为一次促进和平、和谐和国际性的机会。

1896年4月,大约4万观众涌入奥林匹克运动会场(Panathenean Stadium),为了见证第一次现代奥林匹克英雄们的功绩,该运动场建在雅典古体育场旧址。此次运动会共有13个国家参加,但是只有男运动员(超过300人)参加竞赛。希腊拿到的奖牌数最多(47枚)。1900年,第二届奥林匹克运动会在巴黎举行。

▶ 第一次冬季运动会是何时举行的?

冬季奥林匹克运动会的产生十分缓慢。冬奥会的第一次出现是在雅典(1896)举行的第一次现代奥运会之后的近30年。1901年,北欧奥运会在瑞典举行。然而,这次奥运会只有北欧地区的国家参加,北欧奥运会的组织者打算每4年举办一次奥运会。北欧奥运会组织了第一次包括冬季运动会在内的有组织的国际竞赛。此后,作为1908年夏季奥运会的一部分,主办城市伦敦在10月举行了花样溜冰竞赛。3年后,国际奥委会(IOC)的一名意大利成员鼓励下一届夏季奥运会的东道国瑞典在1912年能够将冬季运动项目纳入奥运会项目中,或是分开举行。然而在此之后,作为北欧奥运会东道国的瑞典并没有接受国际奥委会的提议。第六届奥林匹克运动会原定1916年在德国的柏林举行。德国承诺将举办冬季奥运会作为奥运会的一部分。但是,1914年世界大战开始了,柏林奥运会也因此被取消。

奥运会在经过了8年的空白后,在1920年又重新开始举行。1920年,比利时的安特卫普作为东道主主持了奥运会。这次运动会的比赛项目不但包括通常的夏季运动竞赛项目,还包括花样溜冰、冰球、赛跑、击剑等冬季项目。国际奥委会第一次认可冬季竞赛项目是在1924年1月25日到2月4日在法国的夏蒙尼举行的冬奥会上。在这次冬季奥运项目展开之后,国际奥委会正式向1928年奥运会的主办城市瑞士的莫瑞茨指派开展第2次冬季奥运会比赛的任务。

从那年以后,冬季奥运会和夏季奥运会一样每4年举行一次,直到1994年。1986年,国际奥委会投票决定改变现有时间表。结果,在挪威利勒哈默尔举行冬季奥运会2年之后,冬季奥运会于1992年在法国再次举行。直到现在,冬季奥

运会和夏季奥运会仍然是每4年举办一次,并在偶数年交替举行。

1896年以来,奥林匹克运动会都如期举行了吗?

没有,尽管现代奥林匹克运动会的特点中有促进国际和谐("Truce of God")的内容,但是,由于国际上一些不和谐事件,奥运会曾经被国际奥委会(IOC)取消。1916年,第一次世界大战的爆发,奥运会被迫取消;1940年和1944年的两届奥运会由于第二次世界大战的爆发而停办。

奥运会也受国际政治、联合抵制、示威游行等一系列因素的影响。尽管1980年夏季奥运会本应按计划举行,然而美国和包括日本、德国在内的62个国家以1979年苏联入侵邻邦阿富汗为由抵制奥运会的召开。紧接着1984年的洛杉矶奥运会也遭到苏联的抵制。苏联抵制奥运会的官方理由是"害怕",一些怀疑论者认为这种理由可能更加准确:害怕药物测试。1968年,在墨西哥城,两个美国黑人由于跟随在奖牌获得者身后高高举起戴着手套并紧紧握着的拳头,以表示支持黑人权利,结果,他们因此被停赛并且被逐出奥运村。从1972年在慕尼黑举行的夏季奥运会开始,奥运会的历史就变得非常黑暗。11名以色列的田径运动员在奥运村被阿拉伯恐怖组织黑色9月(Black September)杀害。1996年,佐治亚州奥林匹克公园发生的爆炸也同样给奥运会蒙上了阴影。

棒球有多少年的历史?

棒球最早是美国人的一项娱乐运动,至今已有超过200年的历史。据说,这项运动是由美国军官亚伯纳·道布尔戴(Abner Doubleday, 1819—1893)于1839年发明的。当时,这位美国军官正在纽约(这里有非常有名的棒球场地和博物馆)上学。但是,2004年,在马萨诸塞州的皮斯费德(Pittsfield)发现了一份公文。公文中提及1791年制定的法令规定不许在距离镇上的议会大厅太近的地方(80码以内)玩棒球。历史学家证实了这份公文和所处年代的可信度。于是,这份公文被认为是关于棒球最早的记录。研究棒球的历史学家经过对棒球长期的认识,发现它和英国的板球(cricket)和跑圈子(rounders)运动十分相似,它的发明不是一个人的功劳,而是许多人共同的贡献。2004年马萨诸塞州的发现说明,棒球在1791年已经存在,并且很受欢迎,以至于镇上的法律条令都

有关于棒球的规定。到了19世纪，棒球发展成了现在的模式，至今美国人对这项运动仍然非常喜欢。

　　灯笼裤棒球俱乐部（The Knickerbocker Base ball club）是第一个棒球俱乐部，它于1842年在纽约成立，组织者是亚历山大·卡特怀特（Alexander Cartwright，1820—1892）。1845年，棒球运动已经有20条规则，其中包括对垒的定位以及跑垒者如何被触杀出局的规范，还包括对比赛场地的详细说明，打到场外的球犯规无效，等等。这个所谓的纽约游戏在1846年新泽西州举行的比赛后变得非常受欢迎。到了1860年，美国已经有至少50个棒球俱乐部。在美国内战期间，联邦政府士兵使棒球得到了更广泛的传播，使棒球在19世纪的最后35年里受欢迎的程度急剧上升。第一个职业棒球队是辛辛那提红色长袜队（Cincinnati Red Stockings），这支球队在1869年开始运营。国家俱乐部联合会（National League）于1876年组建。它包括来自众多城市的球队，如波士顿、芝加哥、俄亥俄州的辛辛那提、康涅狄格州的哈特福德、肯塔基州的路易斯维尔、纽约、费城和密苏里州的圣·路易斯。到了19世纪80年代，棒球这项运动已经发展成为一种商业行为：1887年，仅在圣·路易斯和底特律举办的棒球锦标赛就吸引了5.1万观众前来观看比赛。美国棒球协会于1901年组建。2年后，这两个联合会举办了两个联合会球队之间的棒球锦标赛：1903年，在第一次世界棒球锦标赛中波士顿红袜子队（Boston Red Stocks）击败了匹兹堡海盗队（Pittsburgh Pirates）。

　　由于家用电器的革新节省了劳动时间以及劳动者一星期平均的工作时间的缩短，使美国人的空闲时间大幅增加。棒球成为全国非常受欢迎的娱乐活动。棒球是在室外的土地上举行的比赛，这种形式唤醒了美国人的早期农业情结，然而越来越正规和标准的规则也为这项运动在现代工业社会带来了存在下去的生机。

▶ 谁发明了篮球？

　　1891年12月，美裔加拿大人詹姆斯·奈史密斯（James Naismith，1861—1939）发明了篮球。奈史密斯在基督教青年会学校（YMCA College）任教，该大学位于马萨诸塞州的斯普林菲尔德。体育系的系主任要求奈史密斯创造一种能让学生冬天在室内进行的运动。这项运动要求能够不受体育馆场地的局限，没有身体接触，使用一个柔软的球，并且给每个参与者一次机会控球。詹姆斯·奈史密斯在储藏室找到两个桃木筐，钉在体育馆阳台末端的栏杆上，并

美国人的运动：1930年，芝加哥俱乐部迎战圣·路易斯红衣主教队（St. Louis Cardinals）。历史学家近来发现棒球的历史可以追溯到18世纪。

找来了一个英式足球。他把班级中的18个男生分成两组，并向他们做了说明。后来，人们称这项运动为篮球。在接下来的20年里，篮球被改进并被广泛地传播。1910年，规则允许持球人运球。1916年，规则开始允许运球前进的人直接投篮。

▶ 足球是从何时开始的?

在古希腊和古罗马，有这样一项运动，参与运动的人的主要任务是使球最终穿过球门线，运球的方式可以包括扔、踢，或是带球跑。好几种现代运动都是来源此种游戏，比如橄榄球和英式足球。美式足球也是从英式足球直接发展而来（英式足球规定只允许用头和脚触球）。历史学家普遍认为第一场美式足球赛是于1869年11月6日在新泽西州的新不伦瑞市举行的。当时，罗格斯大学（Rutgers）以 6 ： 4 的比分击败了新泽西州立大学（College of New Jersey，现今的普林斯顿大学）。这场比赛使用的比赛场地长 120 码（109 米），宽 75 码（68 米），使用的球是圆的，类似于英式足球的球。其他的一些东部的大学，包括哥伦比亚大学、哈佛大学和耶鲁大学很快就将这项运动加入到他们的竞赛项目中。1876 年，一系列正式的规则被制定。19 世纪 80 年代，耶鲁大学的教练沃尔特·坎普（Walter Camp，1859—1925）修改了规则。修改后的规则就是我们现今所使用的规则。他把每队的球员人数限制在 11 人，并创建了并列争球的规定。他提出进攻方在固定被阻挡的次数内必须向前推进相当距离，同时，也是他提出可以在比赛场地上画线标记。

▶ 高尔夫球是从何时开始的？

一些历史学家认为高尔夫球是来源于罗马的一种叫做 "paganica" 的运动。43 年—410 年罗马人占领英国期间，罗马人把高尔夫球带到英国。他们那时使用的装备是一根棍子和一个皮球。高尔夫球的起源还可能有其他的可能，比如英国有一种叫做 "cambuca" 的运动，荷兰也有一种叫做 "kolf" 的运动，法国和比利时还有一种叫 "chole" 和 "jeu de mail" 的运动。但是正如我们所知道的，高尔夫球的规则、装备以及 18 个洞的球场，这些都是在 15 世纪从苏格兰发展而来，并且被系统化。这项运动的比赛规则也发源于此：1754 年，圣安德鲁斯高尔夫社团（St. Andrews Golfers）〔后来的皇家古代高尔夫球俱乐部（Royal & Ancient Golf Club）〕出版了《高尔夫规则》（*The Rules of Golf*）。1744 年，第一个高尔夫俱乐部绅士高尔夫球社（Honourable Company of Edingburg Golfers）在苏格兰爱丁堡成立。此外，苏格兰的女王玛丽（Mary）是历史上第一个女性高尔夫球手，也是她创造了 "球童" 这个词汇。

▶ 高尔夫球明星泰戈·伍兹是如何成为伟大的运动员的？

伍兹（Woods，1975—　）是最有名的高尔夫球手之一。他仅在 1999 年就赢得了 8 项锦标赛冠军，其中包括职业高尔夫球联合会比赛（Professional Golfers' Association，PGA）和巡回锦标（Tour championships），并且，他是继本·霍根（Ben Hogan，1912—1997）在 1953 年赢得五连冠以来第一个赢得四

连冠的选手。2000年，伍兹赢得了第9次锦标赛的冠军。2001年—2002年期间，他每个赛季都能赢得5场比赛的胜利。在这4年里，他总共获胜27次胜利。2005年7月，伍兹赢得了英国公开赛（British Open）的胜利，他成为高尔夫球历史上赢得职业生涯中的大满贯的第5个球手。他赢得了高尔夫球所有4次重要比赛的胜利：大师赛（the Masters）、美国公开赛（the U.S. Open）、英国公开赛和职业高尔夫球联合会比赛。2001年，他成为连续赢得这些比赛胜利的第一位大满贯选手。这些成绩奠定了伍兹在高尔夫球史上的地位。

阿诺德·帕尔默（Arnold Palmer，1929—　　）是高尔夫球每4年一个周期中赢得胜利最多的运动员。在1960年—1964年期间，他共赢得了29场比赛的胜利。他也是连续赢得1958年、1960年、1962年和1964年4次高尔夫球大师赛的第一人。高尔夫球史上还有几个传奇的名字，这几位运动员在较短的一段时间内就赢得许多比赛的胜利：本·霍根在1946—1948年3年间共获得30场比赛的胜利；拜伦·纳尔逊（Byron Nelson，1912—　　）在1944—1945年2年间获得26场比赛的冠军。萨姆·斯尼德（Sam Snead，1912—2002）和杰克·尼克劳斯（Jack William Nicklaus，1940—　　）曾经统治高尔夫球赛数十年：斯尼德保持着最多的81场比赛冠军的纪录，威廉紧随其后，获得71场比赛的冠军。

在伍兹24岁的时候，他已经是在职业高尔夫球联合会比赛中收入最高的运动员之一。从这方面来看，在1999年，他已经比高尔夫传奇人物杰克·尼克劳斯在全部联赛中的收入高出100多万美元。伍兹在比赛中能力和魅力的结合使他的收入不断增加。他还通过吸引新球迷增强了高尔夫球的影响力。据ESPN报道，1997年，当伍兹打破了高尔夫球大师赛的纪录（他270杆完成72洞的成绩比原纪录提高了12杆）时，收视率增长到56%。到2004年底，他的收入虽然有些下滑，但是仍然高居榜首，紧随其后的是维森·辛格（Vijay Singh，1963—　　）。

▶ 网球是从何时开始的？

这一运动起源于12或13世纪法国的一种叫做"jeu de paume"（意思就是"掌上运动"）的运动。参加运动的球手用手掌来来回回地击打一个球。"现代的网球之父"是英国人华尔特·科洛普顿·温菲尔德（Walter Clopton Wingfield，1883—1912）。他在1873年出版了草地网球规则手册，并且在1874年为该项运动的运动器材申请了专利。